フロイトの夢理論批判
CRITIQUE DES FONDEMENTS DE LA PSYCHOLOGIE
GEORGES POLITZER

精神分析の終焉

著者●ジョルジュ・ポリツェル
監修●寺内 礼
訳●富田正二

三和書籍

目　次

精神分析の終焉　　　　　　　　　　　　　　　　　　　寺内　礼　1
心理学基礎批判――心理学と精神分析――
　　　　　　　　　　　　　　　　ジョルジュ・ポリツェル／富田正二訳
まえがき 23
序　　論 29
第1章　精神分析における心理学的発見と
　　　　具象的なものへの方向づけ 56
　　Ⅰ 61
　　Ⅱ 66
　　Ⅲ 71
　　Ⅵ 79
　　Ⅴ 83
　　Ⅵ 99

第2章　古典的内観と精神分析の方法 107
　　Ⅰ 108
　　Ⅱ 116
　　Ⅲ 122
　　Ⅳ 130
　　Ⅴ 133

第3章　精神分析の理論的骨組みと抽象化のなごり 140
　　Ⅰ 142
　　Ⅱ 150
　　Ⅲ 154
　　Ⅳ 165
　　Ⅴ 173
　　Ⅵ 175
　　Ⅶ 179

第4章　無意識の仮説と具象心理学 185
　　Ⅰ 187
　　Ⅱ 195
　　Ⅲ 202
　　Ⅳ 208
　　Ⅴ 217
　　Ⅵ 220
　　Ⅶ 224
　　Ⅷ 229
　　Ⅸ 231

第5章　精神分析における抽象的なものと
　　　　具象的なものの二元論および具象心理学の問題 239
　　Ⅰ 243
　　Ⅱ 249
　　Ⅲ 259

結論　具象心理学の効果と
　　　　具象心理学が提起する諸問題 268

ジョルジュ・ポリツェル人と作品　　　　　　　　寺内礼
　1. 謎の人物 295
　2. 具象心理学と時代の思想的潮流 301
　　　フランス心理学の動向とベルグゾン哲学 301
　　　フランス心理学とフロイトの精神分析 304
　　　具象心理学とフロイト主義 308
　　　具象心理学とマルクス主義 311
　3. 緒論考 318
　　　Ⅰ期 320
　　　Ⅱ期 332
　　　Ⅲ期 340
訳者あとがき 347
事項・人名索引 355

精神分析の終焉

寺内　礼

ジグムント・フロイト［Sigmund Freud］の死は実際にはすでに過去のものとなっていた精神分析というものを考えなおす契機となった。

　フロイトに結びつく考えかたや方法への関心は、とくにこの10年というもの低下の一途をたどってきた。ほんとうに進歩的な学会では消滅したとさえいえる。

　精神分析史は三つの時代にわけることができる。練成の時代、激論と権威向上の時代、最後に科学として公認され、教条主義的な頽廃に陥った時代である。

　ブロイエル［Breuer］と決裂したあとの10年間というもの、無名だった精神分析は大学の精神医学を代表する人々からの攻撃をうけた。「フロイト理論（Freudisme）」が医師だけでなく、作家や「一般の教養人」のあいだにひろまるにつれて、論議はますます熱をおびるようになっていった。戦後数年のあいだに精神分析の権威は頂点をきわめる。そのあと激しい議論はとだえ、伝統的な精神医学者の「抵抗」も下火になった。精神分析が科学として認められる一方で、精神分析の「正当な」代表者たちのあいだに教条主義的な兆しがみえはじめた。リビドー、コンプレックス、超自我などといった擁護はことごとく紋切り型の表現になり、精神分析的研究はいつも同じテ

ーマをめぐってどうどう巡りをはじめた。

　1914-18年の戦争にさきだつ10年のあいだに、精神分析は中央ヨーロッパ諸国で評判となりアングロ・サクソン系諸国の学会でも知られるようになっていった。ただしフランスではほとんど知られていなかった。フロイトの夢解釈に対してイヴ・ドラージュ［Yves Delage］がこころみた反論もフランスに精神分析が浸透してゆくなかでうまれたものではなく、ほとんど孤立無縁のものだった。

　フランスに精神分析がひろまりはじめたのは戦後のことである。ここでもまず公認の科学を代表する人々からの激烈な論争——かならずしも科学的とはいえない論拠にもとづいていたとはいえ——がきっかけとなった。当時ストラスブール大学教授だった故シャルル・ブロンデル［Charles Blondel］は精神分析を批判する小冊子のなかで、精神分析の独特の理論と実用はゲルマン民族には適合するが、ラテン民族とはあいいれないなどと書いていた。

　とはいえ、フランスでもやはり精神分析の普及はつづいた。この国でも今日では、精神分析はそこから排除する必要がせまられていた古典的な方法・理論と共存している。

　精神分析史のなかにみられた変遷についてはフロイト自身も気づいていた。

　彼は1932年に指摘した。精神分析は「科学として認められ」、「大学の中に地位を獲得した」。「精神分析をめぐる論争はいまだにおわってはいないけれど」、「以前よりは激しさがやわらいだなかで継続されている」（*Nouvelles conférences sur la psychanalyse,* p.189）。

精神分析はとくに精神医学にその功績をきざめるようなはっきりした貢献があったから市民権をあたえられたということではない。

　ここで治療学としての精神分析について詳述するつもりはない。ただ、フロイトの方法がそこによせられた大きな期待を充足させることはできなかったというのは今や確かであるといえよう。

　多くの医者が臨床において精神分析にたよっている。しかし、固有の処置を適用することによってえられた結果では、心の病に対する治療手段が目に見えて進歩したことに反映しているとは、科学的には証明できなかった。えられた結果も心理療法といったほかの方法によるものより優れているわけではない。そのうえ、実際に結果がえられた処置の性質についてもやはり疑問がのこる。なお晩年の著書のなかでフロイトは精神分析の効果について触れながら、それはほかの方法にくらべて第1人者（prima inter pares）でしかないと明言した。

　精神医学による治療手段が精神分析の普及後もあいかわらず不十分なのは事実である。こうした領域の問題は、おそらく心理学的な療法や生理学的な療法およびこれらを組みあわせただけの方法の枠をこえているのかもしれない。社会現象として精神病者（homme psychopathel）が増えてゆく客観的な歴史的状況やこうした状況に対応する必要性を考慮すべきなのだろう。

　やはり当初はセンセーショナルに見えた精神分析のもう一つの側面、つまり教育法への適用について触れておこう。

　ここでもまた、精神分析によせられた期待は完全に裏切られたこ

とが今となっては明白である。

　精神分析家たちがいつものように曖昧な形で提起する「結果」による証拠と称されるものにはなんの説得力もない。

　心理療法に関するものとして精神分析家が教育法に適用する方法（処置）には２種類ある。

　最初に紹介する方法は有効だが、とくにフロイト的方法とは関係ない。これは、伝統的な教育システムに含まれる野蛮な部分を除去しようとする方法である。子供の性格形成が提示する問題を暴力によって解決しようとする方法を糾弾することは、とくに精神分析とは関係ない。

　精神分析による処置についていうなら、それは多くの場合有効とはいえない。より正確には、教育の関心を性的葛藤に向けさせる方法にかぎっていうなら有害である。物質的・社会的現実にとりこまれた人生は精神分析家好みのメカニズムによって決定されるわけではない。青少年が生きてゆかねばならない現実というのは、アーリアン・コンプレックス（Ariane complex）とかエディプス・コンプレックスといった表現よりもっと客観的な形で問題を措定するこうしたコンプレックスの解消やこれを形成する葛藤の解決が教育の重要な役割、あるいは重要な役割のなかの一つだと考えてしまうと、有名な哲学者の表現をかりるが子どものなかの「人生への関心」をねじまげることになる。このように方向づけられた方法であるかぎり、精神分析的教育法は、経済的な問題もそのほかの問題も、客観的な問題は解決ずみの人たち、世界が性的葛藤を中心にまわっている人

たちの立場からの着想だということになる。

　結局、精神分析は科学的な運動としてよりは歴史的事実として興味深い。精神分析が役立つのは、精神分析がそれによって教育しようとした理論内容よりは、そこに反映している社会的事実によってである。とはいえ精神分析が権威を失墜したにせよ、フロイトに端を発した運動の理論内容は今でも多くの幻想を生みだしている。問題のこうした側面に深入りすることは無益ではあるまい。

＊

　精神分析の理論構成はちぐはぐな折衷主義である。

　フロイトに対して折衷主義だという批判は意外かもしれない。離反していった弟子たちが非難したのは彼の独断主義だったから。そのうえ実際に、ふだん考えていたように彼自身が精神分析はいかなる本質的な部分もはずすべきではない一つの全体を構成しているとまで断定したのである。

　しかし、独断主義と折衷主義は両立しないわけではない。思想史を見ればどこにでもその証拠がみいだせる。折衷派の首領だったヴィクトール・クーザン［Victor Cousin］は、大学に公認の哲学を強要したいと考えるほど独断的ではなかったか。

　独断主義というのは観念と事実の合致という規則しか認めないという思想家の頭の固さをいうわけではない。それは、万一の場合事実に反するとしても構築した観念を譲らないという執念をあらわし

ている。首尾一貫しないあらゆるシステムの代表者たちは独断的である。彼らは必要からそうならざるをえないのである。ほんとうに探究された思想というのは、現実に肉薄するという野心しかないから、当然新しい事実や状況に順応する。真正な学者や思想家にとって、新しい事実や新しい発見はつねに歓迎すべきことなのである。一方、えせ学者やぴったりしない観念にあぐらをかいている思想家は、彼らの折衷的平和が脅かされればされるほど、改革者に対して激しく立ちあがる。

フロイトは独断的かつ折衷的だった。彼の折衷主義は精神分析の運命にとって決定的だった。

フロイトの初期の理論を検討すれば、そこには明らかに機械論的唯物論の影響がみられる。これは前世紀の医師たちのあいだにひろまりモレショット［Moleschott］やブヒナー［Buchner］といった低俗な機械論を代表する哲学者たちが普及させたものである。

フロイトのなかにこの機械論的唯物論があらわれるのは、たとえば『性に関する三つの試論』で、性と性のひきつけあいを心理化学的行為に帰着させようとするときである。とりわけ、フロイトがそれを通して所見を説明しようとしたモデルのなかにあらわれる。『夢判断』の著者の基本理論を支配しているのは、じつにこうした機械論的モデルなのである。フロイトによれば、一般に科学的説明の理想は物理的力のモデルのうえに構築された力の作用によって心的過程を表象することである。そこから、表象に対する力の作用と定義される「コンプレックス」の概念や、純粋に肉体的図式論にしたが

って操作されるエネルギーの概念をたえず用いる「リビドー」の概念がうまれた。

こうした姿勢はフロイトの最後の著書に至るまでみいだされる。

ただし、フロイトは機械論的唯物論のレッテルをはられた理論のなかでもいくつかのものには反発した。

『夢判断』のまえがきで、彼は夢に関する純粋に心理学的理論を検討し拒絶する。彼は夢を心理学的仮定だけから説明することはできないという考えに固執する。なぜなら、夢もまた内容をもっているからである。周知のように、フロイトはおもに夢の内容を説明することに努力をかたむけた。彼は、ある特定の個人がなぜある特定の夢をみたかを説明しようとした。そこで、症状の内容を説明しようとするときのノイローゼや精神病に対するときと同じ姿勢を採用したのである。

こうしてフロイトは、機械論的唯物論を基盤とした理論ではうまく説明がつかない最重要領域に接近したのである。

ふつう心的生活とよばれるものを説明しようとするときには、まず基本的な区別を設けておく必要がある。「観念」産出という行為と産出された「観念」の内容とは区別して考えなければならない。観念産出という行為は脳に依存しているが、産出された観念の内容は脳がなくても脳によっても説明できない。脳はまさに必要条件ではあるが、十分条件とはいえない。たとえば自由という観念を考えるとき脳は必要だが、さまざまな社会階級ができない。このことは思想の発展と脳の発達とのあいだに並行的進行はないという古典的な

論証によって証明されている。しかしこのことは、思想史の物質的基盤となる現実の研究をやめてもよいということを意味しない。むしろ、現実は脳以外のところで研究されなければならないということを意味する。

これは機械論的唯物論にはできないことである。機械論的唯物論は純粋に心理学的説明の範囲内に閉じこめられていて、ほかの唯物論的説明を知らない。「心的生活」の具体的内容を説明できないので、そのことに無関心になり、抽象化の方向にはいる。あるいはむしろ観念論に陥るのである。

観念論もまた心的生活の具体的な内容を問題にしない。「観念」を脳にひきもどすことはできないし、「脳」から「観念」を「演繹する」こともできないから、観念を独立した現実に格上げして特殊な世界を構築し、具体的な人間には無関心になる。機械論的唯物論と観念論の結びつきを断ちきることはできない。機械論的唯物論は観念論の本質を内包している。一方、唯心論的教義は精神を、つねに物質の精緻化されたコピーとしての表象とみなすからである。

フロイトは機械論的唯物論の影響をうけた心理学理論や精神病理学理論が心的生活の内容に無関心である人を批判した。たとえば、夢やノイローゼの意味探究といった問題である。重要なのは、機械論的唯物論と観念論――いわゆる心理学的理論や古典的な内観心理学の理論――は抽象的に欠点があって、これは機械論的唯物論と観念論から同時に脱却しなければのり越えることはできないということである。そのことを考えずに、機械論的唯物論にだけ反発しても

観念論に陥る。フロイトにはこうした事態が生じたのである。

心理学や精神医学において純粋に心理学的説明が無力であることを強調するフロイトは心理学的説明に対して精神分析の説明を対抗させた。心的生活については、誤って概念化された物質的生成を否定した。ただし、物質的生成に関するほかの的確な概念をしめすことはできなかった。こうして、フロイトの諸理論に対する戦いの結果は、思考を脳によって説明することはできないとする教義の柱として引用されることになった。このときから、精神分析は19世紀末の哲学的反動の引力圏にはいり、その後ますますのその悪影響をこうむることになった。

精神分析には観念論的傾向があるという主張に対抗してよくひきあいにだされるのが、フロイトの生物学主義である。

フロイトの教義のなかの基本的な側面の一つ、というよりもっとも基本的な側面は、生物の源、したがって物質的源である本能の決定的機能を強調するところである。

しかしながら、心的生活全体をさまざまな本能の作用やある支配的な本能によって説明しようとする考え方は、まだ機械論的唯物論の狭い枠を脱しきっているとはいえない。そしてこれがまさに、本能に関するフロイトの理論、とくにリビドーがもっている一側面としてのこの領域の傾向なのである。じっさいに、リビドーは最初からエネルギーモデルにしたがって概念化された。リビドーの概念はもともと物理学的エネルギーの概念を直接模倣したものである。

同時に特徴的なのは、フロイトがこの考え方にも首尾一貫した形

ではしたがえなかったことである。

　しかし、こうした理論も機械論的唯物論に依拠しているかぎり、どんな歴史的問題に対処するにしても観念論の色彩をおびる。なぜなら歴史の領域における観念論は、エンゲルス［Engels］の表現をかりれば、まさにこうした考え方「固有の狭さ」の一つだからである。

　たとえ本能が器質的源、すなわち物質的源であるにせよ、結果的に本能によるあらゆる説明が、用語の科学的な意味で物質的であるとはかぎらない。じつは本能が直接の器質的源としているのは個体である。そこで本能による歴史的事実の説明は実際問題として、個人心理学による歴史の説明に帰着してしまい、個人心理学の正当性を認めるというよりもこれを決定因に格上げすることになる。ところで、周知のようにフロイトは社会的事実や歴史的事実を説明するためにもまた精神分析でいう「コンプレックス」のしかけを利用した。精神分析の功績は、フロイトと彼の弟子たちによれば、社会学を「変革した」ことであるという。こうして精神分析は史的唯物論に対して立ちあがることになった。はじめは「無意識のうちに」立ちあがった。それは精神分析がもっている混沌性の結果だったがそこからあらたに理論の反動的な傾向を身につけ、こうした側面が体系的に発展することになった。「精神分析的社会学」はマルクス社会学と対立した。

　「フロイト社会学」がどのような幼稚な言動へ到達しうるかを説明するには、精神分析系の著作のどれでもいいから拾い読みするだけでよい。それはフロイトと彼の弟子たちが「コンプレックス」を歴

史の現実的原動力として提起したことだけをみてもわかるだろう。こうして、彼らが到達した「社会学」は教義が根底に内包している観念論を表面化させることになった。

　精神分析理論のこのような側面によって、フロイトに端を発した運動はついに哲学的反動、社会的・政治的反動と結びつくのである。

　周知のようにフロイトは、夢の理論のなかに「顕在内容」と「潜在内容」の区別を導入した。夢解釈の方法は、被験者が提供する材料をたよりに顕在内容から潜在内容を抽出することによるものである。こうした還元は被験者の深層への侵入として呈示される。

　顕在内容と潜在内容の区別はその後フロイトによって一般化され、ノイローゼの解釈だけではなく社会学や歴史の問題にまで適用された。また同様に、思想史にも適用された。

　しかし精神分析家には、人間の意識へのはじめはぼんやりしている現実世界の反映がなぜしだいにくっきりしてくるのかを説明することができない。そのうえ精神分析は思想のなかに、現実世界の反映をではなく、実際には歴史のそとでうまれたコンプレックスの反映をさがそうとする。精神分析家が社会運動を「コンプレックス」と関係づけようとしたのにはそういう経緯がある。いうまでもなく、それは心理学的象徴主義の範疇で現実と幻想を表象していると自負する理論である。フロイトの弟子たちは「精神分析の方法」を社会運動に適用しようとするなかで、現実の歴史的原因による説明と想像的原因による空想的説明を対立させた。しかしこうした彼らの理論を歓迎したのは、そして現在も歓迎しているのは、科学的社会学

に「反駁し」、これを栄養源とする社会運動に対抗しようとする人たちだった。マルクス主義や社会主義のありとあらゆる「精神分析」に対して一部の階層が成功をおさめた原因はここにある。

　ここで精神分析の根底にある不統一性を非科学的通俗性のなかに認めることができる。心理学とふつうよばれるものにおいて、「すぐれた心的機能」を研究しているときたえずぶつかるのは、相互に作用しあう個人と現実の関係に関する問題である。フロイトと彼の弟子たちはついに、個人心理学の法則と歴史法則の関係を明確に理解するところまではいかなかった。

　つまるところ歴史は活動的な個人によってつくられるのだから、社会運動の研究で個人の役割に注目しなければならないのは当然である。しかし、なぜある特定の個人がある特定の役割をはたしうるのかということの説明や役割を達成するための個人の選別に関する説明は、運動自体の説明と混同してはならない問題である。

　こうした形の区別でさえ十分とはいえないだろう。ある個人がはたす役割を、具体的な歴史的性格に至るまでその個人だけをとおして説明することはできない。役割を生みだすのは歴史的展開だからである。個人に依存しているのは、彼の「心理学」が歴史のなかで時代によってあたえられたさまざまな可能性のなかでおこなう選択である。この「心理学」も人類の具体的な歴史から分離することはできない。「心理学的メカニズム」は主役とかたき役を選別する。しかし、「メカニズム」もまたそれなりに歴史的起源と社会的な存在条件をもっているのである。

フロイトと彼の弟子たちは個人の行為の厳密に個人的な側面だけではなく、社会運動においてまで個人心理学のメカニズムが基盤になっているとみなす。

「アーリアン・コンプレックス」のような基本的コンプレックスが、精神分析家の考えるような特徴と規模をもつものとして実在すると仮定して、「メカニズム」にせいぜい可能なのは、具体的な歴史的性格をもつどのようなタイプの行為に個人が傾斜するのかを説明することぐらいだろう。したがって、ナチズムの獣性に精神分析の方法を適用しようという企ては失敗しなかった。

　ナチの獣性にはよく性的テーマがでてくるので、とくにこのような説明へ誘うようである。しかし、なぜナチストYではなくてナチストXが強制収容所で拷問者の役割を受け入れたかを説明することができたにせよ、それは歴史的現象としてナチズムを説明したことにはならない。

　フロイトは彼が最初にかかえていた心理学と歴史の混同を教義的命題にかえた。「コンプレックス」が歴史を解く鍵にもなりうると思った。

「精神分析を社会科学に適用」しようとすれば、かならず二重の矛盾に陥る。有名な「コンプレックス」も——今のままでは——きわめて一般的な図式でしかない。コンプレックスが一般的だという根本は、たとえば男と女の性的関係はあきらかに人類史全般をとおしてみいだされるということになる。そのかわり人類史のなかで性的関係がみいだされるのは、つねに歴史の具体的な状況においてであ

る。コンプレックスが一般的だという根本は、たとえば男と女の性的関係はあきらかに人類史全般をとおしてみいだされるということになる。そのかわり人類史のなかで性的関係がみいだされるのは、つねに歴史の具体的な状況においてである。いいかえれば、そうした状況の産出様式とコンプレックスの上部構造をもっている特定の社会においてである。複雑さをきわめる社会は性的関係が織りなす組織に含まれる。「コンプレックス」によって社会事象を説明したいフロイトは、何にでも通用するいくつかの普遍的な公式を用いようとして、歴史的現実のなかの具体的人間を無視することになった。したがって精神分析的社会学というのは、用語こそ違うけれど古い観念論的社会学の焼きなおしでしかない。

フロイト理論がもっている観念論的抽象化のもう一つの側面は、フロイトと彼の弟子たちの客観的現実と人間精神の産物との関係に関する考え方を考察すればみえてくる。どれほどフロイトが観念論の影響をうけていたかということを証明するための簡易な論拠がみいだせる彼の哲学的発言には触れないことにしよう。それより、実際に精神分析固有の考え方のなかにみられるものを考察してみよう。

周知のようにフロイトは夢やノイローゼの解釈をこころみると、同じ方法で神話や文学作品、さらには哲学や科学の分野にまで解釈の範囲をひろげようとした。

その方法というのは、精神分析でいう基本的「コンプレックス」がみいだされる「潜在」内容を再構成しようとするばかりではなく、コンプレックスの作用がたとえば神話の形成において決定的役割をは

たすと考えるものである。ラビュリントス（Labyrinthe）神話は肛門誕生を象徴しているとする解釈やアーリアンの糸はへその緒を表象しているとする解釈をもちだすとき、フロイトはこれが説明の本質だと考えている。

こうして人間の意識への外界の反映は消滅し、ふたたび途方もない抽象化に陥る。人間精神は「コンプレックス」に応じて象徴の練成にとりくむなどといったこともまた観念論が精神分析の用語におきかえられただけのことである。ミューラー［Muller］の「知覚神経の特殊エネルギー」がフロイトの「リビドー」におきかえられることによって、「精神分析的観念論」は記憶のなかにある「生理学的観念論」と結びついた。

フロイトと彼の弟子たちはよく社会の個人に対する影響を口にした。エディプス・コンプレックスは社会体験、家族体験を前提としてはいないだろうか。精神分析家は問題のこうした側面を探究すべきだったのかもしれない。現実には彼らはそれをしなかった。いずれにせよ彼らにはそうするための手段がなにもない。こうした研究は精神分析の着想に反する。このようにしてコンプレックスのきわめて歴史的な性格が発見され、さらに純粋に心理学的な方法では歴史を説明するには不十分であることが理解された。精神分析は歴史によって心理学をではなく、心理学によって歴史を説明しようとする。すると必然的に人間の形而上学的な観念にからめとられてしまう。そこで弁証法的な観念をみいだすことができた者がいるなどというのはまったくもって奇妙な話である。

なお詳細に研究することで精神分析の観念論的方向性についてのこうした確認を裏づけることは容易である。精神分析の観念論はほかの方法でも明らかにすることができる。

19世紀末から発達したような観念論はその過程で非合理主義の色彩を深めていった。精神分析はこうした動きにも一役かったに違いない。

周知のように精神分析は「無意識」の「解明」ということから、「深層心理学」とよばれた。

理論家に賛辞を呈するとき、コペルニクス的変革を実現したという表現が好んでつかわれる。フロイトの弟子たちもウィーンの恩師にこの賛辞を送ることを忘れなかった。ここでいうコペルニクス的変革とは、心理学が無意識を中心にしてまわりはじめた事実をさしているのだろう。実際に『夢判断』の重要な理論的結論は、まったくとりあげられることのなかった無意識を逆に全面におしだすということだった。

こうした主張は非合理主義の命題にあっていた。そこに正確な新しい論拠を提供するように思えたのである。ここでもまた精神分析家は反動的な思潮に遭遇した。非合理性や無意識が心の生活規範だとみなされる。理論的観点から規範的観点への移行は容易に実現された。心的生活が力動的な無意識のうえに成り立っている以上、無意識のなかへ降りてゆくこともしないでなぜ無意識と戦う必要があるのか。こうしてはじめは世俗的説明を狂信するものとして登場し、冒瀆的であるという非難さえあびた精神分析が、ついには神秘主義

を全面的に支持するに至ったのである。宗教と精神分析のさまざまな接触、ナチストを含めてあらゆる種類の蒙昧主義者たちがよく問題にする精神分析のテーマがそのことを十分に立証している。

精神分析は世界を征服したかのようにみえたが、じつはさまざまな影響にゆさぶられながらもっとも反動的な思潮にまで引きづりこまれたにすぎないのである。

結局、弁証法的唯物論が近代的であるためにはまだ欠けていたものの補完物として精神分析を紹介しようとした人たちは、精神分析も弁証法的唯物論もどちらもわかっていなかったと明言するにとめよう。

しかしながら注目しなければならないのは、こうした試みが特徴的で、これもまたフロイト理論の社会的性格に注意をむけさせるということである。実際にマルクス主義と精神分析の合成に関する議論は修正主義者たちのあいだで進展した。あるとき修正主義の中身を覆い隠すものとして役立つという適性から、精神分析には修正主義がそだつ源泉との深い類縁関係のあることが明らかになった。

とはいえ精神分析の革命的性格がほめそやされたことも事実である。しめされたおもな論拠は、精神分析があえて性的本能、リビドーおよびエロチシズムに本来の地位をあたえたというものだった。研究者のなかにはこうした基盤のうえに躊躇なく精神分析と科学的社会学との類似性を確立しようとする者まであらわれた。科学的社会学は性にあたえられるべき本来の地位を理解した。科学的社会学は人間による人間の搾取を廃止するための理論的基盤を築いた。精

神分析は性的本能の束縛を断ちきった。どちらも自由解放の教義であるということになる。

このようにプロレタリアート、すなわち社会階級と性的本能、つまり生物学的概念を対照させる必要があると主張することが無益であるとはいわない。しかし、こうした主張に科学的社会学とはどうみても無関係な方向性がみてとれると指摘することは有益である。

偉大な空想的社会学者であるフーリエ［Fourier］は、プチ・ブル的な道徳観であるとよんだ偽善について卓越した分析をおこなった。とくに彼の著書は「性的問題」に関してもすぐれた洞察を含んでいる。しかし彼によれば、習俗の腐敗や偽善といったものは彼が「文明」の時代とよぶもの、いいかえれば資本主義という歴史的段階の特徴である。そして彼は健全な性生活が社会組織の機能としての社会階級に帰属していることをよく理解していたし、「性的問題」の解決は社会問題の解決に依存しているので、精神分析家が考えるように社会問題の解決が「性的問題」の解決に依存しているのではないことをよく理解していた。

しかしこのような傾向こそまさにプチ・ブル世界に固有の抽象化を明らかにする。

こうした見方は諸事実を考察することによって裏づけられる。じつは、精神分析の社会基盤となったのは一般大衆ではない。

この領域で多くの幻想を生みだすことができたのは、精神分析が保守的な人々のなかにてごわい敵をみいだしたからである。とくにはじめの段階ではそういうことがいえる。

保守的な人々の反応はとりわけ宗教的な考え方と結びついていた。しかし、この点に関しては二つの事実を考察しなければならない。
　まず、「性の権利を認識する」ための戦いを主要な関心事とすることは一部のプチ・ブルに固有の態度であること。つぎに、こうした観点からしても精神分析をとりまく状況は変化したということである。すでに言及したように、宗教と精神分析のあいだには公式のつきあいが確立されていた。
　精神分析の世界でフロイトの国外追放がナチによる精神分析迫害を象徴するものとして重視されたのは事実である。
　もちろんナチによる精神分析に対する弾劾はあった。とはいえ、精神分析と精神分析家がナチの理論家へ多くのテーマ——まず「無意識」——を提供したこともまた事実である。
　精神分析に対するナチズムの態度はおもに戦略的な理由から決定された。
　偶像破壊論者のような態度をとったので、精神分析家は中産階級の大衆感情をひどく害した。それがプチ・ブル的無政府主義の歴史的な特殊性である。ナチズムがフロイト理論を多少とも摘発したのは民族的な問題にくわえて、こうした事実を利用するためであった。しかしだからといって、精神分析家をナチの一員として加えたり、フロイト理論からテーマを借用することのさまたげにはならなかった。
　さらに、精神分析の過激な言動が一部の社会階層の感情をそこなっていたから、また前衛的な知識階層の人々、とくに社会民主党員

のなかに多くの精神分析愛好家がいたからナチのプロパガンディストは問題の階層の権威をさらに失墜させるために精神分析に対する反感を利用したものだった。ヒトラーが『我が闘争』のなかでデカダン派の芸術を激しく非難したのも同じ理由からである。

*

　私たちはあいまいな折衷主義が精神分析の理論的基盤を特徴づけていることをしめそうとした。こんな状況においてフロイトには、彼が注目した新しい事実、あるいは比較的新しい事実を正確に分析するだけの材料が揃っていなかった。実際に精神分析は発展するにつれて、時代に逆行するような思潮の影響をうけるようになった。ただし、古典的な心理学が性を問題にすることはなかったし、具体的な個人および個人をとりまく具体的な歴史環境や生活環境に無関心であったことは事実である。しかし「禁じられた」テーマをとりあげるだけでは科学の分野での資格を満たしたことにはならない。精神分析はそれ以上のことをほとんどやらなかったように思える。精神分析がとりあげた事実によって措定される問題にいかなる新しい光も投げかけなかったからである。

　精神分析によって言及された諸事実は、正確に理解するためにもう一度とりあげてみなければならない。精神分析が脚光をあびたのは、現実のある側面を認識し、現実へ働きかけるためにそれによって提供された新しい手段によるのではなく、一部の社会環境の関心

や状況へ適合したことによる。それは語の本来の意味で流行だったのである。さらに精神分析の飛躍は1914-18年の戦争につづく数年のあいだに経験した状況によって説明することができる。

　精神分析は骨相学や催眠学と似たような運命をたどるかもしれない。それら同様、精神分析は今や過去のものである。

　ほんとうの発見や人間にとって有効な科学がたどる道は、精神分析のようにセンセーショナルな「近道」ではない。それは心理学的事実や歴史的事実の正確な研究を経由する。こうした研究は自然に関する近代科学全体が確かさを保証するような考え方にもとづくものでなければならない。

心理学基礎批判
——心理学と精神分析——

ジョルジュ・ポリツェル

富田　正二　訳

ピエール・モランジュヘ

まえがき

　本書は精神分析を紹介するための論文ではない。問題は、現在の精神分析の全体を、あるいは一部を独断的に説明することではなくて、われわれが採択している観点からこれを考察することである。したがって本書は精神分析に関する知識があることを前提としているので、われわれからみてなんらかの意味があると判断したときをのぞいて、技法的な組立てやたんなる事実問題にはいっさい言及しなかった。そういうわけで、たとえば性欲のように、独断的な説明では前面に押しだされそうな精神分析のいくつかの側面も、本書ではまったくとりあげられていない。

　一方われわれは、「反論」と「仮定」を適当な引用によって正当化しようとする方法を支持するものでもない。本書のような著書において通常よりも引用を少なくしたのは、われわれの解釈が正確であるか否かは各人の考察をとおしてしか確かめられないからである。また、われわれは大部分のフランスの哲学書に浸透している考え方を採用しなかった。これは、考察する努力をしないですむようにかみ砕いたものを呈示しなければならないような、愚鈍とまでは言わないが、あくまで受身的な読者を想定しているからである。

　こうした方法は皮相的で、誤った明晰さしかもたらさない。難解さと不確かさ、明晰さとわかりやすさは同義語ではない。見解の明

確さはそれ自体で充足していなければならないのだから、読者に努力を免除するためだけの敷衍的な説明には何の意味もない。それが、著者からみてもまったく関心をひかないとなればなおさらのことである。

　そういうわけで、われわれは見解そのものの措定と展開に無関係なことは、ほとんど省略した。古典的心理学者が心理的事実を「もの」とみなしたことを、なぜわれわれが非難するのかをできるだけ明瞭に述べただけで、あとはこの非難がわれわれにとってもつ意味とベルグソン［Bergson］にとってもつ意味を1から10まで比較することまではしなかった。「具象的なもの」という用語を使うことができるのは、われわれだけではないこともわかっている。しかし、われわれはその意味をすべて検討したわけではないが、この用語がもつ意味はあらゆる誤解を防いでくれるに違いない。また、われわれは心理的事実のさまざまな定義と古典的な内観批判を逐一とりあげて、前者がすべて抽象化を前提としていることと、後者が本質的なことを見失ったことを示すこともしなかった。ドラマの観念そのものについて長々とは論じなかったのと同じように、われわれはフロイト［Freud］の理論構築の一つ一つについて、これが抽象化をとおしてどのようにして具体的事実から生みだされるのかということと、この具体的事実が抽象過程を逆方向にたどることでどのようにしてふたたび発見されるのかを示さなかった。われわれはそうしようと思えば、敷衍することを避けた多くの箇所を引用することができるだろう。

まえがき

　敷衍的な説明がすべて無意味だというわけではないだろう。しかし、必要な努力を惜しまない読者なら自力でこれを探しだすことができるだろうし、いかなる努力もしようとしない読者にとっては、どのような敷衍的説明をしても充分とはいえないだろう。

　しかしながらわれわれは、この考察をとおして、本書のなかにみられる不明確で暫定的な部分を包み隠そうとはしなかった。本書は出発点である。なぜなら、まず第1に、これは『資料』の第1巻でしかないからである。つぎに、これは一連の予備的研究の一部を成すものでしかないからである。たとえば、意味の観念とドラマの観念に関して、本書においてはやや厄介なそれらの二元性を両者の関係として明確に理解できるところまで敷衍しなかったのは、こうした敷衍の基本観念がすでに、ゲシュタルト理論についてとり扱うことになる『資料』の第2巻に属しているからである。また同じ理由で、ときどき形態（forme）の観念を用いたにもかかわらず、これを深く掘りさげることまではしなかった。たとえば、意識の観念の分析や、途中われわれが明らかにしたこのような古典的アプローチの体系的な研究といった点についても、『資料』に続く『試論』のなかではじめて敷衍することができる。

　われわれが、わかりきったことを説明することになるということで、議論を始めたいことを蒸しかえす必要がないくらい見識ある批判に幸運にも出会うことはあっても、本書を書いてゆくなかで——少なくともフランス心理学の文献のなかには——われわれにはあまり拠り所を見つけることができなかったことがわかるだろう。だと

すれば、われわれとしては、要するに精神分析がゲシュタルトと行動という用語で説明されることを望んでいるという簡単な考えが認めてもらえるだろう。しかしこの場合、ゲシュタルト理論と行動主義に対するわれわれの立場は、われわれがこれらに割こうとしている研究のなかでしか明らかにできないことを忘れないでもらいたい。

　全体的にみて、本書や続編に含まれる考察がどの程度「独創的」なのかという問題にはわれわれとしては関心がない。われわれがこの問題を提起するのは、たんに論点を少しでも明らかにすることができるからにほかならない。これから行うさまざまな比較のなかには、もっともなものもいくつかあるだろう。しかし忘れてほしくないのだが、われわれにとって重要なのは、議論が、もはや歴史家のためにしか存在しない心理学のほうへは決して逆戻りすることなく、新たな地平から出発して、新しい次元で続けられるように諸問題を提起することである。われわれの考え方がほかの人たちのなかにも見いだされるにせよ、あるいはのちに、不適切であることが明らかになるにせよ、こうしたことは、問題がこうして提起されている以上、重要ではない。なぜなら、さしあたって重要なのは、考え方ではなくて、新しい方向づけだからである。

G. P.

序　　論

　1.　さまざまな理論はいつか滅びるものであり、科学は自らの廃墟を乗り越えて前進するしかないという一般的な主張にはだれも反論しようとは思わないにせよ、科学を代表する者たちに現行理論の死を確認させることはまず不可能である。大多数の学者は、生活感覚も現実感覚ももち合わせていないので、公に認められた原則に守られる形でしか仕事ができない研究者たちからなっている。彼らに、明証性というのは「あたえられる」ものではなくて、創造すべきものであることを認めるように要求することはできない。なぜなら、彼らの歴史的な役割はほかのところにあるからである。それは、研究を深め、利用する仕事である。こうした仕事をとおして、「諸原理」は彼らの生的エネルギーをすり減らす。科学の貴重な道具でしかない彼らには、自らを刷新することも、科学を刷新することもできない。このようにして彼らはあらゆる理論が、また彼ら自身の理論がいつかは死すべき運命にあることを認識するのだが、それは抽象的な認識でしかない。死すべきときがすでに来ているというのは、彼らからすればいつも信じられないことなのである。

2. したがって心理学者たちは、公に認められた心理学の死を話題にすると眉をひそめる。この心理学は、「心理学のプロセス」を研究しようとするものである。そのプロセスそのものを把握するためであるにせよ、心理学的にみてそのプロセスに付随するものあるいは決定的な役割を果たすものをとおしてであるにせよ、「種々とり合わせた」方法によってであるにせよ、「心理学のプロセス」を研究しようとするものである。

心理学というのは、科学的精神そのものを否定しないかぎり疑いえないような、実りある建設的な結果を所有しているわけではない。今のところあるのは、「道に迷った」探索と約束でしかないことをわれわれは知っている。すべてがまだ期待の域を出ていない。それは、どういうものになるかはまだわからないが、将来ほどこされるに違いない大幅な改善への期待である。すでになされたことについてさえ、心理学者のあいだで満場一致の合意──「血気盛んな者たち」をはじめから落胆させるような合意──があるというのでもない。周知のように、50年間の心理学の歴史は幻滅の叙事詩でしかなかった。また今日でもなお、ふたたび空っぽになった希望の空席を埋めるために、心理学者たちは新しい計画に日々着手している。

心理学者たちが異議を唱えるのは、うわべだけの誠意から異議を唱えることができるのは、彼らがうまく安楽な立場に引きこもることができたからである。彼らの科学的欲求は、ほとんど実りのない器具操作と、ふつうは発表よりまえに変動してしまう統計的な平均値の取得によって満たされてしまうので、彼らとしては科学は忍耐

であると主張する。また彼らは、「形而上学」と科学は何の関係もないと言って、いかなる検証も批判も受けつけようとはしない。

3. 心理学者たちが自慢する半世紀のあいだの心理学史は、術策の渦巻く世界の歴史でしかない。真実を発見することのできない心理学者たちは、発見者がだれであれ、どこで発見されたものであれ、日々真実を待ちこがれている。しかし彼らにはそもそも真実がどういうものかわからないので、真実だと認識して、これをつかみ取ることができない。そこで彼らは、何でもないものを真実とみなしてしまい、さまざまな幻想にもてあそばれることとなる。

まず、ヴント［Wundt］が登場してきて、「心不在の」心理学を推奨し、生理学実験室の器具を心理学者の実験室へ移し始める。なんという高慢さであろうか。なんと喜ばしいことだろうか。心理学者たちは実験室をもち、専門研究を発表する。もはや論争は姿を消し、あるのは計算だけである。対数のこじつけが行われる。リボー［Ribot］などはあらゆる思考を納められるかどうか調べるために、脳細胞の数を計算するしまつである。科学的心理学の誕生である。

しかし、実際はなんとひどいことか。無味乾燥な形式主義が、世界的な追従のおかげで、また科学に関して方法論という常套句しか知らない人たちの拍手喝采のなかで優位を占めるようになる。たしかに一見すると、こうした心理学者たちは「合理的心理学」という雄弁な古くさい考えと戦うことによって心理学に貢献したようにみえる。しかしじつのところ、彼らは、合理的心理学が批判を逃れて、

まだ生き延びられる見込みのある避難所を構築しただけだった。

　短期間でさまざまな提携の価値が見定められるようになると、やや倦怠感が生まれ始めた。そのとき幸いなことに、信仰をあらためてかき立てるために登場してきたのが「条件反射」である。なんという発見だったろう。驚嘆する心理学者たちに対して、ベヒテレフ[Bechterev]は「心理反射学」を呈示する。しかしこの動きもまた沈滞化する。その後、あるときは失語症や情動の心理学理論が、またあるときは内分泌腺がむなしかった希望をよみがえらせる。しかしそこにみられるのは、現実離れしているがためにむなしい欲求の緊張と休息だけである。同時に何回かの「客観主義の」大騒ぎのあと再登場してくるのが、内観という復讐心の強い怪物である。

4. そういうわけで「実験心理学」の登場は、科学的精神の新たな勝利であるどころか、屈辱でしかなかった。なぜなら、科学的精神によって刷新され、かつこれに仕えるどころか、実際は、もはや生命力のなかった古い伝統がそこから生命力を借用することになったからである。古い伝統にとって、この手術は生き延びるための最後のチャンスだった。こうしたことによって今日、公認の事実──すなわち、ヴント以来受けつがれてきたあらゆる「科学的」心理学は古典的心理学の変装にしかすぎないこと──を説明できる。流派の多様さですら、科学こそスコラ哲学を救済できると信じようとするこうした幻想の転生でしかない。というのは、心理学的な事実であれ生物学的な事実であれ、心理学者たちがつかんだあらゆる事実の

なかに、彼らが見いだそうとしたのはもっぱらこのことだったからである。そういうわけで、心理学者たちの手中にある科学的方法が無力であることも納得できる。

5. 学者は、彼らが科学的方法を着想するときの謹厳さという観点から、その名にふさわしい階級制を形成する。数量の世界は数学者固有の世界なので、彼らはそこで造作なく自然に暮らすことができる。厳格さをひけらかしに変えないのは彼らだけである。物理学者も数学を用いるが、すでにときどき、数学が借りものの服でしかないという感じを受ける。数学者の視野の広さは、とても彼らには及びもつかないものがある。彼らの視野はたいてい狭い。しかしこのようなことも、もっと下の階層で行われていることとくらべれば、なんということはない。生理学者はおそろしく数字の魔法にのめり込んでいる。数量形式の法則に対する熱狂は、彼らにとってフェティッシュの熱愛にほかならない。しかしながら、こうした不器用さもそこに含まれる基本的な謹厳さを忘れさせることはない。心理学者はどうかというと、彼らが数学を受けとるのは第三者の手をとおしてである。彼らは数学を生理学者から受けとるのだが、この数学は生理学者が物理学者から受けとったものである。数学を直接数学者から獲得するのは物理学者だけである。ところで、各段階で科学的精神の水準は劣化するので、最終的に数学が心理学者のところへ達するころには、彼らが「金とダイヤモンド」と思っているものも「少量の銅とガラス」になっている。実験的方法についても同じこと

がいえる。それについて確かな見識をもっているのは物理学者である。実験的方法をおろそかに扱っていないのは物理学者だけであり、それが常に合理的な技法であり続け、決して魔法と化さないのは、これが物理学者の手に委ねられているときだけである。生理学者にはもともと魔法への強い傾倒がある。彼らにあっては、実験的方法がたいてい実験的誇張と化してしまう。しかし、心理学者についてはどう言えばよいのだろうか。心理学者にあっては、何もかもが誇張にほかならない。哲学に対していろいろと異議を唱えているにもかかわらず、心理学者は、自らの分野についてそこから教わったありふれた考えをとおしてしか科学をみていない。科学は忍耐のうえに培われ、細かいことの探求のうえにはじめて壮大な仮説が築きあげられたと聞かされたために、心理学者は忍耐それ自体が方法であり、総括的な救世主を引き寄せるには盲目的に細かいことばかりを追求すれば事足れりと思っている。こうして心理学者は器具に囲まれて難渋し、あるときは生理学に、またあるときは化学や生物学に首を突っ込む。統計的平均値をかき集めながら、科学を習得するには、信仰をえるのとまったく同じように、愚鈍になる必要があると思い込んでいる。

　福音を説かれた先住民がキリスト教徒であるのと同じように、心理学者も科学者であることに気づくべきである。

6.　内観主義的なものであれ、実験主義的なものであれ、ワトソン［Watson］の行動主義（behaviorisme）のなかに見いだされる古典的心理

学の根本的否定は、重要な発見である。それはまさに、科学的方法が「悟性の抜本的改革」を要求していることを理解しないで、形式の魔法を信じるような精神状態の断罪を意味する。たしかに、意図がいかに真摯だとしても、正確化の意志がどのようなものであれ、アリストテレス［Aristoteles］の物理学を実験物理学へ変えることはできない。その体質がこれを受けいれないのである。したがってこうした試みに関して、将来の改善を信じるのはまったく根拠のないものといえよう。

7. そういうわけでこの半世紀の心理学史は、心理学概論のはじめに好んで明言されるような組織化の歴史ではなく、解体の歴史なのである。現在ペリパトス学派物理学の言語による仮構作用や錬金術が出現しているように、50年後には今日の真正公認心理学というものが現われるだろう。また、「科学的」心理学者が手始めに採用した反響の大きい方法、および彼らが到達した耐えがたい理論——静的シェマと力動的シェマ——は笑いものになるだろう。古代の気温理論のように大脳神学が人を喜ばせる研究となるだろう。しかしその後、すべては理解しがたい教義の歴史のなかに追いやられることだろう。今日スコラ学がそうであるように、人々はそれらが執拗に存続していることに驚くことだろう。

そのとき、人々は今信じられないように思えることを、すなわち現代心理学の動向が人間の二重性の神話の解体にしかすぎないことを理解するだろう。

科学的心理学の確立は、まさにこうした解体を前提としている。観念的練りあげが初期の確信のなかへ導入したあらゆる組み合わせは、一つずつ除去されてゆくべきである。そして解体は段階をおって進められるべきである。しかし今日、それはすでに完了しているのに違いない。ただしその期間は、科学的方法を尊重するあまり、死滅したテーゼへ示された再生の可能性によって著しく引き延ばされた。

8. しかし結局、こうした神話の決定的な清算のときがやってきた。崩壊は今日ではもう、生命の形をなすことができない。今や確信をもって終焉を認めることができる。たしかに現在の心理学は、哲学が『純粋理性批判』(*Critique de la raison pure*)の練りあげ時期にそうであったような状態にある。心理学の不毛さばかりが目につき、心理学を構成する手続きはむきだしになっている。演出によって感動させるスコラ学のなかに閉じ込もっている心理学もあれば、絶望的な解決策に身を任せてしまっている心理学もある。一方、新しい息吹も感じられる。人々は心理学史のなかのこうした時期をこれまでも生きてきたかったことだろう。しかし、たえずスコラ学の幻想のなかへ立ち戻ってしまう。だから何かが欠けている。それは、古典的心理学が神話の観念的練りあげ以外の何ものでもないという事実の明確な認識である。

9. この認識は心理学の文献に氾濫しているような批判であっては

ならない。それは、あるときは主観的心理学の破綻を証明するかと思えば、またあるときは客観的心理学の破綻を証明するような批判であり、周期的にテーゼからアンチテーゼへの、またアンチテーゼからテーゼへの回帰を推奨するような批判である。したがって、ふたたび古典的心理学の内面にとどまりうるような論争、そこから得られるのが心理学をその場でくるくる回転させるだけのものであるような論争を設定すべきではない。必要なのは革新的な批判である。既成のものをはっきりと清算することによって、心理学がおかれている停滞状態を克服しながら、伝えてゆかなければならない明証性を生みだすような批判である。

10. おおかたの期待に反して、こうした批判の前提となる新しい心理学の展望が生まれてくるのは、客観的方法を実施することからではない。客観的方法を実施した結果は完全に否定的なものである。なぜならそれは行動主義に帰着したからである。ワトソンは、古典的な客観的心理学がその語本来の意味では客観的とはいえないことをはっきりと認識した。だからこそ彼は、科学的心理学が半世紀続いたあとで、心理学は今こそ実証科学になるときだと主張したのである。ところで、行動主義はその場で足踏みしている。というより、行動主義ははるかに大きな不幸に見舞われた。行動主義者たちは、はじめ行動という観念に魅了されていたが、最後には首尾一貫した行動主義――ワトソンの行動主義――には出口がないことを発見したのだった。彼らは、内観心理学を懐かしみながら、「生理学的では

ない行動主義」という名目で、はっきりと内観主義的な考え方に戻ってしまう。あるいは、古典的心理学の観念を行動という観点から焼き直すだけにとどまることになる。そのとき、残念ながら確認しなければならないのは、少なくとも一部の人たちからみて、行動主義は客観性の幻影に新たな形をあたえることしかできなかったということである⁽¹⁾。こうして行動主義は次のようなパラドックスを呈する。行動主義を率直に肯定するには、これを発展させることを断念しなければならないし、行動主義を発展させるには、その率直な肯定を断念しなければならないというパラドックスである。これは、行動主義のあらゆる存在理由がなくなることを意味する。

なお、こうしたことは驚くにはあたらない。行動主義の真実は、古典的心理学の神話的性格を認識することによって成り立っている。行動という観念は、ワトソン派やその他の人たちが解釈をあたえる以前に、これを一般的なシェマのなかで考察するかぎりにおいてしか有効ではない。したがって、科学的心理学の半世紀は、科学的心理学が始まろうとしていることを確認するところまでしかゆけなかった。

11. 古典的な客観的心理学がそれ以外の結果に到達することは不可能だった。それは、自然の科学になろうとする内観心理学の実現不可能な意志以外のものでは決してなかった。それは、時代好みの自然の科学への賛辞を表明しているだけである。哲学ばかりか形而上学まで「実験的」になろうとした時期があった。しかし、そんな

ことはほとんどまともには受けとられなかった。心理学は偽者を本物と信じ込ませることに成功した。

じつは、うわべは否定されているようにみえたこの心理学とは異なる客観的心理学など一度も存在したことはなかった。実験心理学者も自前の考えをもったことなど一度もなく、いつも「主観的」心理学の古い貯えを利用していた。ある流派がこの幻想に翻弄されたことを発見するたびに、同じ原則から出発しても進歩はあると信じて、別の方向へやり直した。そういうわけで、科学的方法に駆りたてられた研究者たちは、常に内観主義の心理学者たちに遅れをとるのだった。なぜなら前者は、後者の考えを「科学的」表現に翻訳するのにかかりきりだったのに対して、後者は自分たちの幻想を認識する以外にすることは何もなかったからである。今では実験心理学も自らの空しさをやっと認識できるようになった。内観心理学は、相変わらず自らのすばらしい、感動的な将来の可能性を確信している。感覚心理学、古典的な実験室の心理学および意識の「流動化」の心理学のいずれにも関心を失った心理学者にも、まちがいがはっきりしてくるにつれ、ほんとうに豊かな方向への指標が見えてきた。

12. 主観的心理学ならびに客観的心理学が抱える問題およびそれらの伝統の影響を免れようとしている諸流派に照らしてはじめて、われわれの批判に含まれる肯定的な面と否定的な面が明確になるはずである。なぜなら、こうした批判がただたんに観念的な作業の結果ではないことが理解されているなら、これを有効なものにするた

めに「根もとから」始めるには及ばないからである。批判の対象となっているのは、幹の部分である。古典的心理学の根幹をなすイデオロギーである。問題は、枝を落とすことではなくて、木を倒すことである。また、全体をひとまとめにして糾弾する必要もない。古典的心理学が死滅したあとも生き延びるさまざまな客観的事実が出てくるかもしれないからである。しかし、これらの事実にほんとうの意味をあたえることができるのは、新しい心理学だけである。

13. 心理学史をとおしてもっと注目しなければならないのは、主観性と客観性の2極をめぐっての揺れでも、心理学者による科学的方法の用い方に見られる才能の欠如でもない。注目しなければならないのは、古典的心理学が真の科学の虚偽の形態ですらないという事実である。なぜなら、方法の問題はさておくとして、根本的に虚偽であるのは科学それ自体だからである。心理学とアリストテレスの物理学を比較するのも完全には正しいとはいえない。なぜなら、心理学の虚偽性はそのようなものですらなく、オカルト科学(les sciences occultes)——交霊術や神智学もまた科学的形態を装っている——がそうであるような虚偽性だからである。

人間を対象とする自然の科学が、人間に関して知りうるすべてのことを汲み尽していないことは確かである。「生」という用語は「生物学的な」事実を意味するが、その一方で、文字どおり人間の生は人間のドラマ的生活(la vie dramatique)[2]をも意味する。

このドラマ的生活は、ある領域を科学的に研究することができる

ようにするあらゆる特徴を備えている。たとえ心理学が存在しなくとも、こうした可能性の名のもとに心理学を作りあげなければならない。ともあれ、このドラマ的生活に関する考察は、文学と演劇のなかにしかその居場所を見いだすことができなかった。古典的心理学が「文学的資料」研究の必要性を主張したにもかかわらず、実際には、心理学の抽象的な目的とは関係なくこれがほんとうに利用されたことは一度もなかった[3]。こうして、これまで受けいれられなかった具体的なテーマを心理学へ伝える代わりに、文学のほうが反対に虚偽の心理学の影響を被る結果になってしまった。文学はその純真さと無知から、心の「科学」を真剣に受けとめなければならないと信じたのである。

　ともあれ、公認の心理学の誕生は、唯一その存在を正当化することのできる着想とは根本的に対立する着想に依っている。もっと問題なのは、心理学がもっぱらその着想だけを糧にしていることである。したがって歯に衣を着せない言い方をするなら、心理学は広範囲にわたる悪魔信仰、すなわち心の神話学および古代哲学に対して措定されるような知覚の問題に関する観念的練りあげにすぎないということになる。行動主義者たちが、内面生活に関する仮説はアニミズムの名残を示していると主張するとき、彼らは、融合して現代心理学を生みだしたさまざまな流派の一つがもっているほんとうの性格を完全に見ぬいている。要約すれば、霊魂と向き合った神秘的で「教育的」態度やキリスト教に組み入れられた終末論的神話は、あるとき失墜し、粗野なレアリスムに感化された教義研究のレベルへ

とまたたくまに貶められて、アリストテレス学派の霊魂論の影響を受けることになる。こうした研究は、一方で神学に貢献しなければならなかったが、他方では、認識論、論理学および神話学から無差別に着想を汲みとりながらある内容物を作りあげようとした。こうして、かなり範囲の限定されたテーマ系と問題系が形成され、哲学と名づけることのできる分野が形作られた。形成されたときから、そのまとまりは申し分なかったということができる。いずれにせよ、今日までその名にふさわしい心理学的発見は何もなかった。ゴクラン［Gocklen］以来、あるいはそう言ったほうがよければ、クリスティアン・ウォルフ［Christian Wolff］以来、心理学の研究は観念的なものでしかなかった。それは、練りあげと組み合わせの作業、要するに神話の合理化と最終的にはその批判でしかなかった。

14.「合理的心理学」に対するカント学派の批判が、心理学を決定的に崩壊させるべきだったのかもしれない。この批判はすぐにも、具象的なものへの、真の心理学への方向づけを行うことができたかもしれない。しかし、それは文学という屈辱的なものに姿を変えることによって「科学」から排除されてしまった。カント学派の批判は好ましい結果をもたらさなかった。それはたしかに霊魂の観念を除去したが、合理的心理学への反駁は物自体の一般的批判の応用でしかないので、その結果、心理学にとっては、物自体の崩壊後、科学においては不可欠なものとなる実在論と並行して、「経験的実在論」が生まれてきたように思える。一般の解釈は、外的経験が内的

経験に先行するというこの上なく豊かな考えを疎んじて、並行論だけを記憶にとどめるので、『純粋理性批判』が内面生活の仮説を是認しているようにみえるのである。心理学の古い蓄積は生き延びることができた。そこへ19世紀に流行した経験と計算という要請が襲いかかった。惨めな歴史、悲惨なカルメンの歴史が始まるのはこのときからである。

15. 霊魂の崇拝はキリスト教にとって不可欠である。知覚という古くさいテーマでは心理学を生みだすには充分ではなかっただろう。心理学の力は宗教に由来しているからである。いったん伝統となった霊魂の神学は、キリスト教より長生きして、今もスコラ神学を日常的な糧として生き続けている。この神学は科学に変装してうまく尊敬の念を集めることができたおかげで、もうしばらく生き続けることができた。こうしたごまかしのおかげで、いたずらに生き長らえることができた。

ただし、古典的心理学が過去の遺産だけを糧に生きていると考えるのはまちがいである。反対にそれは、いくつかの現代の要請をうまく取り入れることができた。たしかに内面生活は、ことばの「現象学的な」意味で「価値」となることができた。

ブルジョワジーのイデオロギーは、自分用の神秘神学（mystique）を見いださなかったら、完成していなかっただろう。それは幾度もの暗中模索の末、今では心理学の内面生活のなかに神秘神学を見いだしたようである。内面生活はこうした目的と完全に合致する。その

本質は抽象化というわれわれの文明の本質そのものである。そこで問題になるのは、生活一般と人間一般でしかない。今日の「賢者」は、豪華な一連の問題とともに、人間に関する貴族的なこうした考え方を継承できて幸せである。

そのうえ内面生活の宗教は、ほんとうの改革の危険に対する最良の防御策ともなるようである。この宗教に含まれるのは、いかなる定められた真実への愛着でもなく、たんに形態や性質との無欲な遊戯なので、その本質をなす抽象化がほんとうの生活をすべて停止させるというのに、生活および「霊的」進歩についての錯覚をあたえる。またこの宗教はそれ自体の深遠さだけしか気にかけていないので、真実に対して無知であるための永遠の口実でしかなくなる。

そういうわけで内面生活は、品性への渇望が真実の理解にとって代わるように、改革の意志を、それがほんとうの目的と結びつくまえに丸め込んでしまいたい人たちにとって説教の材料となるのである。また、あまりにも気弱すぎて「気むずかしい」態度をとることのできないような人たちが、差し伸べられた救いの手にすがるのもこうした理由からである。自分のことだけを考えながら善行に励みなさいという申し出は、ほんとうに抗しがたいもののようである。

16. したがって古典的心理学は二重の意味でまちがっている。科学および精神（esprit）に照らしてまちがっている。人々は、われわれだけが相変わらず内面生活を糾弾しているのを見てどんなにか苦虫をかみつぶしたことだろう。また、何がおもしろくて、われわれに

まちがった知恵の「科学的基盤」を示してくれなかったのだろうか。心理学から借用した観念を巧みに処理するこのような「認識哲学」、および人がまさに彼の現在の形態から脱却しなければならないときに、自己探求するよう促すこのような知恵は、心理学において自らの基本的な手法の正当性が裏づけられるのを大いに満足しながら眺め続けてきたことだろう。

　ところでじつは二つの糾弾は１点で交わる。まちがった知恵はまちがった科学のあとを追って死ぬだろう。両者がたどる運命は一つに結びついている。それらはいっしょに死ぬだろう。なぜなら抽象化が死ぬのだから。二つの領域から抽象化を追い払うのは、具体的な人間に関するものの見方である。

17.　ただしこうした一致は、二つの糾弾をいっしょくたにしてもよいという理由にはならない。両者を分けて考えることと、まず心理学が独力で抽象化の糾弾を導きだすことのほうがはるかに効果的である。ところでこうした糾弾は、もっとも技法的な心理学のなかから現われる。しかも、われわれの要求を何も知らない張本人たちによって発せられる。ただしこうした遭遇は、幸運なことにまったくの偶然ではない。真実は同時にあらゆる領域に関わっていて、そのさまざまなひらめきは最後には結合して、ただ一つの真実となるからである。

　われわれは二つの糾弾を分けて考えようとしているのだから、原則として物理的にもそれらを分けなければならない。そういうわけ

で、解体を完了することによって新しい心理学の先駆けとなるさまざまな流派の研究に専念しながら、まず古典的心理学解体の方向を定めることから始めなければならない。

18. こうした点からみて三つの流派を考えに入れることができる。それは、精神分析、行動主義およびゲシュタルト理論（Gestalttheorie）の三つである。ゲシュタルト理論は、とくに批判という観点からみたときに重要な意味をもつ。それは、人間の行為（action）の形態を崩したあと、無意味で無定形な要素から始めて意味と形態をもつ全体性を再構成しようとする、古典的心理学の根本的な手法の否定を前提としているからである。ワトソンのそれのように首尾一貫した行動主義は、客観的な古典的心理学が破綻していることを知っているだけに、最終的にその解釈がどのようなものになるにせよ、行動という考えによって心理的事実に具体的な定義をあたえる。しかし三つの流派のなかでもっとも重要なのは、異論の余地なく精神分析である。古典的心理学の誤謬をじつに明瞭に理解させてくれるし、今すぐにでも生活と行為に関する新しい心理学を示してくれるのは精神分析である。

しかしこれら三つの流派は、真実とともに、まだ三者三様の誤謬も内包している。そのために、心理学を正しい方向からふたたび遠ざけるような道へと各流派の後継者たちを引き込んでしまう。

広い意味（そこにはシュプランガー［Spranger］も含まれる）でのゲシュタルト理論は、シュプランガー[4]のように理論構築に専念する。

序　論

　しかしこの理論は、古典的心理学の固定観念を断ちきることができるとは思えない。

　行動主義は不毛である。あるいは、ひたすら予期しない実験結果だけを待つのではなく、生理学、生物学、それどころか多少ともとり繕われているとはいえ内観にさえ陥っている。

　精神分析についてはどうかといえば、経験に即して語ることに専念する被験者にかかりきりだったので、とりのぞかなければならない古い心理学を懐に隠しもっていることに自分でも気づく暇がなかった。その一方で精神分析は、つまらないロマン主義、および時代遅れの問題しか解決できない思弁を懸命に養っている。

　また一般に、古典的心理学をあえて糾弾している人たちの大半は、暗黙のうちにであったり、いくらかおずおずとそうしているにすぎない。彼らは、対立する意見が和解することに救いの道を見いだすような人たちの仕事を準備しようとしているようにみえる。彼らは、そこにはふたたび幻想しか生まれないことに気づいていない。各流派が別のある流派もしくは別の諸流派について先決問題を提起するという状況のなかで、いくつもの流派が並存することなどできないからである[5]。ワトソンとその一派のように、あからさまに糾弾している人たちについていえば、古典的心理学の誤謬に関する主張と誤謬であることの論拠とがほとんど関連づけられていないので、当の本人たちまで糾弾の対象となっている態度へ陥らざるをえなかった。とはいえ、「人間の悟性」の無力さに関する一般的考察が『純粋理性批判』であるように、彼らの異議申し立ては心理学の基礎論に関す

るほんとうの批判といえる。

19. 心理学批判が効果的であるには、手心を加えるべきではない。ほんとうに尊重するに値するものだけを尊重しなければなるまい。自分の考え、あるいは自分の考えに含まれるものをすべて言ってしまうとまちがいをおかすのではないかという恐れから、なまじ手心を加えると、混乱だけをもたらす道を長びかせることにしかならない。

こうした臆病さは、じつは、長いあいだわれわれを閉じ込めてきた心理学と折り合いをつけるのが現実にはとてもむずかしいということを物語っている。われわれが心理学からあたえられるシェマは、実際的観点からみて不可欠だとは思えない。しかもこうしたシェマは、われわれのなかにとても深く根づいているので、われわれがそこから自由になるためにひたむきな努力をしている最中にも頭をもたげてくる。そういうとき、どこまでもわれわれに付きまとうこのシェマの執拗さを、乗り越えることのできない自明のことだと思い込んでしまう。したがってたとえば、内面生活は動物の精神がそうである以上に存在しないのだとすれば、内面生活から借用できる観念などほとんどないのだから、それを行動という表現に言いかえてみたところでまったく無益であるという主張もはじめは理解できないように思える。

しかし用心してもらいたい。そこにあるのは、古い明証性にはつきものの誘惑だけである。批判というのはまさに、こうした明証性

序論

を少しずつ解き明かして、それを構成している思考方法とそこに隠されている暗黙の前提の正体をあばくことにある。したがって批判は、これが無効のままに終わらないように、糾弾するだけで処刑しないあいまいな主張にとどまるべきではない。批判は死刑執行までいかなければならない。

ともあれ、こうしたことがすんなりいくわけはない。こうした明証性と問題を葬り去る権利があるのかどうかしょっちゅう自問することになるだろう。さしあたって忘れてならないのは、われわれの「感覚能力」が狂わされているということと、まさに継続することによって、われわれは何が救出されなければならないかを見分けることのできる正しいものの見方を獲得できるということである。そのとき、近くからだと乗り越えることができないように見える明証性も、少し離れて見ると、乗り越えられそうだとわかるだろう。

20. 先ほどの流派の話に戻すと、要するにそこに含まれる心理学のための教えは、今にも沈没しそうである。支持者たちへ回帰するように呼びかけるノスタルジーのために、また古典的心理学を徹底的に清算しても、彼らは永遠にそこから自由になれないからである。

そこで教えの射程と正確さすべて明らかにするために、われわれは先ほど言及した各流派について研究しようとしている。これは、批判をその組み合わせという面から照明し、そこに構成部品をはめ込むことによって、批判そのものを準備することになる予備研究になるだろう。これは、『心理学基礎批判のための資料』[6]となるだろ

う。われわれが提起した問題そのものが体系的に取り扱われる批判は、『資料』につづく『心理学基礎批判試論』のなかに収められるはずである。『資料』にはこのように予備的な、したがって暫定的な性格があることを決して忘れてほしくない。『資料』はまだ批判を含んでいるわけではない。道具自体を作るための、まだ大ざっぱな最初の小道具に相当しているにすぎない。

21.『資料』において計画している研究も、もちろん頭を空っぽにして行うというわけにはいかない。われわれは、先入観もなく「まっさらな気持ちで」先ほどの流派について検討しようなどというつもりはまったくない。先入観をぬきにした主張というのは誠実かもしれないが、決して真実ではない。なぜなら、真実を予見しない真の批判というものはありえないからである。問題はこの予見の源泉が何かを知ることである。

われわれが真の心理学を発見したのは、精神分析に関する考察をとおしてである。それは偶然だったのかもしれないが、たんなる偶然ともいえない。というのは、理論上も、精神分析だけがすでに真の心理学を具現しているという理由で、今日、真の心理学観を示すことができるのは精神分析だけだからである。したがって、『資料』は精神分析の検討から始めなければならない。精神分析が心理学のために含んでいる教えを探すなかで、詳細な説明を手に入れることが重要になるだろう。そうすれば、ほかの流派を検討するときに本質的なことを見落とさないですむだろう。

序論

22. 精神分析の出現が引き起こした初期のころの抗議の波も、最近フランスでの激しい再燃をみたとはいえ、ようやく収まったようにみえる。古典的心理学と精神分析の関係も以前ほど緊迫してはいない。精神分析の勝利とみなしうるこうした態度の変化も、心理学者には戦術の変化ぐらいにしか映っていない。倫理や礼節の名においての精神分析との初期の戦術は、戦わずして精神分析家へ領土を引き渡すことだということと、フロイト［Freud］のために無意識の章に心理学の席を設けてやるという鷹揚さを示すのとひきかえに、精神分析に対して「科学」が要請する留保をつける権利を獲得するほうがはるかにすっきりしていて有効だということに、たしかに気がついたのである。したがって、たび重なる同化があったのだから、現在いくつかの流派が軽視されているのはフロイトのせいだということになる。そのとき、精神分析は古い連合主義心理学の再生でしかなくて、完全に表象（vorstellung）の心理学などを基盤にしているという主張も成り立つ。

23. 精神分析の支持者たちについていえば、彼らは精神分析をほとんどリビドーと無意識の観点からしかとらえていない。たしかにフロイトは、無意識を発見したクリストファー・コロンブス［Christphe Colomb］なのだから、彼らにとって心理学のコペルニクス的存在である。彼らによると、精神分析は、主知主義的心理学を再生させるどころか、19世紀から表舞台に登場してくる運動に、すなわち感情生活を重視する大きな運動に結びついているという。リ

ビドー理論や知的思考に対する欲望の優位性、要するに感情的無意識の理論を掲げる精神分析は、この運動の到達点でさえあるという。

24. 精神分析に関してその支持者たちが抱いているこうしたイメージ——古典的なものとなったが——が、精神分析から衝撃を受けたあとの古典的心理学の立ち直りを助けながら、この心理学が望んでいる方向へ進んでいることに気づくのはむずかしいことではない。なぜなら、フロイトにコロンブスとかコペルニクスといった古典的な功績しか認めなければ、精神分析はたんに古典的心理学の内側で実現した進歩にすぎなくなるからである。古い心理学の価値体系のたんなる逆転、ただしその価値体系がもっている一つしかない序列の逆転にすぎなくなるからである。また公認の心理学の諸範疇が、相当数の分野を収められるように少し拡張されれば、完全に受けいれることのできる一連の発見にすぎなくなるからである。たしかに、こうした方向での議論が問題にしているのは、古典的心理学の理論や態度であって、その存在そのものではない。

ところで、存在するのはじつは変遷ではなくて、革命、そう思う以上に「コペルニクス的な」革命だけである。精神分析は古典的心理学を充実させるどころか、まさにその敗北を立証している。行動主義が古典的心理学の根本的な観念や考え方との決裂が近いことを予感させるように、精神分析は、心理学の伝統的理想、およびその支配や啓示力と決裂する第1段階であり、何世紀もまえから心理学を閉じ込めている支配域からの最初の脱出である。

序論

25. 精神分析家がこのように精神分析的革命を誘導するために敵方と協力しているのは、彼らが、古典的心理学の理想、範疇および用語法への「固着(fixation)」を内奥に保持してきたからである。そのうえ、精神分析の理論構造が古い表象の心理学から借用した要素で埋まっていることは明白である。

しかしながら古典的心理学の支持者たちは、こうした論証を利用しないほうがましだったろう。というのは、内部と表層を混同することによって、彼らは根本的な着想とそれが具体化される理論とが精神分析においては両立しないことにばかり注意を向けさせ、そのことで自分の墓穴を掘ったからである。実際に、こうした根本的な着想に照らして古典的心理学の抽象概念が明るみにでてきて、精神分析と古典的心理学のある形態というより、精神分析と古典的心理学全般が両立しないことも明白になった。そのうえ、このような非両立性がもっている性格のおかげで、精神分析の具象的な方向性が少しずつ理解されるようになり、その一方で古典的心理学を構成する手続きも明らかになった。したがって、フロイトによる言語活動と伝統的シェマにおける発見の表現方法は、われわれからみれば、心理学がいかにして事実と理論をでっちあげるかを観察できる絶好の例でしかない。

いずれにせよ、フロイトに主知主義(intellectualisme)や連合主義の漠然とした批判を向けているだけでは充分とはいえない。この批判の正しさを裏づけるような手続きを正確に拾いだすことができなければならない。ただし、あれほど自慢げに虚偽性が指摘されたこの

手続きも、精神分析の真の意味に照らしたとき、じつは心理学自体を構成する手続きにほかならないことを認めざるをえないだろう。この批判は、心理学者にたえず付きまとう錯覚の、上に着ているものしか変えていないのに、本質を変えたと信じてしまう錯覚の特殊ケースだということが明らかになるだろう。

26. われわれは既述したような主張を裏づけながら、精神分析のなかに含まれる心理学のための教訓を探したい。したがって、精神分析のほんとうの着想を追求しながら、また常に、これと精神分析が否定する古典的心理学を構成する手続きとを対照させながら、精神分析を、その支持者も反対者も抱いている先入観から解放してやる必要があるだろう。その一方で、フロイトの理論構築を、こうした精神分析の着想の名のもとに判定することも必要だろう。これによってわれわれは、同時に古典的手続きをありのままにとらえることができるだろう。このようにしてわれわれは、先ほど問題にしたのだが、両者が両立しえないことが明確に理解できるばかりでなく、きたるべき心理学の重要な指標を手にすることにもなるだろう。

しかし、分析は正確でなければならないし、分析をとおして精神分析がどのようにして錬成され、構築されるのかということも把握しなければならないので、われわれは夢の理論を研究することが最良の方法であろうと考えた。なぜならフロイト自身が語っているように、「精神分析は夢の理論のうえに成り立っている。というのは夢の精神分析理論がこの若い科学のもっとも完成度の高い部分をなし

ているからである」[7]。また、精神分析の意味がもっともよく示され、これを構成する手続きがていねいに、かつ驚くほど明瞭に解明されているのは『夢判断』(*Traumdeutung*)においてだからである。

<注>
(1) ウォーレン［Warren］の概論書はこの点で意義深い。
(2) この際了解してもらいたいのは、われわれが「ドラマ」という用語を客観的事実という意味で使いたいことと、この用語からロマン主義的な響きを完全に捨象しているということである。したがって、読者にお願いしたいのは、この用語の単純な語義に慣れてもらいたいことと、その用語がもっている「感動的な」意味を忘れてもらいたいことである。
(3) 精神分析をのぞいて。
(4) 『生活形式』第5版、ハレ社、1925年。
(5) たとえば後述するように、フロイト自身が、精神分析を古典的心理学へ立ち帰らせる役割を担う。
(6) 『資料』は3巻からなるはずである。本巻の次は、現象学に関する1章を含むゲシュタルト理論の1巻を発表し、第3巻は行動主義とそのさまざまな形態について、応用心理学に1章を割きながらとり扱うだろう。
(7) 「精神分析における無意識の概念に関する2、3の覚え書き」、『神経症説に関する小論文』、第4巻、フォルゲ、165頁、ウィーン、1922年。

第1章

精神分析における心理学的発見と具象的なものへの方向づけ

　科学を特徴づけているのは、限定された領域に関する叡知と、その領域に属しているものへの叡知をよりどころにした影響力である。叡知と効力という二つの特徴のないところに、豊かな科学は存在しない。物理学者の場合を考えてみよう。彼は驚くべき神秘を知っていて、もっとも大胆な奇術師なら想像できたかもしれないものをも凌駕する奇跡をあなたのまえに出現させてくれるだろう。化学者と話してみよう。彼はあなたが仰天するようなことを教えてくれるだろう。彼の振舞いを見てみよう。もっとも著名なオカルト論者 (occultiste) でさえ、熱意および想像力において貧しく見えることだろう。たとえ自然にはあまり関心がなくとも、こうした人たちの叡知と影響力には驚くことだろう。

　さて心理学者の場合を考えてみよう。彼はあなたに心理学の抱負を語ってくれるだろう。この科学の苦労話をしてくれるだろう。あなたは霊魂の概念と能力理論が首尾よく取り除かれたことを知るだ

ろう。もし何を手がけているのかと質問すれば、彼は内面生活について話してくれるだろう。もしさらに食いさがれば、あなたは感覚、イメージ、記憶、観念連合、意思、意識、情動、人格およびこの種のさまざまな概念の存在を知ることができるだろう。彼はイメージは心的原子ではなく、むしろ「流動的な」状態であると説明してくれるだろう。観念連合はあらゆることを説明するどころか、軽度の緊張状態でしかないと、また、悲しいから泣くのではなくて、泣くから悲しくなるのだと説明してくれるだろう。もしあなたが真剣に耳を傾けたら、彼はあなたの人格が一つの合成であると教えてくれるだろう。たしかにあなたは、いくつかの表現手段を増やすことができるだろう。しかし、「人間の意識についてもっとくわしく知りたい」などと言わないように気をつけよう。なぜならそのような夢のような希望を捨てさせるために、心理学の実験室へと送られ、あなたはそこで「かくあるべきという」科学の考え方を植えつけられるだろう。そこでまた、あなたはものすごいをことを知るだろう。感覚心理学への文字どおり心理学的な関心に対するあなたの慎重な態度について非難を受けることはほとんどないだろう。しかしその代わりに、あなたが遅かれ早かれ同じ考えをもつようになることと、脈絡のない数字を記憶にとどめ、高等教育免状の準備をするために呼吸記録器を用いるスポーツがあることを教えられるだろう。そして、あらためて人間を知るためにもっと手ほどきしてくれるように頼むとすれば、科学は忍耐から成っていて、実験技法の進歩とニュートン［Newton］のような総合的天才によって…などと、相手は聖

人のような態度で答えるだろう。

　あなたの考えは正しい。心理学者は何も知らないし、何もできない。彼は科学に仕える大家族のなかの邪魔者なのである。彼は希望と幻想だけを糧に生きている。彼は質料 (matière) などそっちのけで、形相 (forme) だけで満足している。なぜなら、あらゆる惨めさを超越して、彼はなおも耽美主義者だからである。

　なぜうわべだけの心配りをするのだろうか。心理学者はある種の空話 (fabulation) を別の空話に置き換えること、あるシェマを別のシェマに置き換えること以外に何もしなかった。それだけのことである。それにしても、じつにそれだけのことなのである。人間を知ることについてはどうだろう。ところが、こうしたことはすべて、的外れな問題の領域へ、あるいは遠い希望の領域へ追いやられてしまう。この研究を一般に推進しているのは、学識を深めながら、共感をもってある考えや概念の成りゆきを観察することへの関心だけである。これ以外の関心が、心理学の中心的体系にあるとは思えない。そもそもそのことは心理学の歴史をとおして理解することができる。そこでは発見の話はいっさい語られていない。全体が、まったく同じような織り目が続く問題に適用された概念研究の変遷から成っている。それは科学的でありたいという野望をもつ分野にとって悪い兆候である。心理学の歴史をとおして変化がみられたのは、用いられる表現と、さまざまな問題への力点の置き方だけである。それにしても心理学者は人間に対して、きわめつきの無学者と同じくらい愚かな態度をとる。おかしなことに、彼の科学が彼の役に立つのは、

第1章 精神分析における心理学的発見と具象的なものへの方向づけ

科学の対象を相手にしているときではなくて、もっぱら「同業者」を相手にしているときだけなのである。したがって、彼はスコラ哲学者と同じである。彼の科学は議論のための科学、論争の道具でしかない。

　精神分析においてまず驚かされるのは、それをとおして心理学者がほんとうの知恵を獲得できるということである。私が問題にしているのは専門的な知だけなのだが、知恵という表現を使うのは、心理学が言語のレベルを超えて、その研究対象に含まれるなにか神秘的なものを把握するのははじめてだということを強調するためである。はじめて心理学者は知をえて、ほんとうの姿を現わす。私があえて知という表現を用いるのは、それが魔術師のように何よりもまず「実証的な」何かを意味するからである。

　物理学者は公衆に対して権威がある。なぜなら、実効性のある知によって彼が魔術師の正当な後継者にみえるからである。もっとも魔術師は彼にくらべたら臆病な先駆者にしかみえないのだが。精神分析家も同じような理由で公衆に対して権威をもっている。なぜなら彼は、夢占い師、読心術者および巫女の正当な後継者のようにみえるからである。もっともこうした人たちはみんな、彼にくらべたら俳優でしかないのだが。このように物理学者と精神分析家を、両者の権威がともにどういう理由で成り立っているのかという観点から比較対照できることは、心理学史のなかに、心理学者の器械を増やすために生理学実験室から移住してきた器械を使用するのとは異なる「実証的な」段階を示している。

というのは物理学者の場合と同じように、精神分析家の知見の実効性は、われわれがほんとうの発見をまのあたりにしていることを示しているからである。

　夢の意味の発見もその一つである。私が言いたいのは、夢の具象的かつ個人的な意味の発見である。フロイトの敵対者たちによってあれほどけなされたエディプス・コンプレックス（complexe d'Œdipe）の発見もまたその一つである。フロイトの考え方から生まれる愛の心理学と、この問題についてスタンダール［Stendhal］をも含む古典的心理学から教えられることを比較してみてほしい。どちらに依ったほうがある具体的な例を理解することができるかという観点から、この比較をしてもらいたい。そうすればあなたはその違いに唖然とすることだろう。私はわざわざ、精神分析的療法の、あれほどとやかく言われた治療効果を問題にしているのではない。私の観点はもっぱら、精神分析が心理学にもたらしうる知見ということである。

　もちろん、精神分析の発見は、あらゆる種類、あらゆる時代の文学者において見いだされるいくつかの所見を科学的表現に翻訳しているだけである。しかしそれは、霊魂の神学および知覚に関するいくつかの古代の理論を継承し、のちに両者から生まれる哲学的心理学を継承した公認の心理学が、たんなる概念的研究にすっかり心を奪われたからである。こうして真の心理学は文学や演劇のなかへ逃げ込んだ。真の心理学は、実験物理学がはじめ公認の思弁物理学の周辺で生きなければならなかったように、公認の心理学の周辺で、

第1章　精神分析における心理学的発見と具象的なものへの方向づけ

そこから外れたところで生きなければならなかった。このことは次のようにも説明できる。最終的に具象的なものが重視されるには、霊魂と知覚という古いテーマについて続けられたたんなる概念的研究の幻想性が明らかになり、次に、近代化学によって、賢者の石を発見できるという希望、すなわち科学的手法を適用することによって、古い心理学やその仮構作用(transfabulations)を実証的科学へ変えられるという希望がついえ去り、ついに仮構作用のさまざまな化身がもっていたいくつかの価値が磨耗する必要があった。

I

　そこにあるのは、たんなる価値判断ではない。われわれが指摘した対比を分析してみれば、精神分析のなかに知の必然性を見いだせるように、古典的心理学のなかには無知の必然性を見いだすことができるだろう。われわれが夢を例にとって証明しようとしているのはこのことである。

　フロイトは思いきって、『夢判断』の第1章を夢の問題に関する歴史的説明に割いた。そこには、この問題への介入を正当化するはずの批判的考察が述べられている。この章では、何も見ていなかった人々の国で慧眼ぶりを発揮する人の旅を読みとらないわけにはいかない。さらにフロイトは批判をとおして控えめな態度表明を行っている。彼が望んでいるのは、夢についてはあらゆることが語られたあとにおいてもなお語るべきことが残っている、あるいはむしろ重要なことはいまだかって語られていないとわからせることである。

というのは、これまでこの問題はあまりにも軽くとり扱われてきたからである。また、彼はさまざまな研究を比較することによって、夢の理論が解決しなければならない問題の一覧表を手にする。

それが世間にもっとも広くゆき渡った考えを表わしているからというので、フロイトがもっとも特徴的だとみなしているのは、部分的覚醒の理論である。この理論によると、ヘルバルト［Herbart］（フロイトによる引用、70頁）[1]も述べているように、夢とは「ぼんやりしていると同時にとても例外的な部分的覚醒」である。ビンツ［Binz］（フロイトによる引用、71頁）はこの考え方を心理学的な表現に直して述べている。「この(硬直した)状態は、朝が近づくにつれて徐々に解消する。脳細胞のなかに蓄積された疲労の産物は、分解されるか循環する血液の流れによって洗い流されてしまう。あちこちで一部の細胞群が目を覚ますが、まだ周りではすべてが硬直したままである。そのときこの細胞グループの孤立した作業がもうろうとした意識のなかに現われる。ただし、寄せ集めたり、結びつけたりする脳のほかの部分の働きはこれを補完することができない。だから、現われるイメージも奇妙で、でたらめに寄せ集められたものなのである。なおこのイメージは最近の印象と結びついている。目覚める細胞の数が増えるにつれて、夢の筋道のなさもおさまってゆく。」

「近世のあらゆる生理学者や哲学者のなかに見いだされるのは、この不完全な夢の理論か、せいぜいこの考え方の痕跡ぐらいである」とフロイトはつけ加えている。

第1章 精神分析における心理学的発見と具象的なものへの方向づけ

　この理論はフロイトの考え方に対するアンチテーゼである。この理論によると、夢は完全に身体的なものである。いずれにせよ、まったく否定的な現象、ビンツが言うように、「たいていは病理学的な過程としての」障害である。フロイトにとっては、反対に「夢は、語の完全な意味で心理的事実である」。したがって、これこそ、検討しなければならないこうした理論に対するフロイトの態度である。

　「夢を身体的事実とみなすことには別の意図もある。このように考えることによって、夢から心理的事実という尊厳を奪いたいのである。生物学者たちが、まるで音楽を知らないにもかかわらず、楽器のキーのうえに指を走らせる人を、夢を見る人にたとえるという古くからの比喩をとおして、夢の価値をどのように考えるのか、はっきりと想像することができよう。こうした考え方によれば、夢にはまったく意味が欠けていることになるだろう。どのようにすれば、音楽を知らない人の指が一つの楽曲を演奏できるというのだろうか。」

　フロイトがここで言いたいのは、夢が一貫して、規則的な心理的過程の部類にはいらない出来事だとみなされていること、夢の形成をこの過程のどれにも分類しようとしていないということである。こうして夢は、規則的な心的形成、つまりことばの本来の意味での思考ではなく、そこに規則的な周期性があるにもかかわらず、構造という面では例外的な現象のようにみえ始める。古典的理論は、夢の独創性と複雑さに屈服して、これを説明できる過程を探求するどころか、夢をあくまで通常の心理的作業規則への違反、いわば否定

心理学基礎批判

的な現象だとみなしたがる。

　有機体説(théorie organique)が不完全であるという見解は『夢判断』のいたるところにみられる。また、いたるところでフロイトが、夢は肯定的な現象であり、規則的な心理的形成であることを証明しようとしながら、古典的理論のこうした欠陥を補おうとしていることも明らかである。なぜなら夢は、心的機能の混乱に起因するどころか、一連の規則的で複雑な過程によってしか説明できないからである。

　したがって『夢判断』のさまざまな定型表現からもわかるように、フロイトが夢に求めているのはたんに、語の古典的な意味で心理的事実の尊厳なのだと考えることができる。彼が、夢とは語の完全な意味での心理的事実であると言うとき、夢は心理学のなかに組み入れられるのだと考えることができる。このことは、心理的事実の定義そのものに影響をあたえない。

　実際はこんなふうではないし、こんなふうではありえない。夢に対して心理的事実の尊厳を認めようとしないこのような意思、とりわけ部分的覚醒の理論がとる手法は、たんなる不手際でもなければ、生理学的心理学の弁証法から生まれる自然な結果でもない。なぜなら生理学的心理学は、古典的な内観心理学の概念および方法によって研究しているからである。夢の問題が生理学的心理学によってこれほど一面的に片づけられてしまうのは、内観心理学のカテゴリーが夢の分野では役に立たなくなるからである。フロイトによって批判された理論は、結局のところ、古典的心理学の観点および概念に

第1章　精神分析における心理学的発見と具象的なものへの方向づけ

依っていても夢の問題にとり組むことはできないということを、独断的なことばで表現したものにすぎない。つまるところビンツの理論も、古典的心理学のやり方で心理的事実を定義するならば、古典的心理学が用いている概念を使うとすれば、夢を語のほんとうの意味での心理的事実とみなすことはできないと教えているにすぎない。

　そうなるとフロイトが次のように言えるというのは驚くべきことである。夢の形成が心的機能の混乱によって説明がつくどころか、一連の規則的かつ複雑な過程、したがって覚醒時の思考過程と同一視できるものに帰せられることからして、夢は語のあらゆる意味において心理的事実であると彼は言う。また「心理的事実」という表現は古くから存在するその語義をも含みうると彼は言う。

　実際には逆の結果が生ずる。じつはフロイトが夢に心理的事実の尊厳を求めるのは、独創的だが規則的な過程が夢の基盤になっていることを証明できるからにほかならない。ところで彼がこの過程を見いだすのは、夢には意味があるという仮説を出発点としているからである。したがって、夢が心理的事実という資格を回復できるとしても、それはこの仮説のおかげなのである。ただしこの仮説はすでに古典的心理学の観点とは食い違いをみせている。なぜなら、古典的心理学は形式的な観点に立っているのであって、意味などには関心がないからである。

　古典的心理学に夢の問題を解決することはできなかった。夢に意味があるという仮説を認めないかぎり、解決は不可能だからである。フロイトはまさにこの仮説から出発し、夢に固有のメカニズムがあ

ることから、夢が心理的事実であることを発見する。しかし彼は、最初の仮説からして古典的心理学とは袂を分かつことになった。この決裂がそもそも重大な結果をはらんでいるのだから、われわれがすでにしばしば引用した表現にも、ある意味でフロイトの古典的心理学への復帰を表わす表現にさえも、じつは心理的事実に関する古典的定義との食い違いが認められる。要するにわれわれは、科学史のなかでよくある現象に立ちあっている。古典的な解釈のシェマが「ある異常なもの」と衝突する。その異常なものは最後にはとても強力な「弁証法的誘因」であることが明らかになり、ついには古典的なシェマをうち砕いて、新しいものの見方の出発点となるのである。電気が19世紀の物理学者のメカニズムに反抗したのと同じように、夢は古典的心理学に反抗した。相対性理論にとってマイケルソン［Michelson］の実験がそうだったように、夢は心理学界における新しいものの見方の出発点になろうとしている。いずれにしても、われわれが『夢判断』のなかに心理的事実に関する新たな定義を見いださなければならないということは、有機体説がこのように批判されたことからすでに明白である。その定義というのは、古典的理論をとおしてわれわれが教えこまれていたものには還元できない。

II

この新しい定義は、有機体説とフロイトによる夢の問題のとり扱い方を比較することによって引きだすことができる。

部分的覚醒の理論は、夢の構成要素を抽象的で形式的な観点から

考察する。形式的な観点というのは、意味によってもたらされる夢の個体性がまったく重要視されず、夢の構成要素は、心理学者がそれによって研究している類の概念を実現する範囲内でしか考察されないからである。したがって、夢からえられるのはこのような類に関する教えだけになる。夢のなかのイメージや感情の状態などが問題にされるのは、常に類という観点からである。たとえ内容がとりあげられるにせよ、それはふつう分類するだけのためである。たとえば、夢は少年時代の記憶に富んでいるといわれる。たとえこの事実を確認していたにせよ、心理学者は夢の「記憶増進(hypermnésie)」に言及することによって、これを処理できると思ったのである。抽象的な観点というのは、夢とその構成要素が、それらだけ切り離されて、言いかえれば、夢はあたかもスクリーンに映しだされる一連の映像にすぎないかのように考察されるからである。たしかに、意識や内面生活を特殊なスクリーンにみたてて、脳を特殊なカメラだと考える仮説もある。しかし、まさに説明方法まで、映画のスクリーン上で起こっていることを説明するのと同じ構造をもっているのである。欠けるところない現象を生起するままに表象する一連の過程を説明すること、力学的原因を想定しながら、生起するものをたんに過程として説明することが問題となる。

　こうした方法全体をわれわれは抽象化とよぶ。この方法はまず、夢とその夢を見た本人とを切り離し、夢をこれを見た本人によって作られたものではなく、特定の個人とは無関係な原因によって生じたものとみなす。これは心理的事実に、われわれが一般の客観的事

実を説明するときにとる態度を、言いかえれば3人称の方法を適用する。要するに抽象化によって、夢を見た本人は排除され、心理的事実が客観的事実、言いかえれば3人称の事実と同一視される。

こうして夢は、状態だけからなるたくさんの集まり、一連の3人称体の状態となる。夢を見ている具体的な本人とは関係がないので、夢はいわば宙に浮いたものになる。それは偶然生じ、エネルギーがなくなると消えてゆく反響である。説明ももはや正確には心理学的ではありえない。そこで、1人称の本人の行為など何も連想させないシェマを使って、苦しい説明が試みられる。万華鏡との比較やでたらめに触れた鍵盤の比喩が生まれるのは、こうしたところからである。

反対に、フロイトによる夢の問題のとり扱い方の特徴は、抽象化しないということである。彼は夢を、夢を見た主体から切り離そうとはしない。夢を3人称体の状態として解釈しようとはしない。夢を見た主体をぬきにして夢を宙に浮かせようとはしない。夢とこれを見た主体とを結びつけることによって、彼は夢に、夢がもっている心理的事実という性格を返そうとする。

夢は願望の充足であるという『夢判断』全体を貫く命題[2]、まさに夢をこれを見た主体に結びつける技術といえる解釈技法[3]、要するに基本命題の展開、組立て、論証および体系化である『夢判断』は、フロイトが「自我」と夢を不可分のものだと考えていることを示している。夢は、本質的にこの自我（私）の転調なのだから、「私」と密接に結びつき、これを表現している[4]。

第1章　精神分析における心理学的発見と具象的なものへの方向づけ

　有機体説の根底に見いだされる手法は、フロイト独自のものではない。それは、いわゆる心理学的な夢理論のなかにも見いだされる。生理学的心理学は古典的な内観心理学の移し換えにすぎないのだから、それも当然のことである。

　たとえばドガ［Dugas］が「夢とは、心的、感情的かつ精神的な無政府状態である。それはいっさいを自らに委ねられた、統制も目的もなく活動する諸機能の働きである。夢のなかでは、精神は心霊的な自動人形である」（フロイトによる引用、51頁）と言うとき、そこにはまたも心理的事実を、語の本来の意味において即自的実体だと考える抽象的な見解が見いだされる。心理的事実を、その表現主体である個人の外にあるものとみなすような見解である。このように1人称の活動を度外視したドガが、もはや機能的自動性しか見いださないのは当然のことである。部分覚醒説を間近に想起させるこの理論は、夢の心理学理論のなかでもっとも抽象的なものである。しかし抽象化というのは、程度の差こそあれ、はっきりと察知しうる形であらゆる心理学理論のなかに見いだされる。

　そもそも抽象化は、夢の心理学的でさえあるあらゆる理論のなかに見いだされるだけではなく、古典的な心理学全体の基本的な手法となっている。というのも古典的心理学はいわば「自律的」過程を究明しようとするからである。したがって、こうした過程は1人称の行為という観点からではなく、機構という観点から記述される。古典的心理学は、1人称との構成的関係の外にあるものとみなされる心理的事実に対応し、そのあと機構的説明を試みる出発点として役

立つような概念を使って研究する。そこでは3人称のシェマしか用いられず、1人称が姿を現わすことは決してない。

こうした抽象化の典型的な理論が霊魂能力説であることはいうまでもない。1人称は諸能力に分割され、心理的事実ももはや「私」の表現ではない。それらは3人称の実体でしかない、また3人称の実体でしかありえない独立した能力から生まれてくるのである。しかし、霊魂能力説を乗り越えたと断言する近代心理学がまさしく同じ状況にある。能力説によって伝えられた枠組みは（能力の代わりに「機能」を問題にするときをのぞいて）注意深く保存され、その枠組みとともに、根底にある基本的な手法もまた保存された。意識、傾向、総合、「態度」など現在流行している概念は、霊魂の能力と同じくらい「私」の連続性を断ちきる概念であり、また3人称のシェマを使用するきっかけとなるものである。一部の心理学者は「私」と1人称のシェマへ戻る必要性を感じたにせよ、彼らは「感じた」だけに終わり、古典的な影響力にとり込まれてしまったのである。

一方、夢を「私」に関係づけようとする意志は、精神分析においては夢理論に固有のものではない。神経症理論や失錯行為（actes manqués）理論におけるように、医学外の分野の適用を避けるために、精神分析が適用された全領域においてそれはみられる。どこにおいても精神分析が追求するのは、主体と関連した心理的事実の理解である。したがって、そこに精神分析の基本的な着想があると考えるのは当然のことである。

第1章　精神分析における心理学的発見と具象的なものへの方向づけ

Ⅲ

　しかし、こうした着想の正確な意味は何なのだろうか。

　心理的事実のもっともはっきりした性格は、「1人称体」だということである。私の机を照らしているランプは「客観的な」事実である。まさにそれが「3人称体」だから、それが「私」ではなく「それ」だからである。一方、ランプの存在を支えているのが「私」であるかぎりにおいて、ランプは心理的事実なのである。

　したがって、それを措定する行為の性質に応じて、ランプは物理的事実とも心理的事実ともなる。つまり、ランプは物理学と心理学という本質的に異なる2種類の研究の出発点となりうる。ランプ(それが意味をもちうるとすれば)自体はどちらの研究にも属していない。一方、どちらに属するのかというこの帰属はことばによる断言だけでは有効になりえない。なぜなら、ランプをどのように解釈するのかということを規定するのは、この帰属だからである。この帰属がまさに、これを含む弁証法が要求する特殊な形態を生みだすからである。そういうわけで、ランプは物理学(あるいはむしろ機械工学)にとっては、「物理的装置」なのである。ランプの機械工学的研究が可能になるのは、このような形でしか考えられない。心理学についても同様である。ランプは、これにあたえられる形態を規定するのが「私」への帰属であるかぎりにおいてだけ心理的事実となる。ランプは、それが物理学的事実として特殊な形態をもつのと同じように、心理学的事実としての特殊

な形態をもたなければならない。物理学同様、心理学もその「観点」にかなったそれ相当の変形を研究しているということを諸事実に受けいれさせなければならない。諸事実にこうした独創性をあたえることができるのは、この変形だけである。独創性がなければ、特殊な科学が生まれる理由は何もない。

物理学においてこの「変形(transformation)」は、「3人称体」としての、言いかえれば完全に相互決定的な、項と項の関係の集合としての事実設定を根拠としている。つまり研究は「物から物へ」向かう。そしてそれだけである。たとえば機械論的説明は、ある物があますところなくほかの物を決定し、これが次の物を決定し、以下同様に次々に決定してゆくとみなされる過程の次元そのもののなかに内在している。われわれは決してこの次元から離れることはない。すべてが3人称体の関係のなかで解決される。

心理学に固有の「変形」とはまさに、この科学がとり組みうるすべての事実を「1人称体」で考察するものである。しかしそういうわけで、すべての存在についても、こうした事実のあらゆる意味についても、1人称体の仮説が常に不可欠になる。なぜなら、一連の科学のなかに「心理学」という科学を挿入しなければならない必然性を、論理的に説明できるのは、1人称体だということだけだからである。たとえ心理学がほかの科学同様、変遷の過程で自らが生まれたそのときの理由を忘れることができるにせよ、1人称体との関係を断ちきることはできない。1人称体であることだけが、心理学に必要な独創性を諸事実にあたえるからである。

第1章　精神分析における心理学的発見と具象的なものへの方向づけ

　「3人称体」の科学である物理学と「1人称体」の科学である心理学とのあいだに、1人称の諸事実を3人称で研究するような「第3の科学」がはいり込む余地はない。第3の科学とは、諸事実の独創性をはぎ取りながらも、まさにそれが拒否する関係だけによって正当化されうる特殊な科学にとどまろうとするものである。

　ところで心理学は、ちょうどこの「第3の科学」であろうとする。それは心理的事実を3人称体で考察しようとしている。にもかかわらず、それはまったく独創的な科学であると主張する。このような奇跡を可能にしているのは心理学の実在論(réalisme)である。通常の心理学は流行の用語法からみても、想像以上に古い唯心論の影響を受けている。唯心論にとって精神の独創性とは、いわば化学的なものである。精神が唯物論者において同様、物質の一形態ではなく、その形態が物質を措定する行為の形態と同じものである行為によって措定されるからである。そのとき精神は、ほかの種類の物質として機能する。精神も物質も3人称体である。この実在論をぬきにしては、局在論者がもっとも直接的でずっとまえからある反論を無視してきたことを理解できない。精神生理学的並行論、これを用いた方法および、一般には生理学的心理学のあらゆる夢を別なふうに理解することはできない。要するにこの実在論のおかげで、心理学者は心理的事実からなる関係を簡単に忘れてしまったのである。

　というのは精神が実在論でいわれるように、物質の独創的な一種なのだとすれば、心理学は特殊な、いわゆる霊的な世界を、しかし特殊な手法を必要としない物質界に対応する世界を説明する「超物

理学(paraphysique)」のようなものになることができるだろう。その特殊性は、実在論が要請する知覚の独創性によるものである。心理的事実も物理的事実としてとり扱うことができるだろう。なぜなら知覚の独創性が、それだけ考えるとばかげているどのような手法も正当化してしまう根本的な裏づけとなるからである。そのような方法だけではいかなる科学的堅実さもない。というのは、「心理的知覚」の独創性に関する最初の裏づけが心理学者をあらゆる不安から解放し、もはや構成的関係など具体的な研究のなかにはまったく現われないからである。現実も過程も、3人称の方法にしたがって生みだされ説明される。もはや神話しか作りださないにしても、特殊な知覚の最初の裏づけにいつも安心してしまう。「知覚」を経なければならないにせよ、心理学と物理学は同じ目標をめざして遭遇する。そのとき古典的心理学は同じものをふたたび3人称体で考察できるように工夫を凝らす。古典的心理学は外界を内界に投射し、次にそこからこれを外に取りだそうとするが無駄である。古典的心理学は、まず世界から幻想を生みだし、そのあとこの幻想から現実を生みだすために世界を二分する。ついにこのような「錬金術」に飽きると、そこには的外れな問題しかないと宣言して、つつましく沈黙するか、質的相違と「生の行為(actes de vie)」を理由に責任回避をするかである。古典的心理学は、形而上学に対する嫌悪感を表明しながらも、この50年というもの、ある形而上学からほかの形而上学へと鞍替えを続けているだけである。というのは、今のままの古典的心理学では、形而上学的問題がすぐに浮上しないかぎり、どのような問題にもと

第1章　精神分析における心理学的発見と具象的なものへの方向づけ

り組むことなどできないからである。

　ともあれ、「2回も同じ河で水浴びしてはいけない」。そのたびに異なる種類の現実を獲得したいのに、2回とも同じものに3人称の方法を適用することはできない。心理的事実を研究するとき、心理学をあきらめるか、3人称の方法を放棄するかしなければならない。というのもこの心理的事実は、1人称を消し去るようなシェマの適用に耐えることはできないし、いかなる非人称的過程にも含まれえないからである。心理的事実を、これを支えている主体から引き離すのは、心理的なものとしての心理的事実を空洞化することにほかならない。その考え方のシェマが「私」の連続性を断ちきるように心理的事実を解釈することは、神話学への道でしかない。

　古典的心理学はこうした要請に無知である。心理学者は心理的事実から「私」を取り去ることが、これを空洞化することにほかならないということ、したがって、このような手法にもとづくあらゆる理論がまったくの作り話でしかありえないということに気づかなかった。

　心理学は心理的事実をまさに個人の意識の表出だとみなしているのだから、おそらくわれわれは、わかりきったことを苦労して証明しようとしているという批判を受けるかもしれない。この批判には正当性もある。なぜなら古典的心理学を決然と厳しく批判している人たちですら、これがまさに個人の意識という諸事実に引きこもっている点を非難しているからである。シュプランガー［Spranger］は「一部の研究者は心理学を厳密に主体に、言いかえれば個人的な自我

に属する状態と過程に限定している」と言っている⁽⁵⁾。

　しかし理解しなければならない。シュプランガーがこの批判を心理学に対して行っているのは、まったく正しい。しかしそれは、彼がわれわれとは異なる観点に立っているからである。彼は「価値」の多様な網への人間のさまざまな関わり方を、あるいはそう言ってよければ、そこから生まれる人間のモンタージュを研究する心理学を奨励する。したがって、われわれが抽象化とよんだものも、シュプランガーには特殊な側面を見せることになる。抽象化は心理的事実を即自的状態とみなすことにあり、シュプランガーは「生の諸形態」という観点に立っているのだから、彼はとくに客観的形態との乖離に注目することになる。彼はこの乖離を、心理学を個人に限定した結果だと考えるだろう。そのうえ彼は、まったく個人的な事実の研究に心理学を限定するというのが口先だけのことであるとは気づかなかった。

　じつは、心理学の領域は自我に関わる出来事からなると断言されたとたん、心理学はこの自我をどうすればよいのかわからず、現実にこれをどうすることもできない。なぜなら純理的心理学が崩壊したあと、心理学は現象主義信奉者となり、もはや「現象」の多様性しか研究していない。少なくともヒューム［Hume］は率直だった。彼は、自我というのはこの多様性でしかないと明言したからである。しかし現代の心理学者は、彼らの態度の重要な結果についてはっきり述べることがなかなかできない。彼らとしては、自我に意味をあたえたいのだろう。

第1章　精神分析における心理学的発見と具象的なものへの方向づけ

　この点については、いくつもの課題がある。たとえば反省のシェマに頼ることもできる。そのとき自我は、内観の主体であると同時に、意識という諸事実の結果だということになる。つまり見るものであると同時に見られるものとなる。もっともたいていは、はじめ自我はたんに心理的諸事実の場となり、最終的にはそれらの合成となる。とにかく自我はいつも抽象的なままである。それは一方ではたんなる原因、まったくの機能的中枢となり、他方、反省のシェマにおいては審判を下す目となる。自我は第2の仮説においては、素朴な実在論を変装させるための用語となり、第3の仮説においては、一連の抽象的な機能となる。

　したがって古典的心理学が自我を問題にするにせよ、一方で自我を問題にしていながら、他方では心理的事実を問題にしているのである。たしかに古典的心理学が心理的事実を研究しているかぎり、それはあたかも3人称体であるかのようにとり扱われている。それを主体に関係づけなければならないと考えられるのは、そのあとのことである。しかし古典的心理学に、このような奇跡を実現できるような関係を見いだすことはできない。そういうとき古典的心理学は性質のなかへ逃げ込み、個体性をもはや質的次元でしか保つことができない。心理的事実が個人に属していることはもはや、それが体験された行為の質的非還元性のなかにしか現われない。性質によるこうした強調箇所をのぞけば、心理的事実はあたかも3人称体の事実であるかのようにとり扱われる。

　心理的事実は、主体への帰属がこれを理解する形態の基盤になっ

ているのだとすれば、3人称体の事実とはいえないだろう。こうしたことがいえるのは、心理的事実を、主体を度外視してそれだけで考察するのではなく、主体をぬきにしては理解できない全体のなかの諸要素と、言いかえれば「私」の行為のさまざまな側面とみなして考察する場合だけであろう。

ここで、心理学は、われわれの要請を知っているし、イメージ、感情、記憶および一般に諸機能は一時的にしか問題にならないことを明言しているではないか、という反論を受けるかもしれない。また、こうした細分化を行うのは分析する必要があるからにほかならない。なぜなら問題になるのは、実際問題として全体のなかの諸部分だからであるなどといった反論を受けるかもしれない。

ただし、命題の表明とそれに対応する態度の実現とのあいだには深い溝がある。こうした信仰告白は、心理学者は記述する機能がそれぞれ個別的に実在するとは思っていないが、しかし機能的形式主義の観点からの心理的事実の分析がほんとうの心理学的分析ではないとも思っていないことを意味しているにすぎない。ところが、ここで問題になるのはまさにそのことである。心理学者が認めようとする人間の全体性は、「機能的」全体性、類の諸概念が複雑に絡み合ったものでしかない。ところでこのような絡み合いというのは、複雑さの程度がどうであれ、行為(acte)とはいえない。それは、主体をではなく、たんなる機能的中枢を前提にしている。というのは、非人称的要素から行為としての人称的事実を構成することはできないからである。心理学は、誤った全体性によって抽象化の次元にとど

第1章　精神分析における心理学的発見と具象的なものへの方向づけ

まっている。

　そもそも、細分化は分析のためであるなどと言わないでもらいたい。なぜなら心理学は、類の概念をどこからかはわからないが借用しているからである。心理学がこうした言いわけがましい説明をするのは、具象的なものによって不安をかき立てられるからである。しかしいずれにせよ、古典的心理学の基本概念が生まれるのは、たんなる分析からではなく、抽象化と形式主義からである。

　要するに、心理学の概念を個人の行為の諸側面とみなすことはできない。というのも、それらは「私」と同じ次元にはないからである。この次元にとどまることによってしか、心理的事実の「私」への帰属は明らかにはならないだろう。心理的事実は「私」と等質でなければならない。すなわち、それは「私」と同じ形態の具象化でしかありえない。

Ⅳ

　とはいえ、こうした考察を行ったからといって、われわれが心理学の「公式(formule)」をまだ把握していないことは明白である。われわれが展開した要請というのは、たしかに心理学や認識論および一般に精神のどのような分析にも共通している。というのは、認識もまた3人称体のシェマでは説明できないからである。カント［Kant］がヒュームの観念連合を受けいれられなかったのは、このような理由からである。というのは、ニュートンの万有引力にならって考案されたヒュームの観念連合には欠けている部分がある。「物か

ら物へ」進み、主体を前提としていない。反対に、カントは総合の理論によって、1人称体と等質性という要請を充分に満たしている。なぜなら彼が理解しているような総合とは、1人称の行為だからである。またカテゴリーとは要するに、「私」の行為の純粋形態である超越論的統覚（aperception transcendantale）の特定化にほかならない。

だだしカントの「私」は「主体」とはいえ、客観的思考、したがって普遍的思考の主体である。彼の発見と研究は、たんに具体的経験を必要としないばかりではなく、これを排除する。というのもわれわれは先験的理論の次元にいるし、そこにとどまらなければならないからである。

ところで心理学に存在理由があるとすれば、「経験的」科学としてしか存在することはできない。したがって心理学は、1人称体と等質性の要請を、その次元に適合するように解釈しなければならない。経験的でなければならない心理学の「私」は、特定の個人でしかありえない。またこの「私」は、統覚のように先験的な行為の主体ではありえない。なぜなら、具体的な個人と同じ次元にあって、たんに心理学の「私」の行為である概念が必要だからである。ところで、具体的な個人の行為とは生活である。しかしそれは、一個人の一つの生活、要するに語のドラマ的な意味での生活である。

この単一性もまた、形式的な観点からではなく、具体的に規定されなければならない。個人というのは単一である。個人の生活が単一だからである。そしてこの生活が単一であるのは、その内容によ

第1章 精神分析における心理学的発見と具象的なものへの方向づけ

ってだけである。したがって、個人の単一性というのは質的なものではなく、ドラマ的なものなのである。心理学の概念がこの「ドラマ」の次元にとどまるならば、等質性と1人称体の要請は尊重されるだろう。心理的事実は特定の個人の生活の断片でなければなるまい。

特定の個人の生活の断片。それは、ドラマ以上のもの、あるいはドラマ以下のものが、もはや「語の完全な意味では」心理的事実ではないことを説明するためのものである。電球はたしかにランプの一部であるが、ランプそのものではない。ランプが私の関心の中心なので、それが存在している場所である私の書斎もまたランプの一部である。しかし、電球はランプ「以下のもの」であり、書斎はランプ「以上のもの」である。私の関心をひいているのがランプであるにせよ、私には「ランプ」という物体のユニットを壊すことはできない。反対に、決してその次元から離れないようにしながら、あらゆることをこのユニットに関係づけなければならない。心理学についても同じことがいえる。被験者は出来事を経験する。「出来事」という用語は、被験者がまるごと問題であることを表わしている。私の息子が泣くのは、彼を寝かせようとするからである。それが出来事である。しかし古典的心理学では、根深い傾向に不快感をあたえる表象に由来する涙分泌しか問題にならない。実際に起こったのはそれだけである。したがって、その行為者が具体的な個人である「人間のドラマ」の次元を離れ、抽象的なドラマに置換されてしまったのである。前者の場合は、個人が何か重要な意味をもっている。後

者の場合は、実際の端役は非人称的で、個人はせいぜい座長の役割を果たしているにすぎない。それが抽象化のほんとうの意味である。古典的心理学は人称的ドラマを非人称的ドラマに置換しようとする。俳優が現実の具体的な個人であるドラマを、端役が神話の産物であるドラマに置換しようとする。要するに抽象化は、これら二つのドラマが等価であるとみなし、非人称的ドラマ、つまり「真実のドラマ」によって「目に見える」にすぎない人称的ドラマを説明するところにある。古典的心理学の理想はまったく概念的なドラマの探求にある。

それに反して、われわれが述べた規定を受けいれる心理学は、人称的ドラマから非人称的ドラマへの置換を認めない。この心理学にとって、どちらでもよいのだが、出来事あるいは行為[6]は、分析の項に相当する。人称的なものによって人称的なものを説明しようとする。そのとき心理学者は、ドラマ批評のようなことを行うだろう。一つの行為は彼にとっていつも、ドラマのなかおよびドラマによってしか存在しないドラマの断片のように映るだろう。したがって彼の方法は、純然たる観察方法ではなく、解釈方法となるだろう。

精神分析がまさにこうした方向へ向かっているのを見ぬくことは難しくはない。フロイトが探求しているのは夢の意味である。だから彼は、夢の諸要素に関する抽象的かつ形式的な研究だけでは満足しない。彼は、生理的刺激が端役を務め、筋書きはそれらの脳細胞内の散策からなるような抽象的で非人称的なシナリオを探しているのではない。また解釈によって彼が到達しようとするのは、心理学

でいう抽象的な自我ではなくて、個人生活の主体、言いかえれば、一連のかけがえのない出来事を支えているもの、こう言ってよければ、内観の主体ではなくドラマとしての生活の俳優である。一言でいえば、日常生活の自我である。この自我が介入してくるのは、「諸状態の所有者」とか一般的な機能の原因としてではなく、ある行為を個別に規定するときに考察されるその作用因としてである。とりわけ参照しなければならないのは、意味も内容もない原因ではなく、出来事によって資格をあたえられ、この出来事の一つ一つに没入している主体である。このように考えると、夢は特定の個人の生活の一断片である。したがって、「私」に関係づけることによってしか夢を説明することはできない。ただしそのとき、夢を「私」に関係づけるというのは、われわれがその全体性を一つの生活、すなわち特定の個人の生活とよぶ一連の出来事が展開するなかの契機として、夢の意味を規定するということである。

V

したがって精神分析は、心理的事実の新しい定義を内包している。われわれはこの定義を、ややわざとらしい仕方で、またもっとも一般的かつ抽象的な形で述べるところから始めて導きだした。そこから始めなければならなかったのは、一方において、具象的なものへ向かう二つの段階を区別することによって、この定義の正確さと射程を示すためであり、他方においては、古典的心理学の基本的な手法の誤りを、教義の問題とは無関係に、浮彫りにできることを示す

ためである。

　フロイトは、もっと経験的でそれほど意識的ではない仕方でとりかかる。当然のことながら彼は、古典的心理学の手法の一般的な分析など考えない。彼はそこから生まれる主張の誤りに遭遇するたびに、これをただ指摘するだけである。また同様に彼は、自分の態度から結論を引きだしたりもしなければ、自分自身の教義の基本的な着想を自由なことばで表明することさえない。こうして彼は、われわれがそうしたように、まるで心理的事実を定義したかのように振舞う。彼が心理的事実に興味を示すのは、それが個人の行為である範囲においてだけである。しかし彼は、精神分析が革命的なのは、あくまで古典的心理学への貢献としてであることを確信している。解釈の観点を心理的事実の新しい定義が現われるところまで敷衍する代わりに、『夢判断』において彼は、こうした観点を心理学的観点ではない、ある別の観点とみなしている。そのあと「夢過程の心理学」と題された章では、「心理学的」観点に立って、精神分析的事実を古典的心理学のことばへ翻訳しようとしている[7]。

　しかし、精神分析の基本的着想に関するわれわれの特徴づけにはあまり説得力がないと思われるので、ここでわれわれの解釈を検証してみよう。具体的な例にしたがって、フロイトの態度はわれわれが示した特徴と完全に一致していることと、次にわれわれの解釈によれば、フロイトが『夢判断』のなかで「夢は願望の充足である」となぜ執拗に主張するのかが理解できることを証明してみたい。

　1. 悪夢について語りながら、フロイトは古典的説明の方法と自分

自身の方法を比較している。

「一つの驚くべき例は、医学的神話学の偏見のために、どれほど医者が事実をみることができないでいるかを示している。それは、デバッカー［Debacker］が『子どもと青少年における幻覚と夜驚』(1881年、66頁)に関する論文で報告した観察所見である」(575頁)。

フロイトはこの観察所見を引用しているが、われわれとしてはつぎの二つの説明を比較すれば充分だろう。

これはデバッカーの説明である。「この観察は多くの点で注目に値する。この分析は次のような事実を浮彫りにする。

(1) 身体虚弱な少年において、思春期の心理的作業は深い衰弱状態を招き、脳貧血がたびたび起こることもある。
(2) この脳貧血は性格を変化させ、悪魔憑き幻覚や夜間の、またおそらく昼間の激しい恐怖状態を引き起こす。
(3) この悪魔妄想と良心の呵責は明らかに、少年が思春期を過ごした宗教的環境に関係している。
(4) あらゆる現象は、長期の田園生活、肉体の鍛錬および精力の回復によって、思春期をすぎると消滅した。
(5) 少年の脳の状態の疾病素質は、遺伝と、父親の古い梅毒に帰することができるかもしれない。彼が将来どうなるか観察することは興味深いことである。」

フロイトはこの論文の最後の考察に注目している。

「われわれはこの観察所見を、身体虚弱による無熱性精神錯乱の部類に入れた。というのは、われわれはこのような特殊な状態が脳

の局所貧血に関連があると考えるからである」(575-577頁参照)。

フロイトの説明(577頁)はまったく違っている。

「(1)次のように推察することは難しいことではない。この少年は小さいころ手淫をやっていたが、彼はそのことを告白しようとしなかった。彼は厳罰を恐れていた。(彼の告白:「ぼくはもうそんなことはしません」、彼の否定:「アルベールは一度もそんなことはしなかった」)。(2)思春期の高まりのなかで、ふたたび手淫の誘惑が生じた。(3)そのことは抑圧と闘争を引き起こした。そのなかでリビドーは不安に変わった。この不安は次に、彼が昔恐れていた懲罰という形をとるようになった。」

フロイトのこの説明をどう考えるにせよ、驚くべきことは、彼によって引用された医者が脳貧血とか身体虚弱といった一般的な原因しかあげていないことである。この医者からみると、精神錯乱の特殊な形態、つまり少年が恐怖をドラマ化していた各シーンには何の重要性もない。彼は面倒な筋書きについては一般的なシェマしか説明しない。しかも彼がそうするのは、宗教的環境という一般的な原因にもとづいてである。したがって彼は、事実の具体的な特殊性を理解するために個人の次元に降りていくことは決してない。結局、端的にいえば、彼は「副次的な原因」をまったく考慮しようとしていない。これに反してフロイトは、こうした徴候の具体的かつ個人的な形態——その特殊な細部も含めて——から離れようとしない。彼が説明のなかに介入させるのは、問題になっている被験者の経験からえられた個人的な事実だけである。したがって彼は、一個人の

次元から決して離れることはない。

 2. フロイト理論の精神は、まさにわれわれが指摘したものである。そのことは、「夢は願望の充足である」という夢理論のもっとも根本的な命題によって裏づけられる。たしかにこの命題には驚かされる。なぜならそれは本の始めのところに出てくるからである。それは、夢の問題の歴史的記述に割かれた章と、フロイト自身による古い夢占いと精神分析の比較を読んだばかりの読者がまだフロイトを、夢には意味があると「原則として」主張している人ぐらいにしか考えていないときである。

 じつはフロイトの発見にはまったく別の意義が、違った意味で重要な意義がある。夢に意味があると主張したのは、なにも彼がはじめてではない。彼自身、夢の問題をこうした方向で探求するためにシェルナー［Scherner］による試みに言及している（76頁以下）。

 「シェルナーは1861年にもっとも独創的かつ洞察力に富んだ試みを行い、睡眠状態にしか自由に働くことのできない心の特殊な活動によって、夢を説明しようとした。」この「心の特殊な活動」というのは、夢のなかで、「悟性支配から自由になって完全に支配権を掌握する」空想（imagination）に起因している。空想は、夢を作りあげるために「覚醒時の記憶からその材料を」借りてくるのだが「構築された建物は覚醒時のものとはまったく違っている」。空想は「夢のなかで、概念を表わすことばを自由に使うことができない。そこで、言わんとすることを造形的に示さなければならない」。「空想は、私たちの内面生活の事実に造形的な外形をあたえる」（77頁）。空想のこ

うした造形活動は、たんに事物をイメージへ置き換えることにあるのではない。それは、輪郭を描くことによって思考をドラマ化する」(88頁)。

「シェルナーは、夢の芸術活動が使用する材料はもっぱら昼のあいだは漠然としていた器質的な身体刺激であると考える。」夢の空想は器質的な身体刺激によって「神経をいらだたせる働きをし(……)刺激が発生する器官を象徴的な形で表象する」(77頁)。たとえば、人体は家によって表象される。しかし、「空想は決めたことを守らない。反対にそれは、ひと続きの家によって一つの器官を表象することもありうる。たとえば長い街路は腸の刺激を表わす。また、家の各部分が実際には身体の部分を表象していることもある。たとえば頭痛の夢では、部屋の天井(天井がヒキガエルに似た汚らしいクモで覆われている夢を見る)は頭を表象している」(78-79頁)。

このようなテクストをみると、またとくにシェルナーの弟子で、有名なドイツの哲学者であるフォルケルト［Volkelt］の解釈(79頁)——フロイトのものと同じくらい突っ込んだ象徴的解釈——を読んでいると、われわれはフロイトが多くを借用した人をまのあたりにしていると考えたくなる。ところがシェルナーの考えは根本的に抽象化によって歪められている。たしかに夢には意味がある。シェルナーにおいては、明言されてはいないものの、顕在内容(contenu manifeste)と潜在内容(contenu latent)、つじつまの合う話からなる内容とつじつまの合わない話からなる内容を区別しているようなところもみられる。しかしシェルナーにとって、夢のもつ意味は一般的

第1章 精神分析における心理学的発見と具象的なものへの方向づけ

な意味である。したがってシェルナーの象徴的解釈から考えて、つじつまの合わないところが一般的な潜在内容を生みだす。彼の解釈は、夢を非人称的な器質的身体刺激に関連づける。ところがフロイトにとって、「私たちの夢の一つ一つのなかに現われるのは、私たちの人格である」(289頁)。フロイトの解釈は、まさにこの具象的な人格に夢を関連づける。フロイトはシェルナーの説明を受けいれることができない。シェルナーは、「夢のなかでは、どのようにして自我の中心性や自我の自発的エネルギーが失われてしまうか、またこの散漫化によって、どのようにして認識力、感受性、意志、表象力が変えられてしまうか」を説明している。シェルナーがこの説明のなかで、ひたすら抽象理論を主張しているからである。したがってフロイトには、この理論およびそこから生まれる象徴的解釈をどうすればよいのかわからない。

シェルナーもフロイトも、夢には意味があると主張する。しかしシェルナーは、語の古典的な意味で心理学者なのであって、具象的なものにちょっと触れただけですぐに抽象的なものへ戻ってしまう。フロイトは意識的かつ決定的に具象的なものへ回帰する。

フロイトには、夢の本質を要約するために、夢の具象的な性格を正確に表わす表現が必要になる。それは、「夢は願望の充足である」という命題によって、フロイトが要約できると考えるものである。

この表現にはいくつかの側面がある。しかしすべての側面は次のように要約できる。それは夢を具体的な個人の経験に関連づけているということである。

まず、この表現のおかげで、夢が一般的な機能に関連づけられることはなくなる。あるいはむしろ、このような一般的な機能を暗示していても、夢を完全に説明したことにはならない。たとえば、夢は現実からの逸脱の結果生まれるといっても、フロイトにとって、それは語の語源的な意味で表層的な説明にしかすぎない。それは、フロイトが好んで繰りかえすように、夢の顕在内容によって、言いかえれば型にはまった意味を乗り越えようとしない心理学の誤りによって損なわれた説明にしかすぎない[8]。同時に、たとえシェルナーが顕在内容を乗り越えているのが事実であるにせよ、しかし、潜在内容のなかに一般的な機能の働きしかみようとしないのだから、空想のような機能のいわば客観的な働きしかみようとしないのだから、こうした理論がフロイトを満足させないこともまた事実である。フロイトが言っているのは、夢は願望の充足だということである。ここでも彼は抽象化に陥る可能性があった。私は願望に関するロマン主義的理論を思い浮かべている。シェルナーが彫塑的表象における概念の失墜を擬人化して、空想(Imagination)としているように、願望を擬人化して、願望(Désir)にすることもできるだろう。そうすれば、願望夢に関する一般的で抽象的な理論を手にすることになる。シェルナーの空想を少し願望のほうへ近づければ、空想は思考を願望の筋書きへ、しかしそれが願望でありさえすれば何でもかまわない願望の筋書きへ転換すると言うこともできるだろう。なぜなら、格言としてつけ加えれば、願望は充足されることを求めるからである。そのとき、このような一般的で抽象的な概念に適合する願望の象徴

第1章　精神分析における心理学的発見と具象的なものへの方向づけ

的解釈を、空想が充足可能な願望という観点から思考をとらえるような象徴的解釈を練りあげることもできるだろう。

　しかしフロイトは、こうした抽象化に陥らなかった。私が思いついた理論は、フロイトのものではありえない。なぜならこの理論では、シェルナーの夢のイメージ同様、充足される願望は、願望に仕える空想の自由な働きの結果生まれるものだからである。ここでも夢のなかで充足される願望は、一般的な機能がいつもほかの一般的な機能の充足を目標とすることによってしか規定されないのだから、具体的な個人に関連づけられることはありえないだろう。

　そういうわけで、フロイトの考えはまったく違っている。彼が言いたいのは、夢は願望一般の充足ではなくて、特定の個人の特定の経験によってそのまま規定される特定の願望の充足だということである。フロイトが問題にしている子どもはさくらんぼを全部食べてしまう夢を見た。それは、空想が覚醒時に記憶された材料を調べて、「さくらんぼ」を見つけ、「願望（Désir）」として充足可能な願望を探したのではなくて、問題の子どもが実際にさくらんぼが欲しかったからなのである。二つの解釈はまったく違う。

　このことは同時に、フロイトの考え方のもう一つの側面を示している。

　もしフロイトが、われわれの考えたシェルナー理論の修正案に満足していたら、なおも別の理由で抽象化のなかにとどまったことだろう。彼は具象的なものに到達しなかっただろう。願望が、個人から実際に生まれた個人の願い（souhait）ではなかったからである。そ

れは、空想の彫塑的材料としてみて充足可能な願望だったことだろう。それは、1人称によって支えられてはいなかったのだから、心理学的に実在したいという願望をとり逃がしていたことだろう。しかしまさに、フロイトにとって夢思考は、その個人的な内容によってだけではなく、それが心理学的に実在する願望だということによって、具体的な願望なのである。したがって、夢のなかには常に「私」が存在している。

シェルナーの理論は、夢に意味をあたえ、そこになんらかの意外な事実を見いだすことによって、夢のあからさまに抽象的な理論を超えて、具象的なものに接近している。しかし意外な事実が明らかになっても、われわれは心理的生活一般の内面にしかたどり着かない。もしフロイトが願望の内容を記憶された材料によって規定するという考え方にとどまっていたら、われわれは彼の理論をとおして個人的経験に潜在しているものの領域にしかたどり着かなかったことだろう。またわれわれは、可能性の次元を超えられなかったのだから、抽象的なもののなかにとどまっていたことだろう。しかしフロイトは実際の願望を、実在する動機による規定を前提としている。そのとき彼は心理の具象的なものをほんとうに把握する。というのは、彼がわれわれを個人の経験の核心へ導いてくれるからである。

しかし「願望」という用語は何を意味しているのだろうか。フロイトは、この質問に答えるというより、願望の機構を説明している（556頁以下と第7章第3節）。彼はわざと著書の最後のところでこのことを敷衍している。

第1章　精神分析における心理学的発見と具象的なものへの方向づけ

　第2章で夢判断に用いる技法を説明したあと、同じ章で彼は、「イルマが受けた注射の夢」を分析している（98-109頁）。顕在内容はさまざまな要素に分解される。フロイトは各要素によってよび覚まされる夢思想を逐一書きとめてゆく。物語（récit）が進むにつれて夢思想がよび覚まされ、顕在内容のさまざまな要素の意味が解き明かされてゆく。その結果、これらの夢思想を顕在内容とつきあわせれば、夢思想が願いの概要を表わし、顕在内容は願いが実現するシーンを表わしているという意味で、顕在内容の夢思想に対する関係は芝居のそのテーマに対する関係に等しい。また反対に、「連想」の途中、苦痛な状況の想念が現われるたびに、夢のなかで実現するのは逆の状況である。「私の提案した解決方法をなおも受けいれようとしなかったことで、私はイルマを非難する。私は彼女に言う。君にまだ痛みがあるとしても、それは君のせいなんだよ。（……）私がイルマに言った文句から、彼女がまだ抱えている痛みに対して私は自分で責任をとりたくないのだという気がする。それはイルマのせいであるにせよ、私のせいではありえない。夢の内的合目的性はこうした方向で探さなければならないのだろうか。（……）私は器質的疾患を見落としていたかもしれないと考えて不安になる。こうした危惧は、神経症の患者ばかりを相手にしていて、ほかの医者なら器質的疾患としてとり扱う多くの症状をヒステリーのせいにしがちな専門医には容易にわかってもらえる。とはいえ、私の不安が偽りのないものなのかどうかという疑念がなぜか生じる。イルマの痛みが器質的原因によるのだとすれば、その治療はもはや私の領分ではない。私の治

療はヒステリー性の苦痛にしか適用できない。治療に失敗したことの責任を負いたくないために、私は診断がまちがっていればよかったのにと思っているのだろうか」(100頁以下)。

夢判断を終えたので、フロイトは潜在内容の物語を紹介できる状態になる。

「これで夢判断は完了した[9]。作業をしているあいだ私は、夢の背後に隠されている夢思想といっしょに浮かんでくるあらゆる思いつきをふり払うのに懸命だった。私は夢によって実現され、その夢の動機となったある意図に気づいた。夢は、その日の夜の出来事——オットーによってもたらされた知らせ、病歴の執筆［事前の物語(97頁)］——によって私のなかで目覚めたいくつかの願望を実現している。夢の結論は、イルマの疾患が今も残っているのは私の責任ではないということである。夢はオットーの私への非難を彼自身につき返すことによって、私の仇をとってくれている。夢は、イルマの容態についての責任は私にはないとして、彼女の容態をほかの原因［詳述されている］に関連づけている」(110頁)。

要するに顕在内容は、夢の分析によってもたらされる材料とつきあわせることによって、「ハッピーエンド」の芝居のように現われる。私が引用したくだりの終わりのところでフロイトは言っている。「夢はそうなって欲しいと私が望んだような事態を表現している。つまり、夢内容は願望充足なのであり、夢の動機は願望なのである。」

したがって、フロイトの「願望」という用語は、彼の発見した潜在内容が願望充足の意味をもつことがヒントとなったことは明白で

第1章　精神分析における心理学的発見と具象的なものへの方向づけ

ある。夢の分析をとおして、一方では、この願望充足を前もって形成する思考が、また他方では、直接にあるいは相反する願望充足をはねかえすことによって、この願望充足を生みだす感情が見いだされることから、フロイトは願望こそ夢の内容であり動機であると主張する。

さてこうした主張の普遍化をめぐってフロイトは、それが提示する数々の問題を報告している。

「ところで私が、すべての夢は願望が充足されたものなのであって、夢には願望充足の夢以外のものはないと主張したら、断固たる反対にぶつかることはわかっている。私は次のような反論を受けるだろう。望みがかなえられたものと解釈しなければならないような夢があるというのは、なにも目新しいことではない。(……)しかし願望充足の夢しかないと言うことは、容易に反駁できる不当な普遍化である」(124頁)。フロイトは幾度となくこの一般的な反論に立ち返るだけではなく、この反論こそまさに「弁証法的誘因」となって、第4章からの理論展開に一役買うのである。

というのも、夢の願望充足理論に対するもっとも一般的な反論は、「夢のなかには、不快なことや苦痛のほうが愉快なことや快楽よりも頻繁に出てくる」(125頁)というものである。「覚醒時の苦痛な感情状態を睡眠のなかへもち込む」夢以外に、「悪夢、不安夢もある。そのときもっとも不安な感情は目が覚めてしまうほどわれわれを動揺させる。しかももっとも頻繁にこの悪夢に襲われるのは、われわれがもっともはっきりした願望夢が現われると考えた子どもたちなの

である」(125頁)。

　しかしフロイトはこうした反論を、これが顕在内容にもとづいていることを証明して退ける。彼が問題にしているのは潜在内容だからである。「たしかにその顕在内容が苦痛なものである夢は存在する。しかしわれわれは一度でもその夢を分析して、潜在内容を明るみに出そうとしたことがあるだろうか。もしそうでないとすれば、すべての反論は的外れである。というのは、どのような苦痛夢も悪夢も、じつは願望夢であることが明らかにならないともかぎらないではないか」(125頁)。フロイトが転換(transposition)の概念やほかにも彼の理論の組立てを構成するさまざまな概念を導入するのは、まさにこうした疑問に対して積極的に答えるためである。

　フロイトの論証はまずなによりも論理的である。彼は可能性を主張することから始める。そして最後の切り札は帰結部までとっておかれる。

　「夢を分析することで、夢の背後に意味と心理的価値が隠されていることがわかったからといって、われわれはこの意味を一方的に解釈できるなどとは思わなかった」(544頁)。そこで推測の域を出ないのだろうと考えてしまう。じつは、まったくそうではない。フロイトの思考の展開はもっと大胆である。フロイトが夢を分析した結果、夢は願望充足かもしれないという考えがひらめいた。その考えはすぐに、みごとな夢作業の仮説となった。なぜなら具象心理学の精神にしたがって夢の研究にとり組むことができるのは、この仮説のおかげだからである。そのときフロイトは、夢作業の仮説を基本

第1章　精神分析における心理学的発見と具象的なものへの方向づけ

方針とすることによって、精神分析に堅固な基盤をあたえることを思いつく。彼は帰納法の傘に隠れて安心してはいない。彼には普遍化できるという確信が必要である。彼が論文の終わりのところでこの問題をとりあげるのは、こうした気持ちからである。もはや「分析による」証拠を提示するのが問題なのではなくて、夢は願望の充足でしかありえないことを証明するのが問題となる(560頁参照)。議論におけるフロイトの最後の切り札は次のようなものである。「夢は常に願望の充足である。なぜならそれは、願望充足以外の目的をもたず、願望衝動以外の力をもたない無意識組織から生まれるからである」[10]。われわれはついに無意識の問題に到達する。

そこに根本的な主張を普遍化する手段についてのフロイトの考えの核心があるせよ、彼がこの普遍化のほんとうの動機を実際に理論化できたと考えるべきではないだろう。フロイトが無意識を問題にしている章を読めば、私が引用したような理論は精神分析のほんとうの着想とは結びつかないことがわかるだろう。フロイトが無意識を問題にするのは、彼が自分のものの見方をねじ曲げるようなことばで考えを表現しているからである。そういうわけで引用した文章は、フロイトが先頭に立ってその影響を退けなければならないはずの、心理学流の正当化のための夢物語でしかない。

多くの反論があるにもかかわらずフロイトがこれほど頑固に擁護したこの普遍化のほんとうの動機は、彼の夢理論の基本的な考え方が具象心理学の要請に則っているというところにある。

心理的事実というのは特定の個人の生活の一部であるから、この

個人と切り離すことはできない。しかしそれは現実に切り離せない。そうしないと「私」の連続性が切断され、心理的事実などなくなってしまう。ところで願望は、内容という観点から夢を個人に結びつけているのではない。そうではなくて願望がまさしく、「私」の連続性を夢に保証しているからである。この連続性がなければ、心理的事実も神話的創造にすぎなくなる。夢が願望充足なのだとすれば、夢は、それを行う、したがって常にそこに存在する「私」の一つの変調でしかない。願望は夢に対して、まさに「私」の存在の連続性を保証しているのである。要するに、夢 - 願望理論によって、夢は「行為」になる。

こういうところからもまた、具象心理学が公認の心理学の諸概念とは相いれないことがわかる。

心理的事実は個人的なものであり、現実に個人的なものでなければならない。それが心理的事実の存在条件である。したがって、この心理学の基本概念は、行為の概念でしかありえない。行為とはあらゆる概念のなかでただ一つ、まったく「私」から切り離すことのできない概念である。それは、「私」が現実に具象化したものとしか考えられない。まさにそのために、具象心理学がほんとうの心理的事実とみなしうるのは行為だけなのである。思考、情動、意志といったものには、具象心理学からみると心理的現実性があるとは、したがって具体的実在性があるとはみなすことができない。

フロイトが夢 - 充足理論に執着するのは、この理論が夢を行為と、夢を見た特定の主体の行為とみなすからである。また同じ結果をえ

るための方法が、つまり夢に対して「私」の連続性と実在性をともに保証するための方法がほかに考えられないからである。フロイトがこうした形で自分の考えを述べられないのは明白である。彼は別の世代に属している。彼にとっての明証性とわれわれのそれは異なる。彼はわれわれとは違った形でものを考える。また同世代の弁証法的引力によって、自分のほんとうの思考領域の外へ導かれてしまう。しかし彼が自分のものにしなければならない弁証法がどのようなものであれ、彼の発見は現に存在し、そしてまったく不名誉な理由からではなく、フロイト自身が何を見落としたのかも示している。

Ⅵ

『夢判断』を読むと、心理学の二つの傾向が相反しているのがわかる。それは、基本的な手法が抽象化である公認の心理学と、具象的なものへ、その著書では明瞭で、誠実でかつ心理学にとって役立つように説明された具象的なものへ向かうフロイトの志向との対立である。

この対立によって、精神分析の知と古典的心理学の無知の対比もよくわかる。

もし個人から心理的事実を引き離すことから始めれば、すぐに抽象的な次元に、心理学者が念頭において研究している一般性の次元に立つことになる。したがって、特定の個人を対象としない考察に終始することになるだろう。理論のなかに、これを特定のケースに適応させることのできる具体的な多様性を導入できるのは特定の個

人だけなのだから、抽象化は必然的にトートロジーに陥る。偶然によってしか、個人の具象性を排除することによって発生する空白を埋めることができない。というのは、経験がわれわれに提示するのは、個人的な事実だけなのに、抽象化によってどうしても一般的なものしか援用できなかったために、個人的なそれぞれのケースについても、一般的なことばかりを繰りかえさざるをえなくなるからである。こうして説明は、説明しなければならない事実に沿うことができなくなる。したがって、夢を脳細胞の興奮による奔放な散策だと説明してしまうと、もう個々の夢についても同じことを繰りかえすしかなくなる。われわれはうんざりする滑稽な反復をしいられただけではなく、夢によってもたらされる豊かな素材を活用できなかったのである。じつは、この素材を実際にはじめて活用したのがフロイトなのである。一般に、すべての心理状態はある神経組織の状態を表わしているとか、これと平行関係にあると言ったとき、具象的な知の世界にはいることを自ら禁じて脳神話学（Gehirnmythologie）の水門を開いてしまったのである。

　事実の特殊性を除去することから始めれば、結論は抽象的なものにならざるをえないし、それは具体的事実を理解するのに何の役にも立たないだろう。心理学者が無知なのはそういうわけである。彼はいつも、個々の事実に関して同じ一般的な結論を繰りかえさざるをえない。したがって彼は決して真の科学を所有することがない。彼は決して用語法の次元を超えることはできないだろう。また彼は決して、起こったことを確認する以外のことはできないだろう。ト

第1章　精神分析における心理学的発見と具象的なものへの方向づけ

ートロジーが常に抽象化の産物となるだろう。

　反対に精神分析は、決して個人の次元を離れないので、これにとって心理的事実は個人の生活の断片なので、いくつもの具体的な結論に至るだろう。それは、諸事実の特殊性を、したがって諸個人の具体的な生活を明らかにすることだろう。抽象化の過ちを犯さなかったから、精神分析はほんとうの知識を獲得することだろう。それはまだ今のところ不完全だが、具体的なケースおよび個別的な状況を洞察しているという意味ではすでに称賛に値する。

　したがって、現在の心理学がおかれている無知は小児病ではない。こうした点からみると、「総合の天才」には、あるいは未来一般には何の改善も期待できない。なぜならこうした性格は、原則的には有効な方法の欠陥によるのでなく、本質をなす手法そのものに起因しているからである。

　「経験的」知は、それがどのようなものであれ、諸事実からそこに含まれる教えを取りだすことによって、後天的にしか形成されない。大ざっぱに言えば、それが「帰納」という用語の意味である。ところで、豊かな帰納にするには、経験を活用できなければならない。はじめからこれを禁じるべきではない。一般に、問題となる科学に適合した経験的領域が必要である。それがなければ、帰納は不毛なままである。決して説明的知に到達することはないだろう。

　古典的心理学はまさに不毛な帰納しか知らない。古典的心理学も心理的生活を説明したい。それならこの生活の次元から、言いかえれば具体的個人および彼の行為から出発すべきだろう。というのも、

諸個人へ立ち返ることのできる知に、したがって説明的知に到達するにはそれしか方法がないからである。ところがそうではなくて、古典的心理学は偏ったものの見方をすることから始める。それは心理的経験から形式的で機能的な領域を切りとる。こうした観点からは、心理的経験のもっとも形式的で表層的な側面しか提示されないので、このようにしてえられた知は、具体的なケースを理解するうえではまったく役に立たない。

たしかに、帰納が内観心理学で用いられるにせよ、それはたんに、その方法によって、たいていの場合「心的過程」がどのように展開するのかを論証するためにほかならない。例として、ヴュルツブルク学派(école de Wurzbourg)の実験的内観法をあげることができる。そこではともかくも帰納について言及することができる[11]。しかし何が問題になっているのだろうか。問題になっているのは、イメージの性格がどのようなものであり、イメージがどのように考えられ、思考においてイメージが果たすほんとうの役割は何なのかを知ることである。ヴュルツブルク学派の成果はたしかに前進である。たとえばテーヌ［Taine］のような、古典的イメージ論者はたえず内観と空話を混同していた。彼らは連合主義と感覚主義の学説の要請にしたがって、イメージの性格を作りあげていた。ヴュルツブルク学派は事実にもとづいて答えようとした。それは前進である。しかし、実験によってもたらされる答えは、具象的な知とはならない。ついには、イメージというものがいつも曖昧であることを、テーヌのイメージなどはあまりにも稀であって、おそらく決して存在しないこと

第1章　精神分析における心理学的発見と具象的なものへの方向づけ

を知るに至る。いずれにせよ、思考はイメージだけで処理しようとしてもとても手にあまることを、場合によっては思考はイメージなしでも展開できることを知るに至る。実験は疑問に答えた(12)、しかし疑問が抽象的だったので、答えもそうなった。心理学的行為の形態についての資料を集めることが主眼なのだから、疑問に対する答えが心理学にほんとうの進歩をもたらすことはない。というのは、思考は映画のようなものではないことがわかったからといって、何が「人間を知ること」になるのだろうか。進歩があったとすれば、それは心理学者たちが一連の空言をもはや口にできなくなることくらいである。われわれは、具体的なケースを理解するために活用できるような知識をえることはできなかった。それは応用できない知識である。というのは心理学的知識にとって可能な応用とは、具体的な個人によって構成された実在性への応用だからである。ところでヴュルツブルク学派の実験はもともと具体的な個人を介在させなかったのだから、そこから個人を取りだすことはできない。同じ理由で抽象心理学の成果は、いつも応用できない知識なのである。

　フロイトの帰納はまったく違う。まず、ありのままの心理的事実から出発する。フロイトの著書をどこでもいいから開いてもらいたい。論述は常に個人の事実にもとづいている(13)。重要なのは、個人の特徴が、説明のあいだに消えてしまうどころか、常に中心となっていることである。夢の心理学は、夢が具体的な個人のものであることから、個人的な意味をもつと考えられる夢の分析にもとづいている。失錯行為の理論は、個人の行為としての失錯行為の考察にも

とづいている。神経症の研究は、フロイトにとっては古典的精神医学におけるように、神経症自体の研究、すなわち個人が体現するにすぎないみごとな疾病分類学単位の研究ではない。このような研究にとっては、個人の体現には何の重要性もないのだが、反対にフロイトにとっては、一つ一つの神経症が個人のものとして説明しなければならない個人の行為も同然である。こうした状況では、そこから普遍化が可能となるような一連の個々の事実の集成に至るのは当然のことである。ただしそれは、いったん完成したら、さまざまな特殊ケースに応用できる普遍化である。こうして精神分析はほんとうの知識を手にする。

フロイト的帰納の古典的な例として、夢の象徴——あれほど批判をあびた象徴——がどのようにして構成されたのかを考えてみることができる。フロイトがこの象徴をまとめあげることができたのは、おびただしい数の夢の分析をとおしてである。この象徴は、普遍的な価値はないが、平均的な個人にあてはまり、いくつかの夢についてはだれにでもあてはまるものである。こうしてフロイトは、分析をしなくとも、ほとんど同じようにしてみんなが見る夢、フロイトが類型夢[14]とよぶ夢を解釈するに至った。幼児性欲、エディプス・コンプレックス、転移の概念や抵抗(résistance)の概念などは、このようにして発見された。帰納が可能となるのは、具体的な個人にもとづいているからである。同じ理由から、具体的な個人へ帰ることもできる。つまり応用可能な心理学的知識を手にすることができる。

心理学と精神分析の対立およびフロイトの教義のほんとうの着想

第 1 章　精神分析における心理学的発見と具象的なものへの方向づけ

とは以上のようなものである。さて、われわれは二つの方向で話を続けよう。まず、『夢判断』で示された理論の組立てを明らかにしながら、前述した主張を明確化することである[15]。しかしこのように論述を展開してゆくなかで、われわれが精神分析の基本的な着想からえた考えは裏づけられるにせよ、フロイトがこの着想に常に忠実だったというわけではないこともまた明らかになるだろう。じつは彼は、自分の表記法と理論的思弁に、古典的心理学に陥ってしまう。

<注>
(1) タイトルが指示されていないこうした出典は、『夢判断』のフランス語訳に依拠している（M.I. メイエルソン訳、パリ、アルカン、1927年）。
(2) 本書84頁以下参照。
(3) 『夢判断』第2章参照。
(4) これからは、自我という用語をフロイトが用いている専門的な意味でではなく、1人称を指すために使うことにしよう。『自我とエス』、ウィーン、1923年。
(5) 『生の諸形態』、5頁、第5版、ハレ、ニイメエル、1925年。
(6) とくに本書264頁参照。
(7) 『夢判断』第2章のはじめと本書第5章参照。
(8) 本書第2章参照。
(9) 言うまでもないことだが、解釈の作業をしているあいだ私は思いついたことをすべて報告したわけではない（フロイトの注）。
(10) なおフロイトにはこの問題に関してぐらつきがある。数々の例外が認められたからである。しかしフロイトが優先させている意味は明瞭である。

(11)「ともかくも」と言ったのは、大半の場合はまったくの空話しか問題にならないからである。本書第2章「古典的内観と精神分析の方法」参照。
(12) 議論を簡単にするために、われわれは疑問に答えたのがまさに実験であることを認めよう。『夢判断』第2章参照。
(13)『快感原則の彼岸』や『自我とエス』のような「教義的」著書、および一般に「メタ心理学」の著書をのぞく。ただしここでも、精神分析的事実は広く使われている。
(14) なお自伝や日記などを解釈する「客観的精神分析」もある。
(15) とりわけ精神分析の方法と内観法を比較しながら。

第2章

古典的内観と精神分析の方法

　『夢判断』の第2章は、「夢判断の方法」に割かれている。周知のように、この方法はおもに次のようなものである。(1)夢を各部分に分解する。(2)被験者は、夢の各要素について、頭に浮かぶことをすべて文句を言わずにためらうことなく話さなければならない。フロイトがこのような方法を適用するのをみて、だれもが驚くかもしれないし、実際に驚いた。というのもフロイトは生理学的方法によって夢の研究をしたいなどとは思っていないし、彼が心理学的方法を用いたいとはっきり言っているのだから、われわれは彼が内観（introspection）を使うと予想していた。ところが、フロイトが用いているのは、内観ではなくて、内観とよぶのが苦しいこじつけでしかないような方法、彼によれば解読法の応用でしかないものである（95頁参照）。

　われわれはフロイトの方法が手前勝手であるとして、彼を批判せずにはいられなかった。たしかにこの方法で重要なのは、被験者の

頭に浮かぶことを全部言わせるところにある。精神分析家がふつう内観を批判するのは、よく洗練されたものであっても検閲（censure）を除去できないというところである。まさに検閲の除去が目的なので、内観法に代えて、思考が覚醒状態においてほど検閲によって歪められない方法をとらなければならないのは明らかである。したがってこの方法はおもに、「覚醒と睡眠の中間的状態、またおそらく催眠状態とある種の類似性をもった心的状態」(93頁)を作りだすことにある。これは「入眠するときには意図しない表象が表層に浮かんでくるからである。というのは、意思と批判の働きが弛緩するからである」(94頁)。

　実際にフロイトは内観を退けている。それが、具象心理学の方法ではありえないからであろう。内観と精神分析の方法の対立もまた、抽象心理学と具象心理学の対立の一つの特殊ケースにすぎない。

I

　内観法に対するあらゆる古典的な反論をぬきにして考えてみよう。完璧な内観法を前提にしてみよう。それでもやはり、内観法が内観する行為の形態と内容に関する情報しかもたらさないことは事実である。私はよく知っているある名前を忘れてしまった。自分で内観して、私は強い精神的緊張と同時にある種の窮屈感があり、言語表現やイメージはともなわないが知っているという感覚があると言うだろう。いくつかの名前が頭に浮かんでくるのだが、私はいらだちながらも確信をもってそれらを遠ざける。知らないという意識と同

時に、この確信しているという意識が私を途方にくれさせ、とうとう、それはとつぜん起こるのだが、またなぜかはわからないが、抵抗が急に終わったかのように私は弛緩感を感じるに至る。結局探していたことばが、ほっとした気持ちと解放感をともなって浮かんでくる。これは私が内観によって知りうることである。しかしこれで事足りるのは、明らかに抽象心理学にとってだけである。私が思いがけない忘却を確認したときから、ついに探していたことばを思いだすまでに体験したあらゆる状態の細かいニュアンスまで正確にまたていねいに言い表わそうとするこの心理学も、事実そのものの特殊性についての説明をまったく怠っているし、この事実を無頓着に偶然のせいにする。

「知っていると思っているにもかかわらず、ある名前を思いだせない状態に人がよく陥るのはなぜか説明するようにと古典的心理学者に頼むとする。彼は固有名詞はほかの記憶内容よりも忘れやすいのだと答えるにとどまるだろうと私は思う。彼は固有名詞のこうした特性の説明になると、彼が考えるもっともな理由を引用するだろう。しかし、こうした過程がほかより一般的な範疇の条件にもしたがいうることなど思いもよらないことだろう」(『日常生活の精神病理学』フランス語訳、3頁)。

その心理学者は忘却を、どうしようと一般的なことについてしか有効ではない一般的な原因のせいにして、まさに問題となっている正確な事実のせいにはしないだろうということである。フロイトもこうした過程がしたがうことのできる「より一般的な」条件に言及

心理学基礎批判

しているにせよ、このことを考え違いすべきではない。なぜならフロイトの念頭にあるのは、検閲や抑圧（refoulement）といった一般的な要因だけだからである。ただし各ケースについての彼の説明には、特殊性という点で説明しなければならない事実にぴったり対応しうるという自負が感じられる。あらゆる心理的事実が厳密に規定されるとするフロイトの基本的公準は、まさにこういうことを意味する。

このような説明を探求する者が内観法に満足できないのは当然のことである。たしかに、私は自分の内観の例において何をしただろうか。私は忘却の事実を、あたかもそれが何についてのものでもかまわない忘却であるかのように、さらにはそれがだれのものでもかまわない忘却であるかのように、いわば形式的な観点から考察した。忘れたのがまさしくその語だったという事実を、その語を忘れたのがまさしく私だったという事実を、私はまったく考慮に入れていなかった。私の検証は、一般的なままで、なぜまさにその語をそのときに忘れてしまったのかわからないという意味では、私は何もわからずじまいである。しかしそれが内観というものの性質である。したがって、内観は具象心理学の疑問に答えることはできないだろう。というのも答えるためには、忘却の個々の状況を、忘れられた語が私にとって何を意味するのかを考察しなければならないからである。要するにこの忘却を、私固有の活動の断片と、私から生まれて私を特徴づけている行為とみなす必要があるだろう。要するに、この忘却の意味を解読する必要があるだろう。

しかし忘却の意味を照明するのに必要な素材をもっていなければ、

これを解読することはできない。この忘却が私にとって何を意味するのかを示してくれるに違いないこのような素材は、もちろん私にしか提供することはできない。ところでこうしたことが可能になるのは、内観によってではなく、もっぱら物語 (récit) によってである。

したがって、フロイトは内観の代わりに物語を採用する。心理的事実は個人の生活の断片なのだから、考慮すべきなのは心理的行為の題材や形式ではなくて、この行為の意味である。これは、被験者自身が物語をとおして提供する素材によってしか照明できない。

注目しなければならないのは、フロイトが内観の代わりに物語を採用するそのやり方である。それは、たんに抽象的観点の代わりに具体的観点を採用しているというばかりではなく、古典的対句を用いていえば、主観的観点の代わりに客観的観点を採用しているということである。もっと現代的な表現を使えば、物語の方法を用いることによって、フロイトは「直観」による観点の代わりに「行動」による観点を採用する。

たしかに、内観の代わりに物語を用いれば、心理学の研究も「客観的」データを対象とすることになる。物語は、外面から研究できる客観的素材である[1]。しかしそれは月並みな客観性でしかないといえる。というのも、ほんとうの客観性は、心理学者と被験者に共通した役割——内観法ではそういう場合がある——がもはやまったくなくなってはじめて生まれるからである。精神分析を受ける被験者は、解釈のことをまったく知らない。被験者ははじめ、あたえられる素材から精神分析家が引きだす意味など知る由もなく話す。反対

に内観法を用いる心理学者は、被験者にはじめから心理学的研究を期待している。彼はいつも被験者のなかにいる心理学者を前提としなければならない。周知のように、これはほかの科学で行われていることとの驚くべき相違である。なぜなら数学者は関数に、たんに関数であることは求めても、「数学者」であることを求めたりはしない。物理学者はルーンコルフ・コイルに、たんなる誘導コイルであることは求めても、ほかの物理学者であることを求めたりはしない。

精神分析家は彼の被験者に、いわば存在様態を変えるよう求めたりはしない。被験者に求めるのは、「気持ちを楽にもつ」ことと話すことである。被験者はほかのことに気を使う必要はない。心理学の研究は心理学者がしなければならない。そもそも被験者に心理学の研究はできない。

要するに物語の方法は客観的である――こうした側面は前述したことよりはるかに重要である――なぜなら、心理学者が内観の規則によってしいられる「擬態（mimétisme）」から解放されるからである。たしかに「真の心理学者」は「被験者の精神状態を気持ちよく再体験」しなければならない。そうしないと内観は、内面からしか把握できない事実を対象とすることになるので意味がない。

精神分析の方法には、こうした拘束はもはやまったく残っていない。なぜなら精神分析は、たとえば被験者が提供する素材にもとづいて、夢の意味を解釈し、規定しようとするからである。物理学者が誘導を研究するために、コイルに変身する必要がないのと同じように、精神分析家も他人のコンプレックスを見つけるために、自分

の「コンプレックス」をもつ必要はない。コンプレックスをもつことは、精神分析家には厳禁だとさえいえる。なぜなら自らが完璧な分析を受けたあとでなければ、精神分析家にはなれないからである。また注目すべきなのは、精神分析家は解釈することしか求めないので、「空間的シェマ」に頼るまでもなく客観性に到達するということである。

　しかし物語の方法は、内観法の抽象的かつ主観的な性格にただ対立しているばかりではない。これは、内観法の実在論のアンチテーゼでもある。内観法は心理的行為の形態と内容しか示すことができないので、実在論的仮説においてしか意味をなさない。というのも古典的心理学は、内観法を何よりも一つの知覚形態とみなすからである。したがって内観法は、そのデータに特殊な実在性を、精神的実在あるいは内面生活を対応させる。内観法によってわれわれはこの「第2の」性質を洞察し、その状態を知らなければならない。次に、内観法のデータは、実在するもののそれであるから、この実在するものの構造に関する仮説を示唆する。この仮説もまた当然実在論的である。こうしてわれわれは内観法によって、精神世界に存在することやそこで起こることを学ぶのである。

　ところで他人の心理的生活がわれわれにわかるのは、いつも「物語」としてか、もしくは「目に映る姿」としてでしかない。(その語のあらゆる意味で)ことばによる表現が問題であるときは物語、身振りもしくは一般に行為が問題であるときは「目に映る姿」である。私は今書いている。そこにあるのは、目に映る姿と同時に物語である。

書くことによって私は「精神状態」を表現する。精神状態の一部は、私が書いている姿を見れば推察できる。つまり、書いているときの私の姿勢や表情の動きなどによってである。

物語と目に映る姿には、実際的で社会的な機能がある。したがってその「構造」は「合目的」的である。私のなかでことばは「意味を表わす意図」に、行為は「行動を表わす意図」に対応している。

物語と目に映る姿が日常生活のなかに組み込まれるのは、まずこうした「意図」としてである。いわゆる物語はそういうものとみなされる。ところで私のなかで意味を表わす意図には、ほかの人たちにおける「理解する意図」が対応している。目に映る姿についてはどうかといえば、日常生活が同じくその次元を尊重する。私が話をする。そのとき日常生活には、意味を表わす意図しかわからない。私が水差しを取るために手をさし伸べると、だれかがそれを取ってくれる。前者の場合、私は言いたいことを理解してもらう。後者では、「社会的反応」が私の「行為」に応える。それだけである。

要するに日常的関係のなかでは、だれもが「ことばの目的論（téléologie du langage）」から脱することはなく、相互の意味、理解および行為の次元にとどまっている(2)。

古典的心理学はまさに、この「目的論」の次元を離れ、意味を表わす意図をぬきにして考えることから始める。古典的心理学が関心を示すのは、被験者が何を語るかではなく、彼が話しているあいだ心のなかで何が起こったかということである。したがって古典的心理学には、物語と特殊な過程のあいだになんらかの対応が必要にな

る。いうまでもなく、古典的心理学がこの過程を見つけるために、手がかりにできるのは物語だけである。しかし、この心理学は物語を二つに分割することによって難問を克服する。そのときわれわれは、表現する行為と表現されたものというばかりではなく、二つの次元の存在を手にすることになる。なぜなら表現されたものは特殊な存在様態をもっているからである。つまりそれは精神的なものであって、思考である (pensée)[3]。

ところで、この「思考」が意味という点では、何も新しいことをもたらさないのは明白である。観念 (idée) の意味も思考の意味もまったく同じものである。ただし、観念という用語がまさに、実在論的見地からして、目的論の観点の変換を示しているのに対して、思考の意味が問題にされるとき、ことばの目的論はまだ放棄されていなかった。古典的心理学は、意味の次元から「心的過程」の次元へ移行するために意味を二つに分割する。したがってそれは、日常生活の弁証法を離れ、この弁証法という観点からいえば、単純な道具でしかないものを実在的実体 (entités réelles) にしてしまう。

われわれは、観念の導入は新しいものをもたらすという反論を受けるだろう。なぜなら、観念という単語は意味するための道具でしかなく、この意味それ自体が、表現されるまえに個人の意識のなかで思考されなければならないからである。したがって、観念は何か新しいもの——説明され、研究されなければならない心理的行為——を表わしている。しかしこの反論は、一度実在するとみなされた意味を分割するという、古典的心理学が実現する手法を記述した

ものにほかならない。

　というのも分割のあとで、心理学は、表現されるものの産出様式、すなわちそれがどのようにして体験されるのかを記述するために、意味を表わす意図を切り捨て、機能的形式主義（formalisme fonctionnel）の観点に立つからである。意味作用としての意味にはもはや何の重要性もなくなる。思考されるものが何であれ、ただ「思考」だけに心理学者は関心を示す。

II

　したがってわれわれの考えでは、古典的心理学者は次のように作業を進める。彼は意味のある物語を二つに分割して、物語の複製を「内面的」実在にする。彼は、社会的関係の目的論にかなっているふつうの態度に注目するのではなく、すぐにそれを放棄して、どのようなものかわからないが「内面的」実在のイメージを物語のなかに探すのである。それは、ほかの人の物語に対するときの彼の態度である。しかし、そのあと彼は自分の物語に対しても同じ態度をとる。そのときの変化は、彼が「理解する」意図ではなく、「意味と行動を表わす」意図を放棄しなければならなくなるということによって示される。ほかの人のために分割を行う代わりに、彼は自分のためにそうすることになる。そしてこの分割が行われると、彼は内面的実在を機能的形式主義の観点から記述しようとする。そのとき彼は自分自身を内観していると言うだろう。

　したがって内観とか内省というのは、意味と行動を表わす意図を

第2章　古典的内観と精神分析の方法

機能的形式主義のために放棄することでしかない。こうした観点の変化には、第2の物語が対応している。その物語の出発点は、実在論的かつ形式的な観点から考察された意味を表わす物語からなっている。したがって実質的には、内観というのは機能的形式主義の観点を、意味を表わす物語へ適用することから生まれる「第2の物語」以外の何ものでもない。心理学が追求しているのは、文字どおり意味を表わす第1の物語の代わりに、人間関係の目的論とはもはや無縁な、したがってこのような観点からすれば、まったく「客観的」であり、特殊な実在の記述となるに違いない第2の物語を用いることにほかならない。

　結局、二つの仮説のなかからどちらかを選ばなければならない。まず原初的なのは内観であるといえる。なぜなら、私が最初に知るのは私の心的状態である。私は私自身の内的経験をもとにしてはじめて、私と類似した人たちの心的状態を想定することができる。もしそうだとすれば、私が物語を分割するというのは不自然である。なぜなら私は私と類似した人たちに、私のなかで実際には物語の複製である心的状態をあたえることしかできないからである。したがって内観心理学の基本的な手法は物語の分割ではなくて、類推だといえよう。

　第2の仮説は、原初的なのは反対に分割を用いた物語の実現であって、内観ではないことを認めるものである。このとき、内観は自然発生的な態度を表わすのではなく、意味を表わす物語に対する態度を「常識」にもとづいて自分自身に適用することにほかならない。

またこの場合、心理学を特徴づけているのは、類推ではなく分割である。ただしこの分割はほかの人たちを対象にしたり、自分自身を対象にしたりすることができる。われわれが「内観」とよぶのは後者である。

周知のように、心理学が自分のものにしているのは最初の仮説である。心理学への攻撃のもとになっているのもこの仮説である。行動主義者は、古典的心理学の類推推論(raisonnement analogique)を批判しているからである。

ところでわれわれは考察を重ねることによって第2の仮説へ向かう。

まず原則的にそうであるような内観と実際にそうであるような内観を区別しなければならない。なぜなら、内観についての信仰告白と、現在行われているような、また過去において行われたような内観法を混同してはならないからである。ところでわれわれが問題にしているのは、現在あるような、また過去においてそうであったような内観であって、内観のさまざまな将来性ではない。

また身体的苦痛とか身体的欲求といった、日常生活を続けるなかで産出されるような単純な「内面的知覚」と、心理学で用いられるような体系的な内観を区別する必要もある。この区別は当然である。まず「苦痛」が「生命」の領域にはいるのに対して、内観は認識の領域にはいるからである[4]。しかし何よりも、心理学の方法としての内観は、「内面の」状態のたんなる日常的な知覚の枠を大きくはみだすからである。なぜなら「内面状態の知覚」について語ること自体

第 2 章　古典的内観と精神分析の方法

が、すでに抽象化を前提としているからである。直接的なのは苦痛である。しかしそれは日常生活の出来事の連鎖のなかで産出されるものである。

　このように範囲が限定された問題を考察するとき、われわれはおそらく、心理学者がふだん言っているように自然にかつ率直に、内観が内面から生まれるのではないことを指摘できる。というのは、前世代の心理学者たちは、「推論の心理学」と題された章で三段論法を繰りかえしているとき、ほんとうに「内面的な」ものは何もうち明けていないのは明白だからである。それは、方法にまったく内観的なところがない論法、われわれに三段論法の存在を教えてくれた論法——アリストテレスの論法——にすぎないからである。このとき明白なのは、こうした心理学者たちが推論の心理学を行ったと思っているにせよ、それはたんに彼らが物語を分割したからにほかならないということである。三段論法が「意識の直接所与」であると明言するのがばかげているのと同じように、少なくともこの場合は、内観がいわば外からきたことと、第2の物語が第1の物語をあっさりと分割することによって成立したことは明白である。

　そのうえ周知のようにこうした心理学者たちは、内観と空話をいつも混同して、言葉どおりに心理的事実を作りあげていた。こうした点の証明が、ベルグソン［Bergson］の学説には欠かすことのできない部分となっていないだろうか。

　ただしベルグソンをはじめとして、われわれも内観の使用法にまちがいはあったが、ほんとうの内観はもっと違うものであると考え

る。

　ところでこれは、心理学的実在論の素朴な性格によって導かれた仮説でしかない[5]。しかし、最低限いえることだが、内観を用いるなかで犯されたまちがいとよばれるものは、内観の本質——内観を使用する人たちが単純なだけに一層よく顕在化する——を露呈しているにすぎないという考えには何の非もない。それに、ある科学的手法のほんとうの性格がかつて非難をあびた理論においてこそ明瞭に顕在化するというのは、これがはじめてではないだろう。

　なおベルグソンは、先達たちの内観が真正なものではなくて、彼らの内観の物語は理論的要請に答えようとするなかで作られていったことを証明した。ただ彼はそれを、避けることのできるまちがいとしか考えなかった。企画の性格からして、彼はそれ以外のことを考えられなかった。しかし結局ベルグソンの批判は、内観の「外因的(exogéne)」性格が、ある種の「第2の物語」——「静的」登場人物をシナリオのなかに介入させるもの——については立証されたことをよく示している。ところでじつを言うとベルグソンは、新しい種類の第2の物語の糸口、非人称的ドラマを練りあげる新しい技法の糸口をつけているだけである。彼は「動的」かつ「質的」登場人物によって研究している。彼の形式主義が展開している主題と彼の実在論を表現していることばは異なる。しかし実際には、このような第2の物語が、第1の物語を台なしにしたような批判を免れられると想定するところに無知がある。というのはベルグソンの内観については、彼が先達たちの内観について行ったような検討が一度も行

第2章　古典的内観と精神分析の方法

われなかったからである。

　しかし古典的な見解の信憑性をもっとも損なっているのは、目的論的態度を優先させたことである。なぜなら第1に優先させなければならないのは理解と解釈であって、心理学はそのあとのことだからである。ところで表現と理解には、自己表現する側の特殊な内的経験も、理解される側の意識へのこの経験によるデータの投影も含まれていない。表現と理解に関するこうした解釈は、実在論だけではなく、古典的心理学のすべての手法を前提としている。

　実在論が組み込まれるのは、目的論的態度にである。それにしても、一般にはじめにこういうことが行われる。最後になってようやく内観である。内観は、原則としてはじめにほかの人たちに対して向けられる実在論の自分自身への適用である。さて、歴史的にみて内観という考えが現われたのは比較的新しい。そうしてみると、われわれの仮説もおそらくそれほどばかげているとは思えないだろう。あるいは少なくとも、措定されている問題は、内観による心理学ではなく、内観心理学の問題であることがわかるだろう。

　ともあれこうした議論はこの研究の枠を超えている[6]。ここでわれわれにとって重要なのは、内観の内容であり、古典的心理学の「第2の物語」の内容と精神分析によるそれを比較することである。ところで内観のほんとうの機構に関する結論がどのようなものであれ、それが相変わらず、抽象化および形式主義と密接に結びついていることには変わりない。具体的かつ豊かでありたいと願う心理学にくらべて、内観心理学の信用を失墜させるにはこれだけで充分である。

III

　反対に精神分析家が用いる方法の特徴は、われわれが説明しようとしたような実在論的手法を認めないことである。精神分析家は意味の目的論的次元から離れない。したがって、内省といった新しくて理屈に合わない態度を考えだしたりはしない。精神分析家の目的はほかにある。彼は日常生活の態度を、それが具象心理学に到達するまで引き延ばそうとする。彼は意味の次元を「実在」へ変換するのではなく、これを掘りさげて、慣用的な集団共通の意味の奥に、もはや社会関係の通常の目的論には含まれず、個人的心理学を示唆するような個人的意味を見いだそうとする。したがって精神分析家も、意味を表わすだけの物語に対立する「第2の物語」をもつだろう。ただしこの第2の物語は、第1の物語を解体することから生まれるのではなくて、第1の物語を掘りさげたものだけを表わすだろう。ここでも考察されるのは、原則として意味を表わす意図だけである。しかもそれは、社会的相互作用の領域へではなく、具体的な個人の心理学へ導いてくれるような意味を表わす意図である。要するに、古典的心理学の第2の物語がわれわれを実在化へと向かわせるのに対して、精神分析のそれはただ解釈へ向かわせるだけである。

　「学問的な夢理論は、夢解釈の問題にまるで触れようとしない。というのも夢は、学問的理論にとって、心的行為などではなく、もっぱらいくつかの心的徴候によって明らかになる身体的事象だからである」(88頁)。抽象的な学問理論——この理論からみれば表象が

第 2 章　古典的内観と精神分析の方法

それ自体として存在している——にとって、夢解釈の問題など措定されようがない。なぜなら解釈するということは、心理的事実を個人の具体的な生活に関係づけることしか意味しないからである。反対にフロイトは、解釈の問題を措定しないわけにはいかない。というのも彼はまさに、心理学の具体的な考え方に戻るからである。

「学問的」理論は夢を抽象的に考察するので、その理論からみれば夢はすべて、夢の物語を構成する言語表現のなかに含まれている。したがってこの理論が被験者による物語の不明部分を補うとすれば、形式的な見方にかなった物語によるしかない。この理論にとって、顕在内容と潜在内容の仮説を介在させる必要などまったくない。反対にフロイトは、夢を語の厳密な意味で、心理的事実だと、個人の具体的生活の断片だと考える。したがって彼は、物語のなかで言語表現が、被験者から切り離されたものではなく、まさに被験者の何かを表現していることを認めなければならない。彼は夢に出てくる表現の慣用的な意味を乗り越えて、具体的な個人の生活を見つけなければならない。したがって彼は、慣用的な意味での物語に個人の経験にもとづく物語を、表面的な物語に内奥の物語を対置させる必要がある。すなわち彼は、夢が表現しているようにみえることと、夢が実際に意味していることを区別しなければならない。

慣用的な物語をフロイトは顕在内容とよぶ。個人の経験にもとづくこのような物語を翻訳したものが潜在内容である（本書第 2 章、108-133 頁参照）。

精神分析の特性を理解したければ、この相違をくわしく知る必要

がある。そのためには、精神分析の具体的な性格は、もっぱら意味という観点の採用にあるというだけでは充分とはいえない。というのはこの観点自体はさまざまに応用することができるので、たとえばシュプランガーのように、われわれがここで示したいのとはまったく異なる方向への展開もありうるからである(7)。

　フロイトは、古典的心理学のいつもの夢についての特徴のつけ方——一貫性がない、気まぐれ、つじつまが合わない、非理論的、意味のない語からなる——がいつも夢の顕在内容しか考察しなかった結果であると繰りかえす。というのも古典的心理学は、夢に潤色の少ないいくつかの形容語をつけるとすぐに、形式的で機能的な検証へ移ってしまうからである。古典的心理学はもちろん、われわれが説明しようとした抽象的な手法にしたがってそうする。それでも夢の理論では、古典的な理論も完全に意味を切り捨てているわけではない。というのはそれどころか、ビンツやドガのような理論のシェマをきめたのは、夢のように常軌を逸した構築物には意味などあたえられないと確認したことによるからである。

　ところで、こうした態度の根底には「暗黙の(implicite)」公準——被験者が夢について語るときの表現はふつうの内容をもつという公準——がある。たとえば夢にキーワードが現われても、その意味は辞書に書かれている意味と一致するという公準である。一般に心理的事実は、たとえそれが現に「心理的」であっても、常に慣用的な意味、いわば「周知の」意味しかもたない。私はある夫人とおしゃべりをしていて、急に唇をふく。この行為にも、「唇をふくという行

為一般」としての意味しかない。心理学的説明が可能なのは、機能的形式主義の観点にかなった報告だけということになる。こうした公準は、慣用的な意味から外れているようにみえる心理的事実に関するどのような判断の根底にもある。夢は慣用的な意味の範疇には納まりきれない。だから夢には意味がないということになる。私は、よく知っているある固有名詞を忘れた。古典的心理学はこれを、想起の失敗とし、したがってただたんに否定的な何かとしかみなさない。

　したがってわれわれは、古典的心理学の一般的な公準に、意味の慣用性という公準にぶつかる。古典的心理学は顕在内容しか考察しようとしないというなかで、フロイトが強調したいのはこの公準の介入である。

　この公準は、実在論および抽象化と密接につながっている。これが実在論に道を作り、抽象化と形式主義に入り口を用意する。これは抽象化に道を作る。というのは、実在論が分割によって事を処理し、分割されるのが慣用的意味であることから考えて、実在とみなされるのは慣用的意味だからである。私が「なぜなら」と言う。心理学者からみると、そこにあるのは「関係の感覚」である。また、いったん慣用的意味が実在とみなされたら、働き始めるのは抽象化と機能的形式主義である。なぜ抽象化かというと、ある限定された個人の意識における実在化も、この意味そのものをなんら変えられないからである。まさに今この意識のなかに見いだされるということも、古典的心理学にとってまったく重要ではない。私が問題であろ

うと、ほかのだれかが問題であろうと、心理学は同一の検証を行う。

こうした検証は、機能的形式主義の精神によって行われる。実在化された意味をその分類に結びつけることが問題になる。「なぜなら」は「関係の感覚」に分類される。そのあと、この感覚が産出される一般的な状況と、関係の感覚がどのようにして「体験されるか」ということが説明されるだろう。周知のように一部の心理学者は、こうしたことをとても巧みに行った。

こうして、古典的心理学は性質（qualité）でまにあわせていること、心的事実の個体性を追求するのは、それが体験される行為の性質をほかに還元できない場合だけであることが理解される。また古典的心理学ではあらゆることが、個人のすべての意識がまさに同じ意味内容をもっているかのように、個人のそれぞれの意識がだれにとってもいつも同じ意味——直観が、それが何であれ変化させることなく把握するだけの意味——を直観するものでしかないかのようにすまされる。このような状況では「顕在内容」、言いかえれば慣用的意味しか問題にならないことは明白である。実質的な作業はすべて、機能的形式主義に任されたままである。もしそうでないとすれば、心理学者が「意味」に無関心で、実在化された意味の抽象的で形式的な研究だけですませてしまうことをどう説明すればよいのだろうか。というのも意味の観点は、重大な結果をはらんでいるからである。もしかしたらこの観点は無条件に、心理学を精神分析の発見へ導いたかもしれないのである。ともあれ、フロイトが精神分析を発見したとき、彼を動かしたのは特別な才能ではない。ただたんに、心

理学の古典的方法が具体的な観点を必要とするいくつかの特別なケースでは行き詰まることに気づくだけでよかったのである。この観点に立ちさえすれば、だれでも同じ発見へ導かれたことだろう。だから、古典的心理学もその観点なら知っていたなどと言わないでもらいたい。われわれが主張していたことは完全に裏づけられた。いったんある発見がなされると、それが流星のように空から落ちてきたのではなく、その兆しがあったことを証明するのはいとも簡単なことである。しかしなぜ、「兆し」に気づいていながら、発見されるのを待っていたのだろうか。

とはいえ、いったん実在化が達成されると、意味の観点が古典的心理学のなかに介入してくる。しかし介入してくるのは、抽象化および慣用的な意味という公準に制御されてでしかない。

心理学研究の素材を準備しなければならないときは、抽象化によって制御される。いったん実在化が達成されると、最初の変換が行われる。意味にしたがって、物語の表現は類の概念に引き戻される。私は「ちぇっ、またマッチがつかない」と思わず声をあげた。「ちぇっ」は「感情の状態」を、「また」は「関係の感覚」を、「マッチ」は「イメージ」を、「つかない」は「知覚」を意味する。もっとも重要なのは「判断」である。人はそのとき分析があったのか、それとも総合があったのかを知るために工夫する。分析のあとで総合が行われたのか、それとも知覚による最初の総合を分析したものなのかを知ろうとする。しかしいずれにしても、意味はとっくに消えているだろう。私は「現代」心理学がもはやそんなところにはないことを

知っている。私が細分化して、確実な要素を重視しすぎたことはわかっている。しかし、単一で分割できない一つの態度、もしくはほかの何かこのようなものをことばで表現しただけのことだと言われるのもわかっている。相変わらず関心は、意味から離れ、機能や態度の形式的研究へと向けられる。ことばが違うだけで、手法は同じままである。

古典的心理学も個人的意味を知っている。しかしこの意味が関わるのは、個人が心理的事実をどのように体験するかということにだけ、その質的「単一性」にだけである。ところで、具象的なものの極みを表わしているこの「ことばで表わせないもの」は、機能的形式主義の範疇にはいるのであって、じつは文字どおり個人の決定をまったく含んでいない。この「ことばで表わせないもの」が表わしている具象的なものは、具象的なもの一般でしかない。

しかし、古典的心理学において「意味」が果たしているほんとうの役割は、慣用的意味の公準に関する分析をもっと進めないかぎりわからない。われわれは、この公準が古典的心理学の基本的手法とどのように関係しているのかということを今しがた示したところである。ところで、この公準の起源はどこにあるのだろうか。

実在論は、慣用的意味を分割するところ、言いかえれば意味を内面に投影させるところにある。こうして意味の問題はきっぱりと削除される。なぜなら、内面生活というスクリーンに投影されるのが慣用的意味なのだから、心理的実在もまさにこの慣用的意味に属していることになるからである。しかしまた、なぜ慣用的意味が実在

とみなされるのだろうか。

　原則として元にあるのは、われわれが述べたように、人間関係の目的論である。しかし「常識」はこの目的論に関して、「知覚データ」に関するのと同じ素朴実在論を採用する。その違いは、慣用的意味が「内面」に向けて分割されるのに対して、知覚は「外面」に向けて分割されるということだけである。しかしどちらにも「実在（hypostase）」がある。形而上学の素朴実在論（réalisme naïf）に、心理学の素朴実在論は対応している。

　この実在論の本質が、「社会的擬人主義（anthropomorphisme social）」からなっていることは明らかである。というのは霊的な事実として実在化されるのは、ことばと行為の集団に共通の価値だからである。この実在論は素朴である。なぜなら社会的合目的性から現実の実在への観点の移行は、何の根拠もなくかなり自然に行われるからである。そもそもじつは「移行」などほとんどない。この実在論が表現しているのは「社会の羨望」である。個人は社会の要請を実現したものにほかならない。言い方をかえれば、「実在性」の範疇はまずごく自然に事態の社会的側面しか受けいれない。

　古典的心理学は、慣用的意味の公準を用いることによって、ひたすらこの素朴実在論の態度をとり続ける。この態度が、科学にはふさわしいとわかったのかもしれない。しかしじつは、そうではない。どの科学もこの態度をやめてしまったのである。心理学だけがこれを保持した。それに心理学は社会的要請からなかなか解放されにくい。問題にしている公準にしても、こうした要請を実現したものの

唯一の例というわけではない。フロイトが小児性欲を認めさせるのに大変な苦労をしたのだとすれば、それはまさに医者と心理学者が子どものなかに、既知の集団的表象にしたがって、子どもが本来あるべき姿しか見ようとしなかったからである。

ともあれ、どんな学識者からも非難されるような態度をいつまでも捨てきれないというのは、心理学者の精神がほんとうに科学的な研究用にはまだ充分に「しつけられて」いないということである。マルブランシュ［Malebranche］は「おそらく私たちの理性はキリスト教的である。しかし私たちの心は異教的である」と言った。これは心理学者にもいえることである。彼らは科学について話し、これを模倣するが、彼らはこれを愛していない。

Ⅳ

そもそも意味の慣用性の公準は、経験とは何の関係もない。ある語を伝達者として、さまざまな「弁証法」がわれわれに示されるのは、ことばによることもあれば、諸科学のリストによることもある。科学はいつの時代も類別して、目録にすることができるからである。この目録を作成するのに、文字どおり心理学的な研究が一切必要ないことは明らかである。というのは、心理学ではあらゆることが、語のもっとも単純な意味で客観的資料によって示されるからである。ところで、意味の慣用性の公準によって心理学が前提としているのは、主観的資料をまったく参照しなくとも、リスト作成が可能な弁証法しか存在しないということである。したがって、こうした確信

が経験にもとずいてえられたのではない——抽象化のためにこのようなことは問題にさえならなかった——以上、われわれが「公準」を問題にするのは当然のことである。そういうわけで、個人の行為が純粋に個人的な意味を借用してこれるような純粋に個人的な弁証法がありえたという考えは、古典的心理学にはまったくあてはまらない。古典的心理学には、慣用的意味網のなかにとり込まれた語が慣用的意味をもつのと同じように、たとえば個人的文脈の意味網のなかに組み込まれた語が独創的な意味機能をもちうることなど理解できない。

もちろん慣用的な意味がすべて、同じ次元に位置しているわけではない。反対にそれらは、完全に慣用的な意味から、少しずつそうではなくなり、ますます個人的な経験を前提とする意味へ向かうような積み重なった層をなしている。各表現ごとに、「意味のピラミッド」と、逆ピラミッドとよびうるようなものを作ることさえできるだろう。その底辺は表現がもっているだれにでも通用する意味で表わされ、頂点は表現が個人の経験にもとづいてしかもちえない意味で表わされるようなピラミッドである。頂点と底辺のあいだにくるのは、個人の経験によって決定されたものではないにもかかわらず、だれにでもは通用しないような意味である。たとえば「帽子」はだれにとっても「かぶりもの」を意味する。一部の人たちとってだけ「プレゼント」を意味し、『夢判断』のなかでフロイトが夢を分析した夫人だけには「夫の性器」を意味する。

われわれは実生活のなかで、解釈せざるをえない。そうしないと、

人間関係が前提とする相互適応などありえない。文字どおり個人的な意味をのぞいて、すべての意味がわれわれにもたらされるのは集団的経験をとおしてである。われわれは帽子がかぶりものだということや、それをだれかにプレゼントできることを学習するのである。そこにあるのは、われわれの日常的解釈の素材をあたえてくれる帰納法である。しかしこのような解釈は、例外的な場合をのぞいて、慣用的意味を超えることはない。というのは、それが根拠としているのは、社会生活のなかで顕在的な形で産出されうるものしかわれわれに示してくれない自然発生的な帰納法だからである。「科学的心理学」自体がその先に進むことはない。それは、われわれに慣用的な意味を示す自然発生的な帰納法にとどまり、それ以外のものを探求しようとはしない。そういうわけで、科学的心理学はそれほど深遠とはいえない。反対に、精神分析はそれだけでは満足しない。精神分析の解釈が追求するのは、まさに個人的な意味なのである。いかにその方法が気ままであてにならないようにみえようと、精神分析は実際にはわれわれが毎日行っているような解釈をひたすら続けている。人間関係の目的論および慣用的意味を見いだすためだけの素材しか提供できない自然発生的な帰納法によって定められた限界のなかに閉じこもるのではなく、精神分析は個人的意味を構成するのに必要な素材を獲得するための調査を組織する。したがって精神分析の方法は、具象心理学の要請にしたがって意味を掘りさげることを可能にする技法にほかならない。精神分析を構成するさまざまな手法は、このような観点から説明しなければならない。

第2章　古典的内観と精神分析の方法

V

　われわれにとって関心があるのは、物語の表現がもつ個人的な意味なのだから、夢には解読すべきテキストとしてとり組まなければならない。そもそも内面的意味の構造は、それが意味であるかぎり、まさしく慣用的意味の構造と同じである。われわれが内面的意味の構造を見つけたいとき、ありふれた意味を明らかにしたいときと違う処理をするには及ばない。したがってわれわれには判断に必要なデータと目安がいる。つまり文脈である。また内面的意味があるとすれば、それは個人がいわば他人にはわからない経験をしているからである。したがって、われわれは他人にはわからないこの経験を洞察できなければならない。われわれは他人にはわからない経験について、被験者がこれを構成する素材を提供してくれる範囲でしか洞察できないことは明らかである。そこでフロイトの方法の基本的な手続き――自由連想（associations libres）――が必要になる。

　この「連想」という用語は誤解を、あるいはむしろ錯覚を生みだすかもしれない。フロイトには錯覚がある。このことは、「連想」という語を見ただけで思わず飛びあがるような、「現代流動主義（mobilisme moderne）」が染み込んだ人たちに付け入られる原因となった。じつは、「固体」に対する「流体」の優位性にこだわるこうした態度のなかにはかなりの狭量さがある。同じ神話について二つの解釈しかないだけになおさら、今はより重要な問題にとり組むほうが賢明であろう。

133

ともあれ、「自由連想」のなかには連想も自由もありはしない。

心理学は、意識的に告白された意味を表わす意図がないときはいつでも、また被験者が故意にいかなる弁証法からも着想をえていないときはいつでも、習慣的に連想を問題にしてきた。私は執筆している。私は意味を表わす意図を意識しているし、ある意味ではとり扱っている問題に関する私の着想の弁証法によって導かれている。しかし私が急に書くのをやめ、同時に私の意味を表わす意図と弁証法を放棄すると仮定してみよう。だからといって私の「意識」はなくならないだろう。着想は次から次に湧いてきて、私はおそらくおびただしい数の着想をもつことだろう。しかし私にはもう「言うべき」ことが何もない。私の着想はもはや、ふだん私の思考に「構造」をあたえている法則によって組織化されることはない。言いかえれば、私にはもはやいかなる意味を表わす意図もないことになる。私の一連の思考はもはや「古典的な」、言いかえれば慣用的な弁証法のどれにも合致しなくなる。そのとき私は連想しているといわれる。着想はある親近性──しかもまったく機械的な親近性──にしたがって連なっていると考えられる。したがってこうした例では、連想が問題になるのは、古典的な、したがって意味の慣用性の公準にしたがった弁証法を何も認めることができなかったからというにすぎない。もしわれわれが慣用的な弁証法を知らないのだとすれば、論理的な脈絡だと習慣的にみなしていたものが同じように「心のごみ」にみえるかもしれない（たとえば、無学者が「わけのわからないことば」を、難しい哲学者の書いたものとよぶときのように）という考え

第2章　古典的内観と精神分析の方法

は、したがって、われわれが連想とか心のごみを問題にするのはおそらく意図的な弁証法をすべて放棄したときに働いているその弁証法が何なのかわからないからだという考えは、古典的心理学には無縁なのである。

　ところで「連想の連なり」が決して成りゆきまかせではなく、被験者はいつもいくつかの内面的主題のまわりをどうどう巡りしているというのは、「連想実験」の結果わかることである。フロイトは言っている（523頁。521 - 524頁参照）。「夢の解釈作業中、私たちが瞑想にふけり、私たちのなかに思いがけないイメージが浮かぶとき、私たちは表象を成りゆきにまかせていると主張するのはまったくもって正しくない。そのとき放棄するのは私たちが知っている目的表象だけであって、目的表象は中断しても、未知の、あるいはやや曖昧な表現をすれば無意識の表象が力を発揮して、思いがけないイメージの流れを決めていることは証明できる。私たちは、心的生活に対する私たち自身の働きかけによって、目的を欠いた思考を思い浮かべることはできない。私はそれができるような心的錯乱状態を知らない。」

　したがってフロイトは明らかに、古典的心理学とは反対の仮説を選ぼうとしている。彼はまさに、われわれが意味を表わす意図と慣用的な弁証法をすべて放棄したとしても、われわれの思考はある弁証法による支配を受け続けるとともに、意味を表わす意図を表現し続けると考える。ただしこの弁証法と意図は独創的なものである。それはもはや慣用的ではなく、内面的なものである。つまり思考は、

それが慣用的にいかなる意味ももとうとしなくても、ある意味をもち続ける。したがって思考は、あらゆる構造を放棄したようにみえても、ある構造をもっている。だからこそ思考は、それが慣用的弁証法にしたがって機能しているときと同じほど教えに富んでいる。

したがって連想を問題にする必然性などまったくない。それを問題にすることは論理的でさえない。にもかかわらずフロイトは、伝統的な心理学者と同じようにそれを問題にしている。心理学者については、どのようにして彼らの錯覚が生みだされるのか今ではわかっている。物語の表現をとりあげ、その内容を「内面生活」のなかに投影させて、実在化させ、これを観念に作りかえる。次に出来事の順序を逆にする。諸事実は分析とは逆の道順をたどったという思い込みからである。話されることばは観念を表わしている。もしそのことばに結びつきがあったとすれば、ことばを媒介手段とする観念がもともと「連合」していたからである。フロイトはどうかといえば、彼はまずこのような手法にしたがって連想をとりあげる。というのは、一方で彼は、われわれの引用箇所がはっきりと示しているように、古典的心理学の要請にしたがって、仮説を、あるいはむしろ自分の方法が依拠している基本的な事実を、連合主義者(associationniste)のことばに翻訳したいからである。

ところが連合主義者の手法を実行することによって、彼は独自の方法に関する着想を放棄してしまう。彼は物語を構成する言語表現の意味にしか興味をもつことができなくなる。したがって彼は目的論的次元を離れて、実在論に陥らないようにしなければならない。

彼はことばの日常的な解釈にとどまらなければならないが、意味をとび越えて内面生活を洞察するだけにとどまるべきではない。

したがって精神分析家が被験者に、頭に浮かぶことをすべて批評をぬきにして率直に語るよう頼むとき、彼が求めているのは、被験者にしかわからない弁証法から着想をえるために、あらゆる慣用的な編集をやめ、あらゆる技法を捨て去ることなのである。

さて夢についてはどうかといえば、これはまさにこうした個人的な弁証法による創作を表象している。だからこそ夢は、意味の慣用性の公準にしたがってこれにとり組もうとした古典的心理学にとっては謎だったのである。そういうわけで、夢を分析するときに利用できるのは、類似した起源をもつ状態、言いかえれば個人的な弁証法がまた見つかるような状態だけである。夢で起こった出来事にもとづく物語は、こうした出来事がどのようにして個人のだれにもわからない経験へ組み入れられるのかをわれわれに示してくれるに違いない。

重要な教えは、内観と精神分析的方法の比較から引きだされる。

被験者の「物語」の利用法には二つある。物語を抽象化と形式主義によって解体して、どちらかの方法でこれを内面生活に投影させることができる。これが古典的心理学の態度である。

あるいは、心理学的データは、たんにわれわれが探している意味を含む文脈として利用することもできる。そこに認められるのは、精神分析の態度である。

その結果、精神分析そのものの態度にとってとても重要な結論が

生まれる。構造仮説が精神分析には禁じられるということである。精神分析には、その態度のほんとうの性格からして、機構(mécanismes)を求めることが許されない。というのは、現在この主張の逆説がどのようなものであれ、精神分析が向かっているのは内面生活をぬきにした心理学のほうへだからである。ただし、物語の機構についてフロイトが抱いている表象に言及したところで見たように、彼は自分の態度からこのような結論が生まれることに気づいていなかったことがあとでわかるだろう。

<注>
(1) 古典的心理学のなかには、フロイトの方法と比較してみたくなる方法がある。それは質問紙法である。この方法からはたしかに客観的結果をえることができる。しかしこれを用いる人たちに欠けているのは、まさに心理学の具体的な概念である。提示される質問が抽象的なので、回答もまたそうなる。だから、この方法からいくつか有効な結果をえられたのは、これを利用した人たちがたまたま具体的な質問をした場合だけだった。
(2) われわれはあとで、古典的心理学おける「物語」のとり扱い方だけを問題にする。しかし、われわれが述べることはそのまま「目に映る姿」にもあてはまることが容易にわかるだろう。
(3) 周知のように、かつてもっと深く掘りさげられたことがあったし、ことばと思考のあいだには完璧な平行関係のあることが認められていた。しかし最近の理論がいかに洗練されているとはいえ、そこに見いだされるのは相変わらず、われわれが述べている手法のシェマである。

第2章 古典的内観と精神分析の方法

(4) 本書第4章Ⅸ、235頁以下参照。
(5) 本書、129頁参照。
(6) このことは、『試論』のなかでもう一度体系的にとりあげなければならない。
(7) この問題にはこれ以上触れないことにする。というのは、『心理学基礎批判のための資料』の第2巻が、シュプランガーおよび、広くゲシュタルト理論を対象とするはずだからである。

心理学基礎批判

第3章

精神分析の理論的骨組みと抽象化のなごり

　『夢判断』のはじめの数章について、精神分析による諸事実へのアプローチの仕方と精神分析がその研究を生みだした精神を検討するなかで、われわれはフロイトと古典的心理学者とのあいだに、具象心理学と抽象心理学という心理学の妥協の余地のない二つの形態を分けている根本的な対立関係を見いだした。というのは夢の問題をどのように措定するのかということ自体に、関心を霊的実体から個人のドラマ的生活へと移行させる心理的事実の規定が含まれている。フロイトが考えだした方法は、内面的実在の研究からそれて、もっぱら「ドラマ(drame)」の分析に専念する。

　こうした具体的態度をとったおかげで、フロイトは、古典的心理学には解決できなかった驚くべきいくつかの発見をするに至った。これらの発見については、どうしても説明が必要である。

　具象心理学が採用したいくつかの説明は、フロイトの著書のなかに見いだすことができるだろう。フロイトは具象心理学の創始者だ

からである。要するに、発見に導いた具体的態度をその説明のなかに見つけることができると予想される。それにこの予想は理にかなっている。まず抽象心理学の諸概念が練りあげられた精神を否定しないかぎり発見できないような諸事実に、これらの概念が適合できるはずはないからである。

ところが精神分析の思弁はこうした予想を裏切る。というのも事態の推移をみていると、フロイトは説明をとおして、精神分析の具体的な着想にもとづいて踏破した道のりを逆方向にたどり直そうとしているかのようだからである。言ってみれば彼は、古典的心理学流の説明をすることによって、彼の具体的な発見を許してもらおうとしている。こうして心理学の二つの形態のあいだの根本的な対立は、古い心理学と新しい心理学のあいだで引き裂かれたようにみえる精神分析そのもののなかに見いだされる。

精神分析のなかに含まれる心理学的教えを探すことによって、こうした点を強調することが重要なのは言うまでもない。というのは、精神分析のなかに具体的な着想があることを確認するだけでは充分とはいえないからである。さらに、具体的着想がどこまで進行し、説明にとりかかると、どのようにして、またなぜその影響がなくなってしまうのかを証明する必要がある。その必要があるのは、精神分析のほんとうの批判は、公認の心理学で現在もてはやされているあれこれの傾向を介してではなく、精神分析が創始した具象心理学の名において自らを裁くところにあることを示すためばかりではなく、精神分析のなかにある具体的態度と抽象的態度の鋭い軋轢を検討す

れば、これまでの章の主張を明確にし、発展させることができるからである。

I

　夢は願望の充足である。この公式はまだ一般的である。フロイトはこの見解表明にとどまってはいない。彼の考えによれば、願望はどのようなものでもかまわないというわけではない。そうではなくて彼は、夢のなかで充足される大半の願望には何か共通したものがあることを証明しようとする。それは小児願望である。「われわれは夢のなかに、昔のままにさまざまな衝動をもったまま生き続けている子どもを見いだして驚く」（176頁）。

　しかしここで、フロイトが願望という用語を曖昧なままにしておかないで、上述したようにこれを明確に規定しているのは、「弁証法的誘因」がもはや具象心理学の要請——こうした点からみれば、彼の公式は満たされているのだから——のなかにではなく、「帰納的」必然性のなかに存在するからである。物語をもとに再構成される願望は、小児の記憶や小児の衝動と関係している。これは、ただたんに分析の結果わかったことのように思える。これはもはや方針の問題でなくて、事実の問題である。

　したがってフロイトが「われわれは見いだして驚く」と言うとき、それがたんなることばの綾だと考えるべきではない。反対に、彼はまったくもって真摯なのだと思わなければならない。

　具体的には問題は次のように提示される。顕在内容と潜在内容の

違いから、フロイトは夢記憶の特性を、「しばしば注目されながら、一度も説明されたことのない」(151頁)ものとして検討することができる。この特性とは次のようなものである。(1)夢はごく近い過去と些細なことを好む。(2)夢のなかには、覚醒時には思い出せないような幼少期の記憶が頻繁に出てくる(151-152頁参照)。

ところで、最近のことが夢に介入してくること、言いかえればうわべはとるに足りない覚醒時の出来事が夢に出てくるというのは、説明を要する事実であって、多くの人が考えるように、夢の説明そのものとはいえない。というのは、最近の記憶の持続力によって夢を説明しても、われわれには正確なシナリオがなぜ夢のなかで実現しているのかという理由がわからないし、われわれがその夢を説明しようとしている被験者の個人的な生活についても何もわからないからである。フロイトはこうした特性を置き換え(déplacement)によって説明する。

顕在内容は潜在内容を表象することしかしない。「とるに足りない付随的な出来事が重要な出来事にとって代わる心理学的過程は、奇妙で疑わしく思われるかもしれない。このようなうわべは不正確な作業の諸特性については、後章で説明することにしよう。ここではその作業の結果を検討すればそれで充分である。夢分析のおびただしい経験から、われわれはこの結果を認めざるをえない。こうした過程から判断すると、あたかも置き換え——心的アクセントの置き換えということにしよう——があったかのようにすべてが推移しているように思える。(……)心的充填は、最初からポテンシャルの高

い表象から緊張の弱い表象へと移動する。このようにして緊張の弱い表象は意識閾を超えて、意識のなかへはいることができる」(163頁)。しかし置き換えというのは、夢の転換における手段でしかない。「このように重大な出来事が刺激源となって引き起こされる私たちの夢が、昼間のどうでもよい印象によって織りなされるという事実もまた、夢の転換によって説明できる」(161頁)。フロイトがもう少し先(165頁)で定義する圧縮(condensation)についても同様である。

しかし先ほど述べたように、われわれは今帰納の領域にはいっている。われわれは理論の概要を知った。これから必要なのは、経験的必然性に照らして、理論に微妙な差異をつけることと、理論の関連づけだけである。第5章「夢の材料と夢の源泉」に関するわれわれの考察は、ほかのすべての章にも、最後の「夢過程の心理学」にまで適合するだろう。このあとは最初の4章までに出てくる諸概念にしたがって、考え方をきちんと諸事実に合わせながら、あらゆる事実を説明してゆく必要があるだろう。

ところでフロイトによる思考の組み立て方が「帰納的」必然性にしたがっているにせよ、こうした必然性が示しうるのはいつも動機だけであって、フロイトが介在させる概念の正確な形を説明するものではない。そうではなくてこうした概念は、顕在内容、潜在内容および潜在内容に適合する心理学的存在形態の関係に関するフロイトの着想をとおして説明される。『夢判断』の根幹を今後構成してゆくのは、こうしたものの考え方である。『夢判断』の最初の4章は具象心理学の要請を認識しなければ理解できないにせよ、そのあとの

第3章　精神分析の理論的骨組みと抽象化のなごり

章は潜在内容、および潜在内容の存在をどう解釈するかということに関するフロイトの考え方をとおしてしか理解できない。したがってわれわれが強調しなければならないのは、この最後の点である。そうすればフロイトが古典的心理学を構成する手法から自由になることができなかったとわかるだろう。ただしこの手法は精神分析の具体的な着想とは明白に対立しているので、まさにこの対立をとおして、その手法を認識するとともに一通り検討してみることができる。そのとき精神分析は、建設的とはいえないまでも、やはり貴重な教えをもたらすことだろう。われわれは、はじめはもっぱら経験から生みだされているようにみえた諸概念の本質が抽象的であることを認識できるようになるだろう。

　フロイトは、分析が丸ごと夢の再現である必要はないと指摘する。
「われわれに対する反論のなかで取り入れなければならないのは、夢判断の作業のあいだに浮かんでくる思いつきをすべて夜の夢作業に帰する必要はないというものである。こういうとき、われわれは夢要素から夢思考へ通じる道をたどり直す。夢作業はこれとは逆の道をたどったのであり、この道を両方向にたどることができるとはどうしても考えられない。むしろ、われわれは昼間、新しい観念結合をとおして、あるときはここ、またあるときはほかで、中間思考や夢思考につきあたる数種類の測深を行っているように思える」（526頁）。

　とはいえ、「結合素材」として何か思考されたことは確かである。しかしそれは何だろう。またどのようにしてだろう。それが問題で

ある。

　フロイトは答える。潜在内容を思考するという行為は、心理的行為である。しかしこの心理的行為は無意識的なものである[1]。潜在内容と顕在内容の違いがわれわれを無意識の仮説へと導く。

　フロイトによる回答の概略は次のようになる。「自由連想」や物語は、二つの点で注目すべき素材をあたえてくれる。まずこの素材は、顕在内容とくらべて均整がとれていないということである。一方で、これは隠れていたものを明らかにしてくれる。この素材のおかげで、本人は知らないにもかかわらず、彼の内面生活に属していることを知ることができる。詳細でかつ思いがけないことを意味する潜在内容を提供してくれるのは被験者なのだから、いわばこれを彼に返す必要がある。そういうときフロイトは時間の順序を逆にたどる。夢分析から生まれる物語をもとにして、彼は夢思考を引きだし、そのあとこれを潜在内容に、夢そのものに先行するものと考える。まさに夢思考は被験者が自由にできる思考には属していないのだから、自由にできる思考の存在様態に類似した存在ではなく、違った存在様態をもっている。この存在形態が無意識なのである。こうして、精神分析の理論的な基本概念、つまり無意識の概念が『夢判断』に登場してくる。

　「抑制されたものは正常な人間にあっても存続し、心的作業を続ける能力を保持する」（596頁）。そして、「夢はこうした抑制されたものの現われなのである。理論的には常にそうであり、実際にもほとんどの場合がそうなのである。（……）天上の神々を動かしえずん

第3章　精神分析の理論的骨組みと抽象化のなごり

ば、冥界を動かさん。夢判断は、心的生活における無意識的なものを知るための王道である」(596頁)。

　フロイトのあらゆる思弁の根底にあるのは、こうした実在論的な着想である。この着想がまず転換の概念を導入させる。というのも潜在内容が、理論的にも実際問題としても顕在内容に先行する心理的現実なのだとすれば、二つの内容の隔たりの原因として考えられるのは転換作業だけである。しかし隔たりの原因として転換という考え方を認めたとなると、今度は問題を掘りさげて、この隔たりが正確にはどういうものなのかを説明する必要が出てくる。ところでまず言えるのは、隔たりが諸要素の心的価値にもとづいているということである。慣用的な意味があまりない要素は、夢のなかでは強烈な心理学的意味を表わしうる。これは事実である。われわれはすでに、フロイトが置き換えという概念を導入するのをみた。また隔たりというのは、質的であると同時に量的でもある。顕在内容の物語はとても短くても、連想素材は膨大である。これは夢が「圧縮する」ことを意味する。しかし別の意味でも夢は圧縮する。「夢の練りあげにおいては、さまざまな題材を一つの全体にまとめあげる強制のようなものが働く。(……)これは別の一次過程——圧縮—の一部として現われる」(165頁)。一般的に言ってわれわれは、新しい諸概念へ到達するために、この隔たりのさまざまな側面をいつも原則として示せばよいだろう。それがフロイトのやっていることである。

　しかし顕在内容と潜在内容の違いおよびこの違いに関するフロイトの考え方が、またも別の思弁——転換の原因に関する思弁——を

必要とする。「夢における偽装」の原因を知ることが問題になる。「分析してみると願望充足の夢だと判明するような、うわべはさりげない夢が、なぜはじめからこの願望充足という性格をあからさまに示さないのだろうか。詳述したイルマの注射の夢を例にとってみよう。この夢はまったく苦痛な性質をもつ夢ではなかった。それは、分析することによって、はっきりした願望充足の夢だとわかった。しかしなぜ分析する必要があったのだろうか。なぜ夢はすぐにその意味するところをうち明けてはくれないのだろうか。実際にイルマの注射の夢は一見したところ、夢を見た人の願望をかなえているという印象をあたえはしなかった。読者はそのことを確認しただろうし、私にしても分析してみるまでは願望充足の夢だとはわからなかった。この事実を夢における転換とよぶとすれば、この転換はどこからきているのかという第2の疑問がすぐに生じる」（126頁）。

じつを言うとこの質問のたて方そのものが、われわれを具象心理学のほうへ導くとはかぎらない。フロイトも指摘しているように、抽象的な回答も可能だからである。「一見したところさまざまな回答を思い浮かべることができるだろう。たとえば次のような回答である。睡眠中は、夢の思考にそれ相応の表現をあたえることはできないだろうというものである」（126頁）。夢のシナリオがちぐはぐなのは、この無能力のせいであろう。したがって夢というのは、幼児がまわらぬ舌で話している片言のようなものである。こうした説に反論するために、フロイトは経験の助けを求める。「しかし、いくつかの夢を分析してみると、われわれは夢の転換に別の説明をせざるを

えない。」というのも「伯父の夢」からは、夢の転換が苦痛な考えを偽装しようとしていることがわかるからである。

　じつはフロイトが、とりあげた説に反論するのは、かならずしも「経験的」理由からだけではない。彼がこの説の説明には時間を割かないで、諸事実に関する別の説明へ移っていること自体、彼がこの説の抽象性を感じていることを示している。われわれがこの説を採用すれば、夢はふたたび一般的なものになってしまうだろう。説明は、個々の夢および夢を見た個人に到達することはないだろう。反対にフロイトの回答の仕方によれば、具象心理学の要請は充足されないまでも、これに近づくことはできるだろう。

　またフロイトが退けた説というのは不毛である。探求しようにも先へ進みようがない。夢は片言であると言ってしまえば、もはやそれぞれの夢についても、夢を構成するそれぞれの要素についても、この主張を繰りかえすしかない。せいぜいこの片言の多様性と気まぐれに驚くぐらいが関の山である。フロイトの回答の仕方は、夢判断の新しい手だてを要求する。彼は「心的装置（appareil psychique）」の構造に関する仮説を練りあげる必要が出てくる。そういうわけで、彼は次のように述べる。「こうなると、心的装置の構造に関する諸概念をこれまで哲学にむなしく期待してきたが、これを夢判断からえられるかもしれないという気がしてくる」（134頁）。

　そこでフロイトは概念に関する研究を計画する。これは、われわれが指摘した「帰納的」手法と並行して続けられ、「夢過程の心理学」においてふたたび体系的にとりあげられることになる。

心理学基礎批判

II

しかし転換の問題への回答以降、フロイトが抽象心理学へあと戻りしていることに気づく。

「転換は故意のものである。それは偽装の一手段である」(131頁)。一連の夢思考は夢のなかで表現されようとする。しかし、それはありのままに現われるのではなく、偽装される。夢思考が被験者に苦痛なものであるとき、被験者は夢を見たことについて自分にかかってくる責任を回避しようとすることがわかる。これを確認したことによって、フロイトは転換を説明することができる。

潜在内容は実在するものだし、意識されているのはもはや偽装された潜在内容でしかないのだから、潜在内容の存在形態は「無意識的なもの」であり、意識は限られた条件下でしか表象と一致しないことを認めなければならない。考えをまとめるために、フロイトは政治生活から借用した表現――検閲が意識の入り口で寝ずの番をしている――を用いる。フロイトは自分の立場の弁証法をよく心得ている。潜在内容は、意識されないにせよ心理的に実在するものなので、もはや心理的事実を意識をとおして規定することなどできないだけではなく、検閲の事実からして、意識が心理的事実を把握するにしても歪んだ形でしかないだろう。また意識の感覚器官への同化は、こうした同化のあらゆる波及効果によって可能になるだろう。「私からみれば、意識するというのは、思考や表象の発生とははっきり異なる、独立した、個別の心的行為である。また意識は、別の領

域の内容を知覚する感覚器官であるように思える」(133頁)。フロイトはこのあとのところで、意識による知覚の相対性をはっきり認めている。「無意識とは、心的なものであり、かつその本質的な現実である。意識の性質は、外界の現実と同じようにわれわれには未知であり、無意識に関する意識による情報は、外界に関するわれわれの感覚器官による情報と同じように不完全なのである」(600頁)。要するに、意識は固有のエネルギーのようなものをもっている。この固有のエネルギーとはほかならぬ検閲である。

感覚的意識の相対性に言及するとき、二つのことを強調しておきたい。まず、感覚器官の数と選択肢を考慮に入れると、われわれの外界に関する意識は何よりも選別的であり、したがって不完全だということである。次に、神経の「固有のエネルギー」を考慮に入れると、感覚は経験されたデータに質的変形をあたえるということである[2]。

注目すべきなのは、フロイトの場合、意識による知覚の相対性の主張が最初から独自の方向へ向かうことである。内的経験の相対性を主張する哲学者はいる。この問題に関するカントの考えは有名である。しかし、カントの場合は認識論である。ところがフロイトの場合、相対性の原因ははじめから倫理学的なもの、社会学的とさえいえるものである。この問題の出発点におけるフロイトの考えをみると、意識とは責任を意味するということがわかる。被験者は意識内容に責任を感じている。あらゆる意識的な心理的事実は、被験者がその責任を引き受けなければならない行為である。これが検閲や

抑圧の原因だと考えられる。また、これはまず意識の相対性の原因である。

というのは被験者に苦痛な思考があるとする。彼はこれを抑圧する。言いかえれば、彼はこれを意識しようとしない。ところで思考行為がそれ自体で苦痛なわけではない。抑圧された思考は、これを産出する行為をたんに実行するなかで苦痛なのではない。なぜなら抑圧された思考はいつも、被験者がこれを自分自身に結びつける必要がなければ、それ自体として考えることができるからである。抑圧された思考が苦痛になるのは、被験者がこれを自分に結びつけなければならないとき、彼にとってこれが恥ずべき行為を、権威失墜を意味する存在様態を表現するものとして現われるときだけである。というのは、これがたとえば「自我の理想」に反するからである。

たしかにそこには、抑圧の具体的な考え方および抑圧が前提とするあらゆる態度の萌芽が見いだされる。あるいは少なくも、われわれは抑圧が具体的な意味をもちうる次元にいる。今しがた示したように表現されるとき、われわれの主張は、それがいかに曖昧であれ、特定の被験者の行為に関係している。われわれはたんなる表象ではなくて、被験者が組み込まれたいと思っている形態そのものをまのあたりにしている。表象間の対立ではなくて、存在様態——実在するが断罪されるものと、望ましいが実現できないもの——間の対立をまのあたりにしている。われわれが今考察しているような「意識」というのは、経験の一形態とはまったく異なるものである。それは何よりもまず、認識、責任、さらには同一視の行為——要するに、行

為の「私」への結びつきが明瞭になり、その認識が有効になるような個人の行為の側面――である。

フロイトがこのような方向へ理論を展開していたら、検閲、抑圧および抵抗の前提となる表象のこのような「力学」もすべて、被験者が自分自身の行動についてもちうる意識そのものと関係していることに気づいたことだろう。したがって意識の限定も、被験者の自分自身に対する全知の否定しか、精神分析の方法にはすでに含まれている否定しか意味しなかったことだろう[3]。そういうわけでフロイトは、無意識の心的実体の世界を考えだす必要もなかったし、意識を知覚器官にする必要もなかっただろう。

ところがフロイトは、こうした具体的な可能性には注目しなかった。彼はすぐに知覚の相対性に関する古典的シェマを意識に適用する。彼がのちにこの問題を体系的に研究しているところでは、もはやこのシェマの抽象的な展開しか行われないことがわかる[4]。

さらに、フロイトが「表象」、「有効状態」といった用語を使って自分の考えを表現していることをつけ加えなければならない。このような用語法をとおして、彼は完全に古典的心理学の影響領域にはいる。

「夢過程の心理学」においては、これがとくに顕著である。フロイトが抽象心理学と具象心理学のあいだで引き裂かれているこの章の分析は、われわれにとってはこのうえなく有益である。

心理学基礎批判

Ⅲ

　第2節(527-543頁)から始めることにしよう。フロイトが夢の忘却(509-527頁)を問題にしている第1節にも技法上の関心はあるのだが、精神分析の着想がもつ具体的な性格に関してすでに述べたことを繰りかえし、これも既述したことだが、物語の機構に関する精神分析の思い違いを指摘することしかできないだろう。第2節でわれわれはフロイトの思弁の核心に触れる。そもそも問題が、必要にかられてとはいえ明確に措定されているのはここだけである。

　「これまでにえたおもな成果をまとめてみよう。夢はまったくの心的行為である。夢の原動力は充たされるべき願望である。このことがわかりにくかったり、夢にさまざまな奇怪さや荒唐無稽さがつきまとうのは、夢が形成されるときに被った検閲に起因している。つまり、心的素材を圧縮しなければならないという強制、素材を感覚的イメージによって表象しなければならないという必然性および、いつもそうだとはいえないが、夢全体に合理的でつじつまのあった外観をあたえなければならないという配慮が働いている。こうした原則のそれぞれが心理学的性格をもつ前提と推論へ通じている。願望と夢の上記4条件の関係および上記4条件間の関係について検討しなければならない。夢を心的生活の脈絡のなかへ組み込まなければならない。」これがこの章の問題であり、計画である。

　フロイトはまず観念をドラマ化するという夢の特性を分析する。「観念、多くの場合願望は、夢のなかでは客観化され、ある場面とし

て表現され、体験される。夢の練りあげにみられるこのような特性をどのように説明すればよいのだろうか。あるいはもう少し控えめに言えば、この特性を心的諸過程の脈絡のなかへどのようにして組み入れればよいのだろうか」(528頁)。

この質問に答えるまえに、そしてまさにこの質問に答えるために、フロイトは古典的心理学の用語法で次のように説明している。「夢の分析を仔細に検討してみると、夢の発現形式のなかには、お互いにほとんど関係のない二つの性格のあることがわかる。一つは、何の疑いも許さない現在の状況としての形象化であり、もう一つは、観念から視覚イメージや会話への変換である」(528頁)。夢にしか現われない第2の性格は、フロイトによれば「表象内容は考えられるのではなく、感性的イメージへ変換される」(529頁)ことを意味する。したがって夢におけるドラマ化を説明するというのは、このような変換の機構を記述することにほかならないということになる。この説明の内容が一般にどのようなものになるかというのは容易に予想できる。フロイトの表現方法からして、感覚論的伝統によるシェマが用いられることは明らかである。したがってフロイトの態度のなかにあるのは、感覚から思考へ向かう心理学的作業の伝統的なシェマなのである。その一方で、夢作業が夢思考から顕在内容のイメージへ向かうことを示す潜在内容の実在論的考え方がある。したがってフロイトにしてみれば、夢が退行と映るのは当然のことである。あとは「進行(progression)」と「退行(régression)」を可能にするように心的装置の概念を構成するだけである。フロイトにはそのために

局在的表象が必要になる。そのような表象とつり合う実在性の程度にはのちに疑問が残ることになるにしてもである。

「かの偉大なフェヒナー［G.=Th.Fechner］はその著書『精神物理学』のなかで、いくつかの意見を述べてから、夢の舞台はおそらく覚醒時の表象の舞台とはまったく別のものであると推測している。(……)こうしてわれわれに示された観念は、心的局在性の観念である」(530頁)。

「そこで心的装置を一つの組立て道具に見たててみよう。この道具の諸部分を審級、あるいはもっとわかりやすく組織とよんでおこう。次に、諸組織が一定の時間的配列のなかで次々に興奮に襲われてゆくことによって、ある歴然とした順序関係が確立されると考えてみよう」(530頁以下)。予想されるように、反射のシェマは思考をはっきりさせるために介入してくる。フロイトははっきりと次のように言っている。「われわれのあらゆる心的活動は、(内的あるいは外的)刺激から始まって、神経支配に終わる。したがって心的装置は知覚末端と運動末端をもつと考えられる。(……)心的過程は一般に、知覚末端から運動末端へと経過する。(……)しかしこれは、心的装置は反射装置のような構造をもっていなければならないという、かなり以前から知られている要求を満たしただけのことである。反射というのはあらゆる心的産出の典型なのである」(531頁)。

そこでフロイトは分析結果から、「心的装置」へ新しい分化を導入しなければならない。「知覚末端における心的装置の組立てについてわれわれがこれまで述べてきたなかで、夢および、そこから導きだ

すことのできる心理学的説明を介入させることはなかった。しかし心的装置のほかの部分を認識するには、夢こそわれわれの論証源となる」(533頁)。このほかの部分とは運動末端のことである。フロイトに前意識(préconscient)という新しい分化を導入させるのは、検閲という概念である。というのも、「既述したように、批判を加える審級は、批判を加えられる審級よりも意識と親密な関係にある。前者は、後者と意識のあいだについたてのように立っている」。そこでフロイトは古典的な理由から、運動末端に意識と前意識を位置づける。「われわれは、批判を加える審級と、覚醒時生活を指揮し、自由勝手な意識的行動に決定を下す原理を同一視することのできるいくつかの手がかりを見いだした。われわれの仮説にしたがって、こうした審級を組織に置き換えてみると、批判を加える組織は、上述したことをとおして、運動末端にあるものと想定される。(……)そこを通って興奮現象は意識へ達しうることを示すために、運動末端に位置する諸組織のなかで最後のものを前意識とよぶことにしよう」(534頁)。「それは同時に随意的運動性への鍵を握っている組織である(……)。これよりさらに奥にある組織をわれわれは無意識と名づける。というのも、この組織は前意識を通ることによってしか、意識へ達することができないからである。前意識を通過するあいだに、興奮はいくつかの修正を受けなければならない」(534頁以下)。

　フロイトの思考経緯は明瞭である。彼は心的装置のなかに、無意識の概念を導入して、そこに夢の思考と着想を位置づけ、前意識の概念を導入して検閲活動——夢の転換と加工——の場を設ける。わ

れわれはまだ後退について説明していない。しかしフロイトの仮説にみられる抽象的性格は、基本的シェマにおいてだけではなく、このシェマの構成方法においてもすでに明白である。

　フロイトが意識の近くに検閲を位置づけるのは、すでに指摘したように、意識が何よりもまず責任を意味するからである。そうでないと意識の入り口に検閲を設ける必然性を理解することはできない。この検閲は意識論に属するたんなる条件ではない。それはまず何よりも、自動的過程の進み方を定めている法則にしたがうのではなく、形態をその意味という観点から審査する原則にしたがって実行される選別なのである。またフロイトが意識自体を運動末端に位置づけるのは、かならずしも彼が用いるシェマにしたがっているのではなく、おもに「運動末端」が行為を意味し、その責任をとるのが意識だからである。結局のところフロイトの構築物が意味しているように、被験者にとって行為が可能なのは告白できる形でだけである。前意識において責任は、形態と、言いかえれば発生する行為の意味と戦う。もちろん行為という用語は、その語のもっとも広い意味で解釈されている。それは、何でもいいから被験者が実際に行った「行為」を意味する。物事をこうした観点から考えれば、われわれは文字どおり具象心理学の次元に達する。

　実際にはフロイトは、具象的なものを消し去るような用語法で考えを述べている。まずわれわれが今指摘したような理由で、彼は「運動末端」という表現を用いたかと思うと、すぐにかつ決定的に、それは彼にとって「運動性」しか意味しなくなる。もはや人間の個人

的な行為など問題ではなくなる。行為という語はまさにドラマ的で人間的な意味を、そしてあらゆる意味一般までも失ったのである。それはフロイトにとって、生理学者にとっての運動、あるいはむしろ運動一般、興奮の新しい形態以上のものではない。これは「機能的形式主義」の次元である。興奮という用語はとめどなく生理学的意味に戻り、人間性のわずかな痕跡も残っていない。フロイトは、彼の理論が抽象的なものを対象としているかぎりにおいてしか、個人の実際の行為だけを心理的事実とみなしているかぎりにおいてしか真実ではないことをしだいに忘れてゆき、ますます、心理学的でなければならないのに、実際には心理学的力学としての機能を失った力学によって物事を説明するようになってゆく。

「もしほかのいくつかの条件——たとえばある程度の強度が獲得されるとか、注意とよばれる機能のある程度の配分が行われるといった条件——が満たされれば、興奮現象はそこを通ってただちに意識へ達しうることを示すために、運動末端に位置する諸組織のなかで最後のものを前意識とよぶことにしよう」(534頁)。

こうして彼は、意識の相対性理論の具象性をも葬り去って、その完全な機械論版を作ることになる。

「これよりさらに奥にある組織をわれわれは無意識と名づける。それは、前意識を通ることなく、この組織は意識へ達することができないからである。前意識を通過するあいだに、興奮はいくつかの修正を受けなければならない」(535頁)。

フロイトは最後に、この問題を解決するに先だってこれを次のよ

うに表現している。「幻覚的な夢のなかで起こることについては、次のように述べるしかない。つまり、興奮は逆行的な道をたどるのだと。興奮は心的装置の運動末端へ伝えられる代わりに、知覚末端へ伝えられ、最終的に知覚組織に到達する」(535頁)。しかし、これをどのように説明すればよいのだろうか。たしかにフロイトはこれを説明していない。「われわれが行ったことは、説明できない現象に名称をあたえることにほかならなかった」と彼は述べている。彼がわれわれに示しているのは、夢思考の方向づけという点でとても興味深い洞察である。

まずフロイトは「幻覚性」の説明を、まったく力学的な、少なくとも外見はそうである事実のなかに、すなわち心的強度の置き換えのなかに求める。そのとき彼の考え方は、現実的なものと記憶の違いは強度の違いによるという主張に近づく。夢を分析することによって、心的強度の置き換えが証明される。このとき、知覚イメージが幻覚となるには、心的強度が表象から知覚イメージへ置き換えられるだけで充分である。「夢における圧縮作業について述べたとき、われわれは、夢の加工過程で表象に付着した強度がある表象からほかの表象へすっかり転移するという仮説から逃れることはできなかった。逆の歩みをたどりながら、すなわち思考から始めて、知覚組織を完全な感性的潑剌性をもつに至るまで充当することができるのは、おそらく通常の心的過程のこうした修正のせいであろう」とフロイトは言う。

厳密にいえば、そこには現実性と強度のたんなる同一視というも

のはない。フロイト理論は、もともと感覚とイメージの相違という古典的な問題を抱えていないので、イメージが弱い知覚でしかなく、知覚は強いイメージでしかないといった、抽象心理学者でさえ非難したような学説を原則的に含んでいない。フロイトは、理論のシェマをありふれた確認事項からえる。すなわち、思考はわれわれの注意を引きつけるためにある程度「興味深いもの」でなければならないとか、思考には、彼のお気に入りの表現を使えば、ある程度の「占有エネルギー」がなければならないとかといったことである。そこで、興奮が達しなければならない心的「レベル」や、やはり「心的な」興奮の強度が超えなければならない「閾」が問題になる。しかし、この心的強度と心理学的な強度を混同すべきでないのは当然のことである。

　ただフロイトは、まさに形式的観点に立ちながらも、最終的には問題になっているテーゼに到達する。

　抽象化にしたがって、彼はまず意味を放棄して、表象だけを残すことから始める。このときから、強度自体が何か形式的なものになる。強度は表象に結びついた「量」になる。したがってそれは、「ありのままの」表象以外のものなので、変動的なものになる。置き換えの原因と考えられるのは、まさにこの変動性である。つまり心的強度は、「完全な感性的溌剌性」にまで達しうる「占有エネルギー」をあたえるために、ある表象から別の表象へ「移動」できるということになる。

　フロイトが問題になっているテーゼに陥ったかどうかはさておく

としても、——こちらのほうがはるかに重要なのだが——フロイトも具体的ドラマを非人称的ドラマに置き換えていることは事実である。また、置き換え理論で問題になるのはもはや具体的個人ではなく、心理学が表象からそれとわかる特性、すなわち強度のいわば自立的変化だけである。

さらにフロイトはとうとう「退行」という用語に、申し分のない、ただし感覚論的観点からみて申し分のない意味をあたえる。夢は感覚から観念へ向かう認識経路を踏襲する。「夢思考の組立ては退行の過程で分解され、原材料へ戻される。」

感覚論者(sensualistes)にしたがって感覚から思考を生じさせるのとは逆の過程と退行を同一視することによって、抽象化の回路は完成する。このテーゼのなかにはもはや、心理的事実の具体的な規定や、夢を特定の個人の生活に結びつけなければならない必然性のいかなる痕跡も認められない。というのも思考のたんなる解体とは、もはやまったく機械的で盲目的な過程でしかないからでる。そこに「私」の関与はまったくみられない。要するに、こうした過程はもはや個人の行為ではありえない。フロイトは連合主義的弁証法に引きずられすぎた。夢の奥底に過程一般が出現する。

フロイトは物理学者のように、自分の理論は好都合な表現方法を示しているにすぎないのであって、もっと好都合な表現があればこれをいつでも放棄する用意があると繰りかえし言う。たしかに彼は、以前の理論についても同じことが言えるだろう。ところがこうした理論が「好都合」なのは、古典的心理学のような明証性をもって研

第3章 精神分析の理論的骨組みと抽象化のなごり

究する場合だけである。出口のない方向へ向かういかなる表現も「好都合」ではありえない。問題にしたさまざまな表現がまさにそうなのである。なぜならこうした表現は抽象的なので、現実的であるとはいえそれでもやはり実在しない「心的」機構の構築にばかり走るからである。たしかに、いかなる心理的実在性も「心的強度の置き換え」や「思考の解体」には認められない。なぜなら、こうした過程は3人称の過程だからである。説明は「物から物へ」向かう。それは表象行為を、さらには表象強度の作用を前提としている。こうしたことが今度は、表象や表象自体のための強度の設定を前提とする。実在しうるのは被験者の行為だけなのだから、こうした理論は心理学的に存立しえない。したがってフロイトは古典的な過ちを犯している。彼は被験者の行為を「私」より下位レベルにある要素に分解して、人称的なものを非人称的なもので構成し直そうとする。あるいはそう言ったほうがよければ、彼にはそれが禁じられているというのに構造仮説を作る。彼は、実在論的シェマにしたがって、言いかえれば被験者の行為を照明するためにしか重要ではないものを一般的な形態の「内的現実」のなかに投射することによって、構造仮説を構築する。

　フロイトとしては、この理論展開は少しも、夢を「何か一般的なもの」になどしてはいないと言うこともできるだろう。というのはこの理論展開はもっぱら、夢の「隠れた意味内容」を明らかにしているからである。しかもこのことは、夢解釈そのものの具体的な態度に対していかなる妨げにもなっていない。それはまったくそのと

おりである。じつは解釈の可能性は、なんら退行の分析を前提としていない。退行に関する仮説をたてなくても、夢の解釈は可能なのである。夢は被験者の行為である。肝要なのは、たんにそれが何を意味するのか知ることである。ただし、退行の問題設定だけにかぎって言えば、すでに抽象化を前提としている。というのもこの問題は、古典的心理学の類という概念をとおして夢を考察しないかぎり、したがって機能的形式主義の観点に立たないかぎり措定できないからである。夢のなかで現実の幻覚が、「表象から感覚的イメージへの退行」として現われるのはそういうときだけである。フロイトの考えは、彼の説に固有の必然性にではなく、たんに一時的な偶然性に左右される。彼は、夢の根底にこれを「語の完全な意味で心理的事実」にする規則的な過程があることを証明することによって、夢を異常なものとみなす理論と戦わなければならない。しかし不幸にして彼は、こうした過程を「心理学の通常の法則」によって、言いかえれば非人称的ドラマによって説明できることを証明しなければならないと思ったのである。

　こうして実際の態度と精神分析家としての理論的態度のあいだに溝ができる。したがってこの精神分析家は、豊かな発見を申し分なく厳密なシェマへ翻訳しながら、真の手法を虚偽の原理のうえに築いてゆく。事実と説明の隔たりが大きすぎるのは、またこの隔たりを巧みな創意工夫によってしか埋めることができないのはそういうわけである。このようにして、精神分析のなかには絶えず吹きだす内部矛盾がはいり込んだのである。

第3章 精神分析の理論的骨組みと抽象化のなごり

Ⅳ

　こうした指摘は、退行に関するフロイトの補足説明を分析すればはっきりする。

　日中の覚醒時には退行はない。では「日中は不可能な退行が、どのような変化によって可能になるのだろうか。この点については推測だけにとどめておくとしよう」(537頁)。しかしこの推測はまったく抽象的である。「おそらく問題は、興奮の流れが通れるようにしたり、通れなくしたりするさまざまな組織へのエネルギー充当の変化にあるに違いない。」かなり難解だが、章の最後までこれ以上のことは何もわからない。フロイトもそう感じたのか、次のように指摘する。「夢を心理学的に利用しようというわれわれの試みのこの最初の部分は、おそらくさほど満足のゆくものではないかもしれない。不分明な世界にわれわれの建造物の基礎をおかざるをえないということで、自らの慰めとしよう。われわれが完全に道に迷ったのでなければ、新たな観点から始めても、同じような結果に達することができるだろう。その結果は今度こそもっと明瞭なものになるだろう」(543頁)。

　とはいえ精神分析の姿がこの章をとおしてみえてくる。ただしもっぱら抽象化に陥ってゆくばかりの姿である。

　シェルナーも「夢においては、視覚的諸要素が特別な鮮やかさや豊かさをもつ」(540頁)と指摘していた。しかしこのことを説明するために、「彼は、視覚器官が内的興奮状態にあることを認める」。そ

165

れでもやはりフロイトは、それほど前進することはできない。少なくとも説明をつけ加えるのでなければそうである。というのは抽象化に対する彼の敬意がどのようなものであれ、彼はどうしても自分の分析結果にしたがうからである。ところでこうした分析の結果、次のようなことがわかる。退行は、フロイトの表現にしたがって考えられているような「なんらかの」たんなる解体ではなく、決まった方向をもっているということである。退行は、その上位形態の分解に起因するたんなる「思考の解体」ではなく、この解体そのものがいうなれば、ある決まった方向をもつ「意味」によって形をあたえられるということである。たしかに「3種類の退行を区別することができる。

1. ここで明らかにされた心的(ψ)組織の意味における局在的退行。
2. 古い心的形成の反復が問題になるときの時間的退行。
3. 原始的な表現・形象化の様式が通常の様式に変わるときの形式的退行」(542頁)。

ところで「夢のなかで、幼児期の出来事あるいはこうした出来事にもとづく空想がどのような役割を果たすか、こうした事実の断片があらためて夢内容のなかにいかに頻繁に現われるか、夢願望そのものがいかに頻繁にそこから生じるものであるかを想起するなら」(540頁)、とりわけ「夢のなかでは、昔のままにいろいろな衝動を抱えたままの子どもが生き続けている」ことを想起するなら、「夢とはつまるところ、夢を見る本人のもっとも古い過去への回帰、幼児期の再生、幼児期を支配した傾向や欲動および幼児期に駆使した表現

第 3 章　精神分析の理論的骨組みと抽象化のなごり

様式の再生であるように思える」(542頁)。ここで、われわれはほっとした気持ちになる。退行という用語が現用の意味で用いられているからである。ここで確認されていることは、ちょっとした幻覚の働きという枠から外れている。ここで問題になっているのは、もはや観念(idée)からイメージへの移行とか記憶から幻覚への移行ではなく、いわば存在・生活様態が、観念、イメージおよび知覚の枠を超えて含んでいるものすべてをからめた個人生活の昔の形態の再生である。「私」の下位レベルにある、したがって非人称的な要素からなる態度を分割することはもはや問題ではなく、「私」全体の昔の形態への回帰、あるいはむしろ本人によるこうした形態の奪回が問題なのである。この形態をぬきにして、さまざまな要素にこれらが手にすることのできない独立した命が授けられることはないのであって、この形態はやはり最重要な位置にあって、諸要素は態度を演出するなかで構成員としての役割しか、分析するなかで「照明灯」としての役割しか果たさない。

　不幸なことに抽象化がふたたび優勢になるので、退行がとりわけ子どもの再生であるということは、機械論を構成するためにしか使われなくなる。フロイトはふたたび構造仮説を追求するので、視覚記憶が再生しようとして、夢思考に対し選択的牽引力のようなものを行使していると力説するようになる。ともあれ幼児期の記憶は鮮やかな印象である。鮮やかなので、それはいつまでも感性的浇剌性を保有する。「そのうえ視覚記憶のない人々においても、幼児期の最初の印象が後年に至るまで感性的浇剌性を保有することは周知の事

実である」(539頁)。

　精神分析家が関心をもつ幼児期の記憶も抑圧されたものである。ところで、意識への立ち入りも、その意識と結びついている思考には禁じられている。そのとき「この記憶はいってみれば、この記憶と結びついていて、検閲によってその表現を妨げられている思考を、記憶そのものが心的に存在する過去へと引きずり込むのである」(539頁)。

　そうなると退行というのは、「それが起こる場合はいつでも、観念が正常な道を通って意識へ侵入することを妨げる抵抗の結果であると同時に、感性的溌剌性を保持してきた記憶が観念に及ぼす牽引作用の結果でもある」。したがって退行は、たんなる「迂回(déviation)」でしかない。もはや被験者が、いうなれば昔の形態にしたがって、いくつかの出来事を再体験したなどということも問題にならない。行動しているのは被験者ではない。意識への新しい道を作ったのは表象である。だからシェルナーの理論を示したあとで、フロイトが次のようにつけ加えるとしても驚くにはあたらない。「われわれはこの仮説に対して反論するには及ばない。このような興奮状態[5]を視覚の心的組織についてだけ認めるにとどめるとしよう。ただしわれわれは、この興奮状態が記憶による産出物であり、当時は現実のものであった視覚興奮のよみがえりであることを証明することにしよう」(540頁)。

　結局、退行の深い意味が現われるのを見たいという希望は消滅する。すべてのことが力学によって説明される。「しかしこれら3種類

の退行は、じつは一つのものでしかなくて、多くの場合お互いに結びついている。なぜなら時間的に古いものは、形式的観点からみれば原始的なものともいえるし、心的局在性においては知覚末端のもっとも近くに位置しているからである」(542頁)。このことがフロイトを、系統発生的過去をめぐる報われない考えへ導くことになる。

今述べたように、「時間的に古いものは、形式的観点からみれば原始的なものともいえる」のだから、フロイトは心理的生活の源に「幻覚的退行」があることを示さずにはいられない。

「心的装置は長い進化のすえにはじめて、今日のような完全なものに到達した。これを初期の段階に戻してみることにしよう」(551頁)。この装置の最初の構造は、反射装置の構造である。「だからこの装置はあらゆる感覚をすぐに、運動的な道へ向かわせることができた。しかし生の必要からこの単純な機能はかき乱される。生の必要はより複雑な構造へ向かうきっかけとなる。大きな肉体的欲求が現われる。内的欲求によって引き起こされた興奮は、運動性のなかにはけぐちを求める。腹をすかせた子どもは必死に泣くか、手足をばたつかせたりするだろう。しかし状況は変わらない。(……)変化があるのは、なんらかの方法で(……)内的興奮が収まるような鎮静経験をするときにかぎる。こうした経験の大切な要素は、たとえば選りぬきの食べ物のように、そのイメージが記憶のなかで欲求興奮の思い出と結びついているようななんらかの知覚の出現である。欲求が次に現われるときにはすぐに、関係が確立しているおかげで、記憶のなかでこの知覚のイメージをふたたび充たし、知覚そのもの

をふたたび引き起こす、言いかえれば最初の鎮静状況を再現するような心的動きが開始される。われわれが願望とよぶのはこの動きにほかならない。知覚の再出現が願望充足である」(551頁)。ところで、願望や充足させる知覚のイメージが現われるとき、願望充足の最短の道はまさにこの力学的な幻覚の喚起である。「心的装置の原始的状態においては、実際にこうした道がたどられ、したがって願望が幻覚に帰着することを認めてもいっこうにかまわない」(551頁)。また「生活への適応」が、幻覚による充足の一時性を浮かびあがらせながら、どのようにしてさまざまな変化をよぎなくするのかがわかる。そこで幻覚への道を閉ざし、興奮の流れを変えるために、「心的な力のより良い使い方」を、言いかえれば満足のゆく興奮を外部から維持することを会得しなければならない。しかし、そのとき「記憶イメージから出発して、外界の事物による知覚同一性の回復へ向かうこうした複雑な活動は、願望充足のために経験的に必要となった迂回でしかない」。

はじめに器質的欲求から生まれる願望があったという、フロイトのシェマにみられる生物学的方向性は明瞭である。まもなく、経済原則とか快感原則とかよばれる古典的な原則が介入してくる。願望は、幻覚による即時的充足を求める。このようにして、はじめに願望と幻覚があったということになる。「夜の生活は、その昔、覚醒生活だったものを、幼稚で未熟だったころの心の生活をとり込んだのである。たとえて言えば、子どもたちが原始人類の今や時代遅れの武器である弓や矢を保存しているようなものである。夢というのは、

第3章　精神分析の理論的骨組みと抽象化のなごり

今では克服された、幼少期の心の生活の断片である」(551頁以下)。この最後の表現は、先ほど具象心理学の着想が認められたものと類似しているにもかかわらず、この表現が同じことを意味していると思うべきではなかろう。というのは、今の論理展開はこれに抽象的な意味をあたえることしか目的としていないからである。先ほどの幼少期の復活は、幼少期を特徴づけるいくつかの限定された態度の復活を意味していた。それは、個人が幼少期に現実に経験したもので、現在の生活から借用された演出によって夢のなかにふたたび現われる「人間の形態」に対するある態度の復活を意味していた。しかしフロイトが「心的装置」の登場を語った今となっては、この表現は、もはやまったく「人間の形態」をもっていないある機構の再生を、もはや被験者とは関係なく、たんに表象と興奮の推移に関するある「過程」の再生を意味する。

　具象心理学の観点からみると、フロイトの着眼(彼はこれを説明とはみなしてほしくないと考えているのだから)がまたもわかりにくいなどと——少なくとも、彼の着眼を字義どおりに解釈して、彼が取り入れる機構をたとえわずかでも実在とみなすことができるのであれば——つけ加える必要はない。

　まず、この幼少期の記憶の牽引力とは何を意味するのだろうか。仮説とは表現方法でしかないとか、「われ仮説を作らず」とか言うのはいかにも容易なことである。また、批判に対してこの観点を譲らず、あたかも彼の仮説を重視しているかのように振舞ったり、書いたりするのも容易なことである。そもそも、こうしたことはすべて

ことばの気配りを表わしているにすぎない。彼の仮説に重きをおくつもりがないなら、そのようなことはしないだろう。

　心理的事実に有効性をあたえられるのは、被験者に由来する有効性以外には考えられないのだから、心理的事実は被験者の行為形態として現われる必要がある。しかし、フロイトが語っているような牽引力に対応しうる個人の行為を見つけることはできないだろう。これを１人称体で表現することはできない。退行の機構に関する記述同様、これが「私」の介入を許すことはない。したがって、**機構**の機能は空回りするばかりである。

　そのうえ、夢の加工に関する説明のなかでフロイトが認めている一連の形成には、心理学的な内容がないという不都合さがある。これは夢形成を準備する布置である（とくに 582‐584 頁参照）。

　フロイトは潜在内容が実在するという考え方に立っているのだから、彼が「もっとも複雑な思考作業も意識の参加なしに行われうる」（582 頁）と、また「いくつかの思考が、そのとき追求している目的からみて不正確だとか役に立たないようだという判断にしたがって却下されたことが、ある思考過程が意識からは気づかれぬままに、入眠時にまで継続される原因になる。（……）言ってみれば、われわれはこの思考過程を前意識的とよぶ」（583 頁）と断定するのは当然のことである。したがって前意識のなかには、思考圏が意識によるエネルギー充当をえていないばかりか、前意識的なエネルギー充当からも見捨てられているのだから、「自らに委ねられた思考圏」（584 頁）があることになる。無意識的願望がこうした思考を支配できるとい

うのは事実である。しかし問題は、無意識的願望によるこのようなエネルギー充当はまだ起こっていないのに、こうした思考がどうすれば心理学的に実在しうるのかということである。フロイトは簡単に、意識と心理的事実とは同義語ではないと答える。また、霊魂とか意識が一体のものであるという古びた公準は、諸事実と矛盾するとも言っている。しかし問題はそういうことではない。われわれは、自らに委ねられた思考がなおも「私」の行為だといえるのかどうかを答えなければならない。ところがそれは不可能である。「私」の連続性は、ここで著しく切断される。というのも、夢形成を準備する布置というのはまとまりのない思考でしかないし、これに自律性のようなものがあたえられていることは、フロイトのことばを観察すればわかるからである。しかしこの場合、このような布置は心理学的には実在しえない。

V

　心的装置が次々に分化していった歴史と「はじめに願望があった」という公準からは、同じような考察が生まれる。有効性が3人称体の概念へ完全には移ってしまわないにせよ、われわれがまったく抽象的な領域におかれていることは事実である。結局、夢の原因と考えられる過程をもはや個々に規定することはできない。したがってフロイトは批判を、まさに彼がよくほかの人々に向けるのと同じ批判を受けるに値する。説明の項は、器官の生物学的欲求とか生活への適応といった一般的概念で表わされる。端的に言えば、この理論

は精神分析学的着想によっていない。なぜなら、われわれを具体的な個人をより深く知るように仕向けるのではなく、たとえば生物学へ引き戻してしまうからである。そのうえわれわれはますます、あたかも何も個人の行為ではあるはずがないかのように、表象や興奮やエネルギーが主権のようなものをもって展開する領域に身をおくことになる。要するにわれわれはますます、内面生活のなかへ、生物学やさらには生理学のなかへ、しかしそこからさらに、心理学的には見識のない領域にまではいり込んでゆくことになる。

説明の欲求に対する無力さしか示していない——事実にもとづいた説明がまったくできないので、英雄伝説におけるように、熱狂ぶりを込めた概念をさし挟んでいる——惨な表現と出会うのはそういうときである。「もっと大きな理論的興味は、眠っているときに人を起こすことができるような夢に向けられる。(……)どうして夢は、すなわち無意識的願望は、睡眠を、つまり前意識的願望の充足を妨げることができるのだろうか。そこにはわれわれが見落としているエネルギー関係がなければならない。もしこの関係を知ることができれば、おそらく、夢の黙認放置と夢に分遣された注意しか払わないことに要するエネルギーは、覚醒時におけるように無意識を抑えるのに必要なエネルギーほどではないことがわかるだろう」(567頁)[6]。

「意識化というのはある心的機能の方向づけ、一定量しか消費できないと思われる注意力しだいである。」

「われわれが充当エネルギーとよんでいる一定量の興奮は、目的

第3章 精神分析の理論的骨組みと抽象化のなごり

表象から出発して、この表象が選択した連想の道をたどるのだと思われる。放棄された、どうでもよい思考はこのエネルギー充当を一度も受けたことはなかった。抑制され、却下された思考からはこれが取り除かれた。二つの思考はいずれも自らの興奮に委ねられているのである」(538頁)。

たしかに、フロイトは分析からえたデータにしたがって語っているのだから、こうした表現にもなんらかの意味はある。こうした主張の大部分はもっと具体的な表現に翻訳することもできるだろう。とはいうものの、このような概念を追いかけていると、「具体的な個人生活の断片」がもつ「意味」と心理的事実からは遠く離れてしまう。

Ⅵ

抑圧に関する説明をみると、フロイトがどのようにして理論を構築するのかがわかる。

退行と同じように、抑圧は心的装置がもともともっている過程であって、最終的には快感追求と不快感回避の大原則によって説明できる。最初のうちは抑圧には意図的なものは何もないし、責任をもって行うべきものも何もない。それはたんなる生物学的機構の働きである。

「心的組織内の過程は、前意識内の過程も含めて、心的性質を欠いている。したがって、意識による快・不快の知覚に身をさらさないかぎり、意識の対象とはなりえない。そこでわれわれは、こうし

た快・不快の放出が自動的にエネルギー充当過程の進行を規制すると認める決心をしなければなるまい」(565頁)。フロイトはあとの章でつけ加えている。「われわれは、願望にしか心的装置を動かすことはできず、心的装置における興奮の流れは快・不快の知覚によって自動的に規制されると書いた」(588頁)。

ところでわれわれが考察している契機において、幻覚的退行はすぐに思いつく自然な道である。しかし退行が不毛なので、不毛な幻覚エネルギーを有効な、言いかえれば鎮静を生みだすエネルギーに変えるために「2次的組織」が介入しなければならない。よければ、ここでベルグソンと比較してみることができる。人には夢のなかへ沈潜する傾向がある。しかし生活に適応しなければならないという必要性が人をそこから引き離すのである。これはベルグソンとフロイトに共通した考えである。しかしある時代全体に共通した考えでもある。ただしフロイトは、この必要性を「心的装置の一組織」と言いかえて、これをあとの抑圧の説明で利用するのである。

とはいえ、生活に適応するために、無意識に由来する興奮を前意識が阻止するというのはほんとうの抑圧の姿ではない。

たんに記憶から逃避するとき、抑圧の原因は経験が記憶につめ込む不快にある。そのとき逃避したいという願望が深まる。したがって、記憶からの逃避はほんとうの抑圧とはいえない。ほんとうの抑圧は「情動変化」をともなう。もともとは願望充足が快感情動をよび起こすにもかかわらず、その充足が不快でしかありえない願望が存在するようになるからである。ただしこうした抑圧の原因は、も

はやたんにこうした不快情動にあるのではなく、より高いレベルの不快情動にある。というのも、この不快情動は前意識の判断に左右されるからである(592頁以下)。「こうした情動変化はどのようにして、どのような原動力の作用で起こるのだろうか。これが抑圧の問題である。ここではこの問題を指摘するだけにしておこう。こうした情動変化は、発達(子どもには最初はみられない嫌悪感情の出現について考えてもらいたい)の過程で生まれ、2次的組織の活動に結びついているとだけ言っておこう」(593頁)。

この説明は、フロイトがまたも3人称体のシェマへ方向転換したことを示している。彼の求めている理想的な説明が、すべてを「エネルギー論(énergétique)」の手法——強度の置き換え、エネルギーの変化、レベルの上昇・下降、エネルギーの充当・放出——によって説明すること、興奮のいろいろな流れのさまざまな調整によって説明することにあるのは明瞭である。

結局フロイトは、『夢判断』のこれまでの章でたどった道を、たしかに工夫を凝らしながら逆方向にたどり直すことに成功した。これはたんなる隠喩ではない。フロイトのなかには、彼が結びついている伝統にしたがった総合の夢がはっきりと存在している。彼は、夢の分析はその総合をともなわなければならないと語りながら、ときどきそのことを示唆している。たしかにこれは大がかりな確認作業ともいえよう。「夢過程の心理学」の章では、さまざまな仮説へ到達するにせよ、それらの仮説から、最初に出発した事実へ戻ることしか望んでいないようにも感じられる。あいにく彼が「演繹的」心理

学に言及するのは、ことのついででしかない。もし彼が真剣に「下降弁証法(dialectique descendante)」を試していたら、彼の仮説からその根拠となっている事実を引きだすことは決してできないことがわかっただろう。というのは、彼が記述した諸機構には、古典的心理学の機構にみられる欠陥があるからである。こうした機構に規定できるのは、個人ではなく、一般的なものだけである。

ともあれ、「夢過程の心理学」が完成するや、すべてが「心的なもの(psychique)」に戻され、すべてが興奮と表象の作用になった。フロイトは古典的心理学流の理論構築に成功した。もちろん彼の考えが、あらゆる点でこの心理学と一致するというわけではない。さまざまな発見をしたことによって、彼は古典的枠組みを拡張せざるをえなくなる。こうして彼は、意識に帰することのできない、夢の基盤をなす一連の過程を想定せざるをえなくなった。ところで、こうした過程をほかの審級に帰するのだとすれば、意識が介入するまえに心理的形成は完成していることになる。そうなると意識の働きとしては何が残るのだろうか。

いかなるときも意識を介入させる必要がない過程によってすべてを説明したとき、意識化という事実はフロイトにとってはもはやたんなる心的性質でしかなくなる。

「ではわれわれの考え方において、かつては全能であり、ほかのあらゆる現象を覆い隠していた意識にはどのような役割が残されるのだろうか。それはもはや、心的性質を知覚するための一つの感覚器官でしかない」(602頁)。

第3章　精神分析の理論的骨組みと抽象化のなごり

　類推（analogie）は徹底的に進められる。「感覚器官による知覚は結果的に、感覚興奮が伝播する道へ注意力エネルギー充当を導くことになるのがわれわれにはわかる。感覚組織の性質的興奮には、心的装置内の可動量の流量を調整する働きがある。これと同じ機能を、意識の被覆的感覚器官にも割りあてることができる。この器官は、新しい心的性質を知覚することによって、エネルギー充当の可動量を誘導し、配分する」（603頁）。

Ⅶ

　こうした説明から、「精神構造」の世界という新しい世界が導きだされる。もちろんそれは、外界固有のものとは異なる存在形態をもつが、実在し、意識の外にある。感覚的知覚をとおしてわれわれが物質からなる外界を知るのと同じように、意識の被覆的知覚をとおしてわれわれは心的なものからなる外界を知る。しかし、感覚の数が限られているように、意識にもわずかの「受容器（récepteurs）」しかない。なぜなら、「心的組織内の過程は、前意識内の過程も含めて、心的性質を欠いている。したがって、意識による快・不快の知覚に身をさらさないかぎり、意識の対象とはなりえない」（565頁）からである。ただしこうしたことが言えるのは、思考についてだけである。意識は感覚を受け入れるのに必要なものをすべて備えているからである。

　「しかし事態が経過するなかで、より微妙な活動を行うために、表象経過を不快徴候からもっと独立させる必要が生じた。そのため

に、前意識組織は意識を牽引できるような独自の性質をもたなければならなくなった。前意識組織がこうした性質を獲得したのは、おそらくその過程を、さまざまな性質を備えた言語記号の記憶組織に結びつけることによってだと考えられる。この記憶組織がもつ諸性質のおかげで、それまで知覚するための感覚器官しかもっていなかった意識は、思考過程の一部を担う感覚器官にもなったのである。こうして意識は、いわば二つの感覚面をもつことになった。一方は知覚作用に向けられ、もう一方は無意識的思考過程に向けられている」(565頁)[7]。

意識にはわずかのことしか知覚できない、生成する心的世界というのは、特殊な諸「過程」というのは、こういうふうに存在している。そういうわけでフロイトに言わせれば、ある方向で知覚の問題を探求することが形而上学に到達するのと同じように、心理学はメタ心理学(métapsychologie)に到達する。

ここにも精巧かつ驚くべき心的装置がある。しかしこの装置には欠陥がある。慣性原則を余儀なくされていることである。

われわれは組織の連なり、もしくは非人称的過程、3人称体の過程の連なりをまえにしている。それは、無意識的願望、前意識的加工、意識による選択的知覚であり、また強度の置き換え、エネルギー充当の変化である。組織が機能すれば、問題はない。ところがこの組織は、フロイトが好んで用いる直喩表現によると、顕微鏡がなければ機能することはできないだろう。光があれば、さまざまな組織は始動するだろう。心的装置のなかで光の役割を果たさなければなら

ないのは、願望である。ところが心的装置というのは物質的組織ではない。装置であるとはいえ、それはまさに心的装置なのである。それが機能するには、「私」の行為が必要である。しかしこの行為は、フロイトのいう組織からは排除されている。

たしかに、無意識的願望が生まれ、発達し、前意識の形成に関わる。意識はこの願望を知覚する。しかしいかなるときも、1人称体の活動が、人間の形態をもち、「私」を内包する行為が介入することはない。「私」の行為はまさに、願望によってもたらされるということができよう。しかしこの願望が、もはや「私」の行為とはいえない変換に委ねられることは確かである。いずれにせよ、自律しすぎた組織が「私」の連続性を分断し、変換・加工過程の自動性が「私」の活動を排除する。

とはいえ、具象心理学の立場からすれば、フロイトの理論構築を受けいれがたいものにしているこうした批判があるにもかかわらず、「夢過程の心理学」の章にはとても意義深いものが含まれている。

これは、フロイトが理論構築のなかに取り入れている古典的概念に加えた修正を指して言っているのではない。注目しなければならないのは、フロイトの表現がどうであれ、彼が古典的心理学をはるかに凌駕しているということである。「心的過程（processus mentaux）」を問題にするとき、古典的心理学がとりあげるのは観念連合とその批判、および知的機能について論理的にわかることだけである。ここに今流行の「流動的」シェマを加えれば、心理学が認識しているあらゆる「心的過程」の目録ができるだろう。

こうした領域にはじめて、何か新しく、確実なものを導入しようとしたのはフロイトである。彼は、表現法がどうであれ、実在的な意味をもついくつかの新しい過程を発見する。退行、置き換え、圧縮によって心理学は、ともかくはじめて連合主義、抽象論理およびダイナミズム論の常套句から脱却する。

しかしこのようにフロイトの真価を認めたとしても、今日のような彼の理論構築が、彼こそが創始者だった具象心理学と相いれなくなっているのを見過ごしてもよいという理由にはならない。ただし、基本的な着想と今日の精神分析を特徴づけている理論的上部構造とのこうした果てしない葛藤について論証するのは、一般の人たちが主知主義を批判するのとはわけが違う。というのは、フロイトの過ちによって措定される問題は、古典的心理学の家庭内紛争を超えているからである。フロイト理論の根底にある手法は、たんなる主知主義的手法ではない。それは、主知主義者もその反対論者も関わっている心理学の傾向全体に共通している。

したがってこれまでの分析を、フロイトの個人的過ちの列挙だと考えてほしくない。そんなことをすれば、われわれの結論の射程を恣意的に制限することになり、われわれが誤っているとみなすフロイトの思弁からえられるはずの教訓を見失うことになりかねない。というのは、彼の過ちというのは、個人的欠陥というスケールを超えたある必然性に由来しているからである。フロイトは理論的試みを避けて通ることはできなった。それは具体的な観点を発見したあとで、最初に課されたことだった。その一方で、古典的心理学の本

第3章　精神分析の理論的骨組みと抽象化のなごり

質を理解するには、この心理学の手法を、これとは正反対の態度から生まれ、この手法にはもはや何の収穫ももたらさない事実に適用してみる必要があった。というのは、具体的事実を抽象的な理論へ還元するというのはまったくことばだけによることなので、このようにそのリストが批判にさらされている古典的シェマと要請を列挙することしかできないからである。

　しかしながら、もはやまったく否定的な教訓しか見つけようとはせずに、われわれは精神分析理論をあまりにも早急に葬り去ろうとしているし、またこうした観点からすれば、われわれの主張は前章の主張を充分にはひき継いでいないとも考えられる。というのは、われわれがこれまで紹介してきたのは、検討した理論における具象的なものと抽象的なものの対比だけだからである。しかし、この対立がどのようなものであれ、フロイトが発見した諸事実に心理学的説明が必要であることは明白である。ところがこうした観点に立つと、これらの事実がすべて無意識へ向かうことを認めないわけにはいかない。そのとき二者択一の問題になる。一つは、諸事実のまえに屈服して無意識を容認することである。これまでの批判は理論ではなくて、表現方法だけを問題にしている。「文体」にしか言及していないのだから、この批判はあらゆる意義を失ってしまう。もう一つは、この批判はたんに形式だけではなくて、本質そのものを問題にしていると主張することである。そうなると、とことんまでつきつめて、無意識を、しかし、無意識とともに、これを裏づける精神分析的事実まで否定しなければならない。それは、われわれが具象

心理学基礎批判

心理学について述べてきたあらゆることから、役立つものを、したがってあらゆる批判権を奪ってしまうことになる。

　要するにそこにあるのはジレンマである。それを解く鍵は、無意識と精神分析の関係についての考え方にある。また、そのジレンマはわれわれの考察から生まれる不安を表わしてもいる。こうした不安は次の章を精読すれば解消されるはずだし、ジレンマも本質的には脆弱であるのがわかる。しかし問題が重大なだけに曖昧さのない説明が必要である。

<注>
(1) われわれの理論展開の方向から考えて、ここではっきりと第2の質問に答えよう。
(2) フロイトが意識と感覚器官を比較しているので、われわれは相対性の問題にこれ以上深入りする必要はない。
(3) 本書第4章Ⅴ以下参照。
(4) たしかに最近の理論展開のなかで、フロイトは抑圧の問題に戻った。そこでの理論展開は、われわれが表明した要請に近づいている。しかし、この理論展開も抽象性と具象性の対立を強調することにしかなっていない。本書第5章Ⅲ、265頁以下参照。
(5) 既述したシェルナーの理論(165頁)参照。
(6) 傍点は筆者。
(7) 『自我とエス』、19頁以下参照。

第 4 章

無意識の仮説と具象心理学

　これまでの章でわれわれは、フロイトがどのようにして夢理論のなかへ無意識の仮説を導入してゆくのかを紹介してきた。そしてすぐに、この導入はフロイト理論のなかに、抽象心理学の要請と基本的手法が残存しているためであると指摘した。こうした指摘は、無意識の仮説が心理学にとって、ふつう考えられているような大いなる征服を意味するのではないこと、また精神分析の斬新さと独創性は、無意識の発見と活用に依拠しているのではないことを理解してもらうには充分であろう。なぜならある意味で、無意識は具象心理学のなかに抽象化がどの程度残存しているかということしか表わしていないからである。

　しかしこのような考えを述べればすぐに、心理学者のあいだでは、かつて無意識の導入が引き金になったのと同じくらいの激しい反論が巻き起こるだろう。というのは19世紀末からずっと、心理学者は無意識に対して認められた市民権を、新しい心理学のもっとも意義

深い勝利だと考えてきたからである。今やこのような確信があるので、無意識の概念を捨てるには主知心理学の古くさい考えへ立ち戻るしかないように思われる。

　心理学者のなかにこれほど深く根づいた考えを覆すには、前章の考察だけではどうみても充分とはいえない。この考察は、問題の体系的な分析というより、フロイトのテクストのなかの傍注を構成するものにすぎないからである。そこで問題を問い直し、系統立てて、かつフロイトの考え方の移り変わりとは関係なく、無意識と具象心理学の基本的手法との本質的な関係を示す必要がある。

　ただし今述べたことから、はっきりしているのだが、無意識の否認が意識の独占権の肯定への逆戻りを意味するのではないことを同時にうまく立証できないかぎり、この証明は確信をあたえることはできない。そうでないと、心理学者にいやな記憶を残しているこの命題への逆戻りを恐れるあまり、いかなる無意識批判に対しても常に先決問題が提起されるだろう。したがって証明の前半部を、心理学は古典的な二つの可能性のあいだに封じ込められているのではないこと、したがって無意識の否認は意識への逆戻りを意味するのではないことの証明を目的とした後半部によって補完しなければならない。

　じつは、そこには一つの証明しかない。無意識が抽象化を前提としていることを立証すれば充分だからである。その結果即座に具象心理学が、まさにその具体的な方向づけによって、古典的な対立などもはや何の意味もなさないような次元に位置づけられる。

第4章　無意識の仮説と具象心理学

　これが本章のテーマである。したがって、無意識の問題を完全な形で検討しようとするものではない。そのような検討をめざせば、意識の問題にも触れざるをえなくなるので、本書がとり扱うべき範囲を超えてしまうだろう[1]。そういうわけで、ここで無意識の問題をとり扱うのは、われわれが示したような特定の角度からだけである。また、われわれの無意識批判が精神分析にとってとても重要な問題提起になることを確認しなければならないので、ここでもそれらの問題に解答をあたえたいという誘惑に負けてはいられない。無意識の放棄は、精神分析の基本概念の見直しという問題を措定する。しかし、検閲や抑圧といった古典的概念の現代版をふたたび問題にしなければならないからといって、それは新たな解決策を提示しなければならないということにはならない。これは専門家が解決すべき事柄なのであって、彼らだけが、自分たちの知っている事実を具体的な観点から考察することが許されれば、それらが何をもたらすことができるかを知りうる立場にある。批判というのは、こうした新しい方向づけが必要であるという証明を超えることはできないし、また超えるべきでもない。

I

　無意識が威光をかさに着ているために、ふだん無意識の証拠としていくつかの事実が引用されるとき、無意識はすぐにかつ直接的に登場するので、仮説というよりも確認事項として論じるほうが適当だと心理学者は考えがちである。もしそういうことだとしたら、無

意識がほんとうに確認事項であるか、あるいは少なくとも事実そのものに沿って書かれた、したがって反論の余地のない仮説だとしたら、もちろんわれわれとしては何も言うべきことはない。反対に、このような確信をもっているかぎり、当然どのような無意識批判も信用できないということになる。そこでできるだけ全体を見直すことによって、諸事実と無意識の概念のあいだには、歪曲といえるほどの大きな開きが、次に歪曲とみなすことの正当性を指摘できるほどの大きな開きがあることを証明することがどうしても必要となる。言いかえればまず、無意識の証拠として引用された諸事実が無意識的なものになるのは、まさに抽象化を構成するいくつかの手法と要請のおかげでしかないことを早急に証明しなければならない。

　無意識の仮説の出発点は、被験者による彼の思考に関する報告とそのときの彼の完全な思考が等価物ではないケースがあるという事実にある。言いかえれば、被験者は彼が考えていると思っている以上のことを考えていて、告白された彼の知識は、ほんとうの知識の断片でしかないということである。無意識の仮説を導入しなければならないとされるケースは、このような一般的なシェマに要約できる。フロイトが夢をめぐる無意識に言及するとき、彼はこうした整合性を明らかにしているにすぎないように思える。被験者は、彼が知っていると思っている以上のことを知っている。被験者はまず夢の意味がわからないと申し立てる。分析のなかで、夢を理解するのに必要なすべての材料を提供しているのが自分自身であるにもかかわらずである。したがって、彼の見かけの知識と実在する知識のあ

いだには隔たりがあるということになる。この実在する知識も、被験者には「隠されている」とはいえ、見かけの知識と同じように思考であることには変わりないのだから、フロイトも言うように「専門用語法の修正」を認め、「隠され、到達できないのではなく、夢を見る者の意識には到達できないもの、あるいは無意識的なものを正確に記述しながら」[2]語るのが妥当であるように思える。

したがって無意識は、夢をとり扱う場合、紛れもない事実の正当な表現方法でしかないように思える。事実というのは、夢を見る者が見かけの無知と夢の意味に関わる「潜在的な」知識との対照を抱えているということである。

しかし、正確にはどのようにしてこうした事実を確認するに至ったのだろうか。

まず、夢に対する被験者の態度を記述しなければならない。夢を見た人は、夢を描写的に物語ることから始める。彼はどのような夢を見たのかを語る。次に彼はその夢を、ばかげているとか憤激に耐えないと表明するか、あるいは「きれい」だと思うかもしれない。しかしはっきりしているのは、彼には夢の意味がわからないということである。ただし、ここで検証したい無知とは、ちんぷんかんぷんな言語で書かれたテクストをまえにしたときのような曖昧な無知ではなく、ある限定された無知、理解できるし、わかるはずの何かに関する無知、要するに潜在内容に関する無知である。

たしかに、夢の意味がわからない夢を見た人に、その意味がわかるのは分析後のことだからである。夢の検証は、二つの物語――顕

在内容の物語と潜在内容の物語——の比較にもとづいている。

　顕在内容は意識のなかに何があったのかを示し、潜在内容は夢のなかに実際には何があったのかを示す。言いかえれば、前者は被験者の意識的な思考を示すのに対して、後者は彼の思考全体を示す。したがって、被験者に夢の意味がわからないという命題は、被験者は、ある思考がじつは彼のものであって、現実に彼のなかにあるのを知らないということを意味する。そのときこの無知はまさに、思考全体が意識的というわけではないことを裏づけている。

　しかし同時にいえるのだが、夢を見た人に夢の意味がわからないことが無意識の存在を裏づけるといっても、それは現実に意識的な思考からはみだすのが現実に実在する思考であるときだけだということである。ところで、夢の顕在内容からはみだすこうした思考の存在がわれわれにわかるのは、潜在内容によるしかない。また、潜在内容がある「思考」をわれわれのまえに明らかにするのは、潜在内容が実現される範囲においてでしかない。

　したがって、無知が無意識の証拠となるのは、実在論をとおして考察される場合だけである。すなわち、無知を純然たる欠落とみなすのではなくて——というのはこの場合、無知はいかなる形においてであれ、どのような存在も証明することはできないだろう——、精神構造全体ではなくて、意識的な精神構造だけに関わる欠如に関係しているとみなすからにすぎない。無知の対象も実在していることが暗に了承されていなければならない。しかし、それは意識されていないので、無意識的なものでなければならない。したがって、夢

第4章　無意識の仮説と具象心理学

を見た人に夢の意味がわからないことは、それだけ考察しても無意識の証拠とはならない。それが「証拠」となるのは、間接的にでしかないし、実在論的な要請のおかげでしかない。

　フロイトが引用する潜在的な無意識の証拠のどれにも――無意識的記憶についても、催眠状態の人の知識の無意識状態についても――同じことがいえる。

　「経験からわかることだが、ある心的要素、言いかえればある表象というのは、たいていいつまでも意識されていることはない。むしろ特徴的ともいえるのは、意識からの早急な消滅である。今意識している表象も、すぐあとではもう意識から消えている。しかしその表象は、簡単に満たされるいくつかの条件がそろうと、また意識にのぼってくることができる。ともあれ、そのあいだ表象はなんらかの形で存在していたことになる。その表象は潜在していたと言うことができる。したがって、それは絶えず意識される可能性があったということである。同じように、それは無意識的だったと言うことによって、われわれはこの事実を正確に記述することができる」(3)。

　ところで、記憶の待機性によって潜在的無意識が証明されるのは、記憶が意識にのぼってくるまで、言いかえれば記憶が消滅したときからそれがふたたび現われるときまで、それが実在している場合にかぎられる。したがって記憶の待機性によって、直接的にその「潜在性」が証明されるのではなくて、証明されるのはあくまで実在論をとおしてなのである。というのは、記憶の再現がその現実化でしかないといえるためには、記憶は消滅したあとも生き残る必要があ

191

る。要するに、記憶の待機性に依拠したこうした仮説は、実在論的要請をとおしてはじめて生まれるのだから、記憶の待機性もまた潜在的無意識の直接的証拠とはいえない。

　催眠状態の人における無意識について、フロイトは次のように言っている。

　「1889 年にナンシーで、リエボー［Liébault］とベルネーム［Bernheim］によることのほか印象に残る実演に立ちあったとき、私も次のような実験の証人になった。一人の男が催眠状態に導かれ、できるだけのことを幻覚として体験させられた。目をさましたその男は、催眠によって眠っているあいだの出来事を何も覚えていないようだった。そのときベルネームは彼に、催眠状態のあいだに起こったことを語るように命じた。被験者はそれを覚えていないと断言した。ところがベルネームは、食いさがり、その男を攻めたて、覚えているに違いないと断言した。するとその男は、自信なげになり、われに返り始め、まず示唆されていた印象の一つを、そのあとまた一つというように、ぼんやりと思いだし始めた。記憶はどんどん鮮明かつ完璧になってゆき、ついにあますところなく表出された。しかしこの知識は実験のあとではじめて彼に現われたのだから、またそのあいだ彼は外部のいかなる情報源からもその知識をえることはできなかったことから、彼はこの記憶を命令を受けるまえから知っていたと結論づけるのが妥当である。ただ、記憶が彼に到達できなかったのである。彼はそれを知っていることがわからなかったし、それを知らないと思いこんでいたのである。したがって状況は、わ

第4章　無意識の仮説と具象心理学

れわれが夢を見た人のケースで想定したのとまったく同じである」[(4)]。

　すなわち、あとで自ら思いだすことを、はじめは知らないと断言する被験者の連続した二つの態度には隔たりがある。つまり、被験者は記憶を思いだすことができるのだし、じつは知らないのは知識の範囲なのだから、彼が記憶を失っていないことは明白である。この場合、彼の知識とくらべたときの彼の無知は、無意識の存在を証明している。

　しかしまたも、この無知が無意識の証拠だといえるのは、被験者が第2の態度ではじめて思いだす知識が、第1の態度においてもすでに実在している場合にかぎられる。つまり、無知は純然たる欠如を示すのではなくて、相対的な欠如を、意識の欠如と無意識のなかの存在を示している。ここでもまた、催眠状態の人の無知が無意識の証拠となるのは、実在論をとおしてなのである。第2の態度において話された物語がここでは、夢の場合の潜在内容と同じ役割を果たしたことになる。

　したがって、夢を見た人に夢の意味がわからないこと、記憶の待機性、および後催眠記憶（mémoire posthypnotique）の見かけの範囲と実在的範囲との不釣り合いは、厳密な意味では無意識の証拠とはならない。それらが直接、無意識に依拠するのではなく、無意識の導入を正当化するのは実在論のおかげでしかないからである。したがってこの場合、無意識が提示されるのは、純然たる事実にもとづくのではなくて、古典的心理学の手法にしたがって変形された事実にもとづいている。

しかし精神分析家は答えるだろう。潜在的無意識について何と言われようと、それはまったく重要ではない。というのは、フロイトがそれをとりあげるのは、無意識の概念を導入することが、精神分析とは関係ない諸事実を検討するうえでも、すでに必要不可欠だということを示すためだからである。したがって大切なのは、精神分析におけるこの概念の広い意味での用法に対して読者に心の準備をしてもらうことと、精神分析的諸事実に対してふたたび先決問題を提起するためにこの概念が利用されるのを防ぐことである。そもそもフロイトは、潜在的無意識をはっきり「哲学者」の議論にまかせている。たしかに彼は、記憶の待機性に言及したすぐあとで、次のように言っている。

「哲学者はおそらく次のように反論するだろう。いや、ここでは無意識という用語には何の意味もない。表象が潜在状態にあるかぎり、それは断じてなんら心的なものではないと。われわれがこの点について反論しようとすれば、ことばだけの論争となり、われわれとしては何のえるものもないだろう」[5]。じつは、潜在的無意識というのは精神分析家にとってあまり重要ではない。フロイトは同じ箇所で言っている。「われわれが無意識の概念に到達したのは、別の道を通ってである。つまり心的力学が働いている諸事実の加工をとおしてである」[6]。

II

「経験からわかったことだが、われわれは非常に強い心理的過程

もしくは表象の存在を想定せざるをえなかった。それは内面生活に対して、通常の表象にみられるあらゆる影響をあたえることができ、ときにはふたたび表象として意識されうるような効果さえもたらすのだが、それ自身はあくまで意識されない。(……)ここから精神分析の理論が始まる。それは、こうした表象が意識されないのは、ある力がそれに反対するからであって、そうでなければ、この表象は意識化されうるし、そのようなものとして認識されているほかの心的要素とほとんど変わらないのがわかるだろうということを主張するためである。精神分析の技法が抵抗する力を抑え、このような表象を意識化する手段を示したことによって、精神分析の理論は否定しがたいものになる。われわれは、この表象が意識されるまえにおかれている状態を抑圧とよぶ。この抑圧を引き起こし、支えていた力は、精神分析の仕事をしているあいだ、抵抗としてわれわれのまえに存在する。

したがって、われわれの無意識の着想は抑圧理論に由来している。抑圧されたものこそ、われわれにとっては無意識的なものの原型である」[7]。

つまり、まさに精神分析でいう無意識というのは、闇でしかない無意識、言いかえれば「潜在的な(latent)」無意識ではなく、生きて、活動している無意識、要するに「力動的な(dynamique)」無意識なのである。われわれは、抵抗と抑圧の事実からして、こうした無意識を認めざるをえない。

なお、この論拠はふつう次のようにして構成される。

心理学基礎批判

　出発点は抵抗である。分析しているとき、被験者はいくつかの思考に抵抗する。夢に現われているにもかかわらず、彼は同性愛の欲望や近親相姦的な欲望があることを否認する。すぐに気づかなければならないのは、問題はたんに、知っていることが公になってしまう告白の回避ではないということである。というのは、ほんとうの抵抗は知ることに先行しているからである。つまり、被験者はまさに、知ることよりもまえに抵抗するということである。彼はどうにかして、分析のあいだ知ってしまわないようにする。彼はまず何も頭に浮かばないと主張し、次に精神分析の方法に異議を申し立て、これがいい加減だと言い張る。しかし、すべてのことは思考や辛い記憶の出現よりまえに発生しているのだから、そこには抵抗があるとみなすほうが理にかなっている。フロイトによれば、そのとき何もかもが、あたかも被験者が有罪判決を受けた表象に対して意識の入り口を閉めたいかのようにして起こる。したがって分析中の抵抗からわかるのは、いくつかの心的状態が意識のなかへはいるのを拒むある力が存在するということである。しかし、抵抗が急造のものだと考える理由はまったくない。抵抗を受ける心的状態の断罪は、それが社会的な価値判断もしくは分析以前の個人的出来事に端を発していることからして、分析に先行しているからである。だとすれば分析中の抵抗は、生涯を通じて継続的に作用する抵抗の現われにほかならない。それは端的にいえば、ある恒常的な力である。

　ところで、抵抗を受ける表象というのは、抵抗によって意識への到達を妨害されるにせよ、実在する。第1の証拠は、「精神分析の技

第4章　無意識の仮説と具象心理学

法のなかに、抵抗する力を抑え、このような表象を意識化する手段が見いだされた」[8]ことである。したがって、いわば抵抗の裏返しとして、このような表象が存在することを保証する理論は、「否定しがたい」[9]ものになるとさえフロイトはいう。もしそのようなことでしかないとすれば、潜在的無意識を導きだすのと類似した歪曲へ逆戻りしてしまうだけだろう。じつはもっとも重要な証拠は、抵抗の裏返しとして、またこの抵抗が解除されるまえに、こうした表象の存在がその作用をとおしてわれわれにわかるということである。

　したがって無意識のほんとうの証拠は、意識されていない心理状態が意識される効果をもつという点にある。このとき、実在する効果には実在する原因が必要である。こうして無意識の概念を導入せざるをえなくなる。

　ともあれ、「実験によって」証明できる無意識は、力動的無意識である。潜在的無意識についてはそのあと、力動的無意識が存在するという事実を利用して説明することができる。しかし、たしかにこのほんとうの順序が逆にされるのは、「教育的」理由からだけである。

　ここでわれわれは、事実の確認そのものが、それをとおして証明したい仮説から独立した一つの事実あるいは事実群をまえにしているのかもしれない。われわれは、無意識の概念が経験にもとづいて成立する過程をみることになるのだろうか。潜在的無意識には有効だったわれわれの主張も、力動的無意識についてはもはや有効だとはいえなくなるかもしれない。

心理学基礎批判

ところがまったくそうではない。力動的無意識の証拠として引用された事実は、潜在的無意識の証拠としても機能する。事実によって無意識が証明されるのは、実在論的要請があってのことだからである。

というのも、それ自体では意識されない表象が意識される効果をもちうるという命題は、そもそも何を意味するのだろうか。

具体的な例をあげてみよう。

イルマへの注射の夢で、「イルマは喉が痛い」は「私は診断ミスであることを望む」を意味する。ところで、われわれはテクスト解釈か、あるいはむしろドラマの一シーンの分析をまえにしているのだから、ここにあるのは意味の次元での「解釈」だけである。そのとき、フランス語の「ペール」がラテン語の「パテル」だと解釈されるように、あるいはオセロの行為が嫉妬だと解釈されるように、喉の痛みは診断ミスであって欲しいという願望だと解釈される。翻訳が原因・結果の関係となるには、両方の内容を実在とみなす必要がある。そのとき、「喉の痛み」は「イメージ」となり、「診断ミス」は表象となるだろう。「表象」の意味が「イメージ」の存在を要請するのだということは、前者を原因に後者を結果にすることによって、「存在論的 (ontologique)」次元で解釈されることになる。

したがって、力動的無意識の証拠は、おもに顕在内容と潜在内容の比較から引きだされる。たしかに確認できるのは、意味の意図が思いがけない徴候によって表象されたことと、その意図に適合した徴候がまったく別の性質のものだということである。意味の次元に

とどまっているかぎり、このような確認も無意識の証明にはならない。したがって、それ自体では意識されない表象が意識される効果をもつという主張は、第2の物語が一つあるいはいくつかの夢の要素の意味に適合する徴候としての表象をもたらすという事実の、「存在論的な」表現への移しかえでしかない。

「ことばによる」あるいは「芝居仕立ての」関係はすぐに因果関係へ変形しなければならず、潜在内容は顕在内容と同じように実在していなければならないことや、顕在内容の意味的意図に対する夢の諸要素の不適合が心の奥に表象が存在していることを開示するだろうことはそのうちに了解される。

したがって一般に、記憶が問題になるにせよ、催眠状態が問題になるにせよ、あるいは精神分析的事実が問題になるにせよ、諸事実を無意識の証拠に変えるのは実在論的要請でしかない。

とはいえ、実在論に機能的形式主義を加えなければならない(10)。というのは、実在論的要請があまりにも自然であるように思われるので、無意識の概念を導入することによって諸事実にしたがうしかないような印象を受けるのは、もともと諸事実を提示するときから実在論的手法と、したがって無意識の仮説は避けられないことのように、これらの提示がなされるからである。

そういうわけで、検閲の概念がもっともなように思えるのは、すぐに第2の物語という形で抵抗の事実が提示されるからである。被験者は、あとで意味のあるものとして明らかになるようないくつかの主題にはなかなか触れようとしない。いくかつの「連想」を行っ

てから、彼ははじめ、何も頭に浮かばないとか、今はもうほんとうに何も言うことがないとか言う。続けて執拗に発言を求めると、彼はいくつかの考えが浮かんだが、それはほんとうにとるに足りないことだと言うだろう。さらに発言を求めれば、彼は見くだしたような笑みを浮かべながら、精神分析に関する議論を始める。彼は、たとえばあらゆることは抵抗のせいだが、それは恣意的な主張にすぎないなどと言って、精神分析家をやり込めようとする。あらゆることがほんとうに抵抗のせいなのかどうかを精神分析家といっしょになって追求し、そのために連想を続けるように被験者をうまく説得できたら、ついには、彼がとても苦心して本心から告白する観念が、たとえば、彼には特徴のはっきりした近親相姦的な欲望があるということが見えてくるだろう。

　これが抵抗の事実である。そこで提示されるのは、被験者の態度を照明することのできる素材を含んだ物語である。そうは言いながら、なかなか意味の次元を離れることはできなかったし、どんな仮説もたてられなかった。ただし、実在論は意味に限定することなく、実在するとみなすべき心的実体を追求する。そのとき、被験者は近親相姦の考えに抵抗したとみなされ、すぐに第2の物語をとおしてある表象への抵抗が示される。のちにすべての心理学的思弁の出発点となるのは、このようにして提示された事実である。

　したがって形式主義はすぐに、個人のドラマをさまざまな要素が演じる3人称体のドラマに置き換える。すると、ドラマ全体がこれらの要素のレベルに引きさげられる。結局、事実は次のように述べ

第4章　無意識の仮説と具象心理学

られる。ある表象は意識のなかへはいるのを拒まれると。

　また、被験者が抵抗するのは、夢の意味を説明する表象に対してなので、夢を構成しているあいだ演じられたシーンはまったく変わることがなく、そのときも表象は意識の入り口に現われたのだが、はいることを拒否されたと言うことができるだろう。こうして、形式主義の単純な論理展開によって検閲の概念へ導かれ、それとともに、過程とか審級といったフロイト神話へ引き入れられることになる。

　したがってはっきりしているのは、ある表象への抵抗という形で抵抗を提示するには、日常的に確認できる次元で記述できるような抵抗を、形式的な抵抗の記述を示さなければならないということである。また、この記述によって意味を心的実体へ変換し、被験者の態度を照明する素材を力学的シェマをもつ小さなドラマに変えなければならない。

　ところが、このような抵抗の考え方は、ある意味で事実そのものを狂わせてしまう。というのは、形式主義と結びついた実在論によって、フロイトは物語の意味ではなくて、その表現に力点をおかざるをえなくなり、そのなかにほんとうに「力動的な」因子がある──じつはこの力動的な因子はほかのところにあるにもかかわらず──と考えざるをえなくなるからである。したがって、抵抗に関するフロイトの記述は確認ではなくて、すでに仮説なのである。それはそのまま批判の対象になりうるし、批判の対象とならなければならない。たしかに、被験者は近親相姦の考えがあることをなかなか告白

しようとしないと言うことと、彼が近親相姦の観念に抵抗したと言うことは少しも同じことではない。というのは、前者は「人間に関する」たんなる確認事項であるのに対して、後者は実在論と形式的観点を含む心理学的記述だからである。

III

フロイトが無意識の証拠としてあげたいくつかの事実を総合的に検討することによって、われわれが示したかったのは、それらの事実によって無意識が導きだされるのは、実在論と形式主義を組み合わせることによる歪曲のおかげだということである。したがって、無意識の仮説を生みだすのは、「人間に関すること」として確認できるような事実そのものではなくて、抽象化の観点からのこうした事実の解釈だということになる。

無意識批判の正当性をこのように確認したからといって、われわれにはまだ無意識の成立過程については何もわからない。ところで抽象化の論理展開によって無意識に到達するのは、いくつかの限られたケースだけである。そこで、実在論がどのようにして無意識の仮説を生みだすのかを正確に示しておく必要がある。

すでに指摘したように、実在論が最初に行うのは、意味のある物語を一連の心理的実在へ変形することである。いったんこの実在化が行われると、物語は「固定されてしまう」。意味としての物語の価値がもはや重要性を失い、機能的形式主義のために作られる第2の物語の出発点にすぎなくなるからである。

第4章　無意識の仮説と具象心理学

　すでに説明したように、これは意味のある物語の二分化である。意味の次元は、心的実体というほかの次元によって支えられているからである。またわれわれは、二分化が何も新しいものをもたらさないと指摘した。物語にまだ意味があるにせよ、それがすでに固定されたり、二分化されたりしているにせよ、実証的なデータは常に意味だけである。二分化が何か新しいものをもたらすという幻想はもっぱら、二分化がいったん成立すると、意味のある物語の表現は第2の物語という新たな物語の主題になるということから生まれる。

　ところで、二分化が行われようと、たった一つの実在するデータは意味のある物語からなっているのだから、この表現をもとにして考えるしかないのだから、心的実体から意味へ立ち返ることを、すなわち第2の物語の弁証法を捨てて、意味のある物語の弁証法へ戻ることを妨げるものは何もない。したがって、分析のあいだずっとそこにある実在について、いってみれば一通り検討できる実在について記述しているような気になる。このことは、こうした心理的実体は意識されていると表現される。

　このようなわけで、われわれは純然たる二分化をまえにしているのだから、ある心理的事実が「意識されている」という主張も、被験者が実際に話した物語を実在論の観点から検討したということを意味するにすぎない。

　言い方をかえれば、ある心理的事実は「意識されている」と言うことも、被験者はちょうど実在化がなされたときにある特定の物語を実際に行ったということの実在論的翻訳でしかない。

もし実在論が、被験者が実際に話した物語だけを実在するとみなすにとどまり、その一方で、われわれが今指摘したような実在化だけにとどまることができれば、無意識の問題が措定されることはありえないだろう。しかし、実在論が意味のある物語とその「存在論的な」写しとからなる一対のものを切り離さざるをえないケースや、被験者が実際に行ったのではない物語を前提とせざるをえないケースが起こる。

前者のケースが起こるのは、「存在論的な」写しを個別にというだけでなく、物語以前にも実在するとみなさなければならないときである。これは潜在的無意識を問題にするときである。私が現に行っている物語の素材を構成する記憶だけが、私のもっている記憶ではない。私は急に話すのをやめ、最近行った旅行のことを考えることもできる。そういうときは別の記憶が現われるだろう。同様に、まったく異なる物語の題材を構成する記憶を想定させる別の態度をとることもできる。しかしさしあたっては、私がこうした物語をすべて話すことはない。言い方をかえれば、たった一つの記憶群だけが現実のものとなり、ほかは待機しているにすぎない。古典的心理学はこの待機性を説明するために、潜在という概念に訴える。しかしわれわれは実在論の考え方に立っているので、物語が現実のものであるかのように、このような記憶も実在するとみなさなければならない。しかしそれが現実のものではないために、物語そのものとは別に、物語の存在論的写しを提示せざるをえなくなる。もちろん、実在論によって実際に話された物語を検討するとき可能となる、意味

第4章　無意識の仮説と具象心理学

と心的実体とのあいだのこのような往復運動を実在するとみなすことはできないだろう。物語そのものの弁証法を随意に再開することはできないだろう。要するに、実在化の結果はでても、物語がなかったのだから、心理的事実のほんとうに実在する側面は欠落するだろう。潜在的無意識の概念によって表現されるのは、こうした事実、すなわち物語がないにもかかわらず、これを実在するとみなさざるをえなかったという事実である。

　記憶の潜在性は、ほかの例によっても明らかにできる。後催眠記憶においても、まだ実際には話されていないときに物語を実在するとみなすことが問題になる。被験者ははじめ、催眠中に何が起こったのか報告することができない。しかし催眠術師の執拗な命令によって、要点を思いだすに至る。そこで、被験者は何も知らないと言い張っていたときにも、知っていたと結論される。そこから、物語が現実のものになるまえにこれが実在しているとみなす必要性が生じる。こうして無意識的知の仮説に到達する。

　したがって実在論は、潜在的無意識を問題にする場合、実行された物語を検討しているとき措定する二つの項のうち、二分化から生まれる第2の物語だけを措定するように導かれる。しかし実在論はそもそも恣意的な手法なので、意味の「存在論的」写しを表わさなければならない心理的実体というのはまったくの虚構である。存在論的次元でのこうした虚構性は、二つの次元が並存しているときには現われることができない。というのは、心理的実体が存在すると解釈されるのは、意味が実際に存在することにほかならないからで

205

ある。しかし、たとえば記憶の待機性を説明するために別に虚構の項を措定することになると、心理学者は実在論のおかげで虚構に気づくことができず、実在論に沿って移しかえられた虚構が「無意識」として現われる。要するに、無意識という項は、虚構にしかすぎない心理的実体を問題にしているということからして解釈でしかない。

力動的無意識についても、この場合実在論の働きはわれわれが見たのとは異なるにせよ、同じことがいえる。

なぜならこの場合、無意識が導きだされるのは、物語そのものよりまえに物語の存在論的写し(double ontologique)を実在するとみなさなければならないという必要性からではないが、被験者が実際に話したのではない物語を前提とすることになるからである。

夢の例を考えてみよう。夢には、顕在内容と潜在内容という二つの内容がある。もっと正確にいえば、夢にはたった一つの内容しかない。というのは、夢を分析した結果、夢に関する物語の表現には型にはまった意味ではなく、分析してはじめて決定できるもう一つの意味のあることがわかるからである。夢に二つの内容があるという印象はもっぱら、夢に対しては、周知のようにたいていの場合は役に立たない型にはまった弁証法を試せるということから生まれる。

ともあれ分析の結果、夢は、意味的意図がこれに適合した徴候を使用していたらそうであったはずのものとは異なる物語を構成する。したがって、被験者が話すような夢の物語、意味的意図が偽装されている夢の物語は、意味的意図がこれに適合した徴候とともに現われる別の物語と取り替えなければならない。

第4章　無意識の仮説と具象心理学

　そのとき実在論の観点からすると、この問題は次のように措定される。まず明らかなのは、実際に夢は見られたのだから、夢の顕在内容は実在するとみなさなければならないということである。しかし次に、夢の潜在内容は夢のほんとうの観念を示しているのだから、潜在内容も実在するとみなす必要がある。結局、たとえ被験者が顕在内容しか知らないとしても、夢は分析の結果あとでしかわからない意味をすでに含んでいるのだから、これら二つの実在化は、ある意味では同時に行わなければならない。こうして、物語を実在するとみなさなければならないときに、実行されていない物語を実在するとみなさざるをえないという状況に陥る。そのときわれわれは、すでに知っているシェマを思いだす。存在論的写しの実在性を保証し、ほんとうに存在する心理的事実──すなわち実行された物語──のなかで考えているという幻想をあたえうるものがないので、無意識的現象をふたたび問題にせざるをえなくなる。

　要するに、夢理論への無意識の導入は、実行された物語と並行して、実行されていないもう一つの物語を実在するとみなさざるをえないと思われること、しかしこの確認事項を考慮して、実際の夢思考が顕在的物語とは異なる物語を要請するという前提に立つことに由来している。

　顕在的物語のなかに、潜在的物語と対応するものが何もないということはよくあるので、潜在的物語の二分化から生まれる心的実体は、明らかに無意識なのものでしかありえない。たとえば「イルマへの注射の夢」で、「イルマは喉が痛む」は「私は診断ミスであるこ

とを望む」を意味するのもそういうわけである。夢のなかでは、この願望そのものに名前はついていない。したがって、これを実在化するには、無意識的願望という形でしか実在化できないだろう。

IV

　力動的無意識と同様に、潜在的無意識も物語の実在化から生まれることに、疑問の余地はないと考える。というのは、現に待機している記憶をわれわれが知ることができるのは、実行された物語によるほかないからである。次にその機構がはっきりしている虚構によって、この物語から、これが存在しないと想定されるときまで遡行し、そのあとで物語が潜在していると主張することになる。その一方で、夢の意味は、夢を分析することによって潜在内容の物語を示すことができたときにはじめて知ることができる。ここでもまた、引き返すことによって物語が実在するとみなすばかりでなく、その物語から再出発して、夢の成立過程を説明するのである。ところでこの説明において、典拠となるのは常に潜在内容の物語である。『夢判断』でフロイトが夢の加工について措定する問題はすべて、潜在内容と顕在内容のテクストの単純な比較に由来している。こうして物語の二重性そのものがまず、偽装（déguisement）と検閲を明らかにする。動機の提示という観点からの最初の比較は圧縮を証明し、同じ比較、ただし形式的観点からの比較は、退行の問題を措定するなどといった具合である。

　したがって、力動的無意識についてもまた、前提とされた物語の

実在化に由来していることは明白である。そのとき実際の問題は、物語の実在化があったかどうかを知ることではなくて、この実在化が正当化できるかどうかを知ることにある。

　注意して観察すれば、潜在内容というのは、夢として見られるのではなく、たんに「考えられた」としたらそうなったであろうような夢以外の何ものでもない。というのも、顕在内容というのは象徴的なものだからである。意味的意図が、これに適合した徴候をともなってそこに現われることはない。一方、潜在内容は同じテクストだが、解読を必要とする。すなわち同じ意味的意図を提示するのだが、これに適合した徴候をともなっている。ところでフロイトによれば、夢分析の目的とは、夢作業を逆方向にたどり直すこと、言いかえれば顕在内容から潜在内容へ遡行することである。したがって、このような夢の分析観は結局、意味的意図にこれと適合する徴候をあたえることによって夢の意味を表現する型にはまった思考を、夢に先行して措定することになってしまう。思考は、フロイトが巧みに指摘しようとしたいくつかの理由から、この型にはまった思考にもとづいて歪曲された。こうしてわれわれは、実際の公準——型にはまった思考の先行性という公準——をまのあたりにしている。

　フロイトがなぜ顕在的物語に先行して、その項のうちの一つの解読される意味を実在するとみなさなければならないのか、なぜ実行されなかった物語を前提としなければならないのかということの理由として考えられるのは、この公準だけである。こうした必要性がなければ力動的無意識には到達しないのだから、この概念の根底に

は、無意識に到達するときに実在論のある意味で原動力になる型にはまった思考の先行性という公準が見いだされる。

したがって重要な問題は、この公準が正しいかどうかを知ることにある。フロイト派の精神分析家は、おもに2種類の証拠をもち出すことができる。まず、覚醒時の思考と夢との主要な違いについて、夢が象徴的であるのに対して、夢思考はそうではないといえる。そこで、この態度の変化を説明しなければならない。次に、実在するとみなされるのがまさに夢思考の型にはまった物語だということに、はっきりと疑問をいだくことができるし、たとえば、夢のなかで被験者が用いたにもかかわらず、彼は知らない幼少年時代の記憶のように、夢には現われないが、そこで活動する「力動的」因子だけを実在するとみなしていると言うことができる。

第1の論証については、フロイトはたしかに一見すると夢をめぐって目を引くことを述べている。たしかにどうして、物語に対するわれわれのふだんの態度をとり続けることができずに、心理形成のまえにすぐ分析に頼らなければならないのだろうか。なぜ夢によって表わされる願望は、ふだん呼ばれているように呼ばれないのだろうか。あるいは、なぜ夢を理解するのに分析が必要なのだろうか。それこそまさに、通常の思考が偽装されていたことの証拠ではないだろうか。そのときわれわれは、象徴の奥にそのほんとうの意味があると仮定して、原テクストへ遡らざるをえなくなる。ここで付言しておかなければならないのは、被験者自身はそのほんとうの意味を知らないということである。彼がその意味を知るに至るのは、抵抗

第4章　無意識の仮説と具象心理学

が克服され、抑圧がなくなるときである。こうして、力動的無意識を措定する必要性を認めざるをえなくなる。

　明らかにこの論証の核となっているのは、翻訳のシェマである。夢は、検閲や抑圧があるので、象徴の翻訳がなければ現われることのできない原文である。しかし、あることが忘れられている。かならずしも、すべての象徴を翻訳のシェマに則って理解する必要はないということである。意図的で筋道の通った象徴を、翻訳として、偽装として解釈することはおそらく正しいだろう。そこで、「観念」や「感情」を絵や音楽をとおして表現しようとする。そのときたしかに、適合した徴候から象徴へ向かうことになる。しかし、適合した徴候が無意識のものであることをのぞけば、夢がまったく同じようにして生まれるというのは、やや早計な見解だといえよう。というのは、無意識がどのようなものであれ、夢が意図され筋道の通った象徴に由来していないことは確かだからである。その証拠に、被験者は夢の象徴の意味はおろか、一般に象徴があるということすら知らない。このことは心理学者でさえ、精神分析が出現するまでは知らなかったのだが。だとすれば、夢の象徴がまったく異なる性質を帯びることもありうるだろう。

　たしかに夢を願望充足とみなすにせよ、夢は何よりも一つのシナリオとして現われる。そのシナリオはまさに願望を形態としてもっている。いうなれば、夢はこの願望の弁証法にしたがう。われわれが、夢は最近の素材を使って小児のモンタージュを再現すると考えるにしても同じことである。ところで、いくつかの要素を願望のシ

ナリオや小児のモンタージュに合わせて配列するのに、これらの願望とモンタージュが、夢そのものに先行して、被験者にとってはっきりした表象の対象となる必要はまったくない。それはテニスの試合のあいだ、ゲームのルールが「無意識のうちに」作用していると考える必要がないのと同じことである。同様に、願望やモンタージュがはっきりした心理的存在であると認めるには及ばない。なぜなら、この願望とモンタージュは物語の分析から抽出されるもので、抽象化の結果を表象しているからである。ほんとうに実在しているのは、物語そのものの意味である。この意味にさえしたがっていれば、弁証法として夢のモンタージュのなかへとり込まれているものを、別個に無意識のなかに実在しているとみなす理由は何もなかろう。

そういうわけで、夢の象徴は「原テクストの偽装」などではない。じつは、夢の諸要素は思いがけない弁証法、分析を要する個人的な弁証法のなかにとり込まれている。分析することによってわれわれにも、この弁証法がどのようなものなのか、夢のもとになっている形態やモンタージュがどのようなものなのかがわかるに違いない。しかし、何かわからない「原文」にまで遡る必要はない。

つまるところ、二つの仮説がある。一つはフロイトの仮説で、夢を、夢作業によって歪曲される原テクストをもとにした転換とみなす。もう一つの仮説では反対に、夢は個人的弁証法が働いた結果である。二つの考え方のおもな違いは、前者では夢は方向をそらされたものであるのに対して、後者では夢は根本現象であって、それだ

第 4 章　無意識の仮説と具象心理学

けで自足しているという点にある。そういうわけで、厳密にいうと、夢には二つの内容——潜在内容と顕在内容——があるわけではない。というのも夢が顕在内容をもちうるのは、これを型にはまった弁証法の次元で解釈しようとする場合にかぎられるからである。ところがまさに、この弁証法も夢の場合は役に立たない。夢は個人の弁証法によってしか説明されないのだから、型にはまった弁証法の産物とはいえないからである。したがって夢には、フロイトが潜在内容とよぶ一つの内容しかない。しかし夢はこの内容を即座に手にするのであって、偽装のあとではない。象徴が偽装であるようにみえるのは、夢の説明である弁証法を夢の物語に置き換えて、この物語を夢そのものに先行して実在するとみなす場合にかぎられる。したがって、顕在内容に先行して潜在内容を実在化する必要性が明白であるには、夢の形態を静的に解釈しなければならない。すなわち、意味を放棄し、物語を実在するとみなさなければならない。したがってたとえば、夢はよく幼少年時代の記憶によって説明されるのである。しかし、この幼少年時代の記憶を力動的な観点から、言いかえればモンタージュや行動の徴候として理解するのではなく、記憶を静的な観点から考察することになる。そのとき、記憶は物のように実在するとみなされ、これに力学的な特性と作用があることを認めなければならなくなる。

　結局、無意識を導入する必要性はこのように説明される。幼少年時代の記憶を力動的な観点から、行動やモンタージュの意味を語るものとして解釈するにしても、夢には記憶などはいり込んでいない

とはいえない。記憶は、ゲームのルールがテニスの試合のなかに存在しているようにして、夢のなかに存在している。しかし、記憶を静的な観点から、記憶表象とか記憶イメージとして、したがって心理的実体として解釈すれば、記憶には別個に独立した場所が必要になる。記憶は夢のなかに静的に存在しているわけではないから、これを無意識のなかに投射せざるをえなくなる。

そうなるとわれわれが考察している論証が依拠している諸事実は、型にはまった思考の先行性という公準が正しいことの裏づけにはならない。実際には、この公準は諸事実に先行しているからである。夢の象徴がこの公準の裏づけとなるのは、この象徴を偽装とか転換とみなす場合にかぎられる。しかしこれは、潜在内容という実在するとみなされる物語——これはまさにこの公準を含んでいる——を典拠とする夢加工の考え方を前提としている。

第2グループの論証についても同じことがいえる。既述したように、フロイトは、精神分析の無意識とは、意識に対する実際の作用によって存在していることがわかる力動的無意識であるという点を力説する。また彼によれば、いったん抵抗がなくなれば、無意識的要素が意識されるようになることからも、この理論は否定しがたいものになる。

論証の前半についていえば、これが依拠している基本的事実はおもに幼少年時代の記憶の作用である。

ところが、われわれが述べたように、幼少年時代の記憶のなかに夢を説明してくれるものを発見したとき、実際に「意識的効果を生

第4章　無意識の仮説と具象心理学

みだす無意識的因子」を発見したと明言できるのは、技巧かむしろ幻想のおかげだということを証明するのは簡単である。

　というのも、ある幼少年時代の記憶がある夢を説明してくれるという主張は、正確にはどういう意味なのだろうか。何よりもまず、その夢の根底に、幼少年時代のある記憶の意味を示すモンタージュが見いだされることを証明しなければならない。しかしこのことを確認した結果いえるのは、幼少年時代の記憶の根底にあるモンタージュが夢のなかに現われていること、したがって記憶の出現によって、夢そのものとは別の心理的実在が明らかになるのではなくて、たんにそうした夢のなかに現に現われているモンタージュの身元を証明できるにすぎないということである。別の言い方をすれば、その記憶を入手することによって、われわれは心的実体を覆っていたベールをはがしたのではなく、われわれの頭を占領している問題に関する新たな照明を、決定的な詳報を獲得したということである。われわれのものの見方がある実在から別の実在へ移行したのではなくて、われわれは新しい関係をもとにして理解を深めたのである。もし抽象化の次元へ移るとすれば、まず顕在的夢が実在とみなされる。次に、出現した幼少年時代の記憶が実在とみなされ、ある物とみなされることになる。その結果、さっきまで認識手段でしかなかった記憶が、ある物の正体を明かすものになる。そのとき、記憶の作用を説明するために力学的シェマを発明し、無意識のうちに活動していた因子が意識へ戻ることを問題にしなければならなくなる。

　したがって、このような諸事実が実際に活動している無意識を明

らかにすると考えることはできない。またもや、実在論と緊密に結びついた公準は、これを裏づけるはずの諸事実に先行している。

つまり、型にはまった思考の先行性という公準の証拠をめぐる検証は、無意識の証拠をめぐる検証をとおしてえたのと似たような結論に至る。

この公準の証拠として引用される諸事実はまさに、この公準に合致するように歪曲されたものにほかならない。

諸事実の最初の歪曲は、夢分析の役割についての考え方そのものからなっている。フロイトは自ら分析のあらゆる瞬間に歴史的価値があるわけではないことを認めているにもかかわらず、フロイトおよびフロイト派の意向では、夢分析は何よりもまず再構成である。ところが実際に確認できるは、分析によって被験者に、前もって彼が何——たとえば夢の意味——を知らなかったかを教えることである。

ところが、夢を見たのは被験者であり、解釈に必要な材料を提供したのも被験者なのである。したがって彼は知っている。この知っているというのは明らかに待機的というわけではないので、彼は知っているにせよ、それは無意識のうちにである。ところでそこにあるのは、事実に対するもう一つの歪曲でしかない。被験者は夢の意味を知らないと主張する。この主張は受けいれられようとせず、被験者は知っていると言われる。たしかに、被験者が知らないとは思えない。なぜなら実在とみなされる潜在内容の物語が前提となっているからである。ふたたび、諸事実によって問題となっている公準

第4章　無意識の仮説と具象心理学

を証明するのではなくて、公準の名のもとに諸事実が歪曲される。

とはいえ、こうしたことが確認されたからといって、なにも驚くにはあたらない。この公準が実在論および抽象化一般と緊密に結びついていることがいったん明らかにされると、当然のこととしてこの公準は、実験にもとづく確認事項ではなく、先験的な原則と認められる。精神分析家がいつも、無意識を、諸事実によって直接的に課せられる仮説として提示していなかったら、この点を強調してもまったく無駄だったろう。

V

ともあれ、ことばの完全な意味で一つの公準と向き合っていることが明らかだと思える今、これまで以上に正確に、この公準の性質について考察すべきである。

夢および、一般に神経症の症状に意味があるのだとして、これらが意味をもつのは、これらが発生するときであるのは明らかである。とくに夢が願望充足なのだとして、夢が願望充足となるのは、夢が見られているときである。したがってこのような観点からすると、夢分析は、夢が何であり、神経症の症状が何であるのかを明らかにすることしかできない。この説明はおもに物語の次元で行われるので、このように限定された意味で、夢分析は物語の次元で存在を1人称体に移すということができる。また同じ観点から、夢や神経症の症状の潜在内容は、期待はずれ、言いかえればまさに体験された態度を主題とする型にはまった物語以外の何ものでもない。夢分析が

217

必要なのは、被験者によってなされたままの夢の物語が、体験されたことの完全な報告ではないからである。物語を詳細に検討すれば、夢の顕在内容には、実際に体験された態度の「演劇的な」モンタージュしか含まれていない。夢の謎の大部分は、物語と、これを構成する態度の実際の内容との不適合からなっている。1人称体の存在には、待機的な物語以上のものが含まれているからである。ところで、型にはまった思考の先行性という公準は、潜在内容の実在性を措定することによって、こうした事態を修正するしかない。そうすれば、1人称体の存在と物語とのあいだの隔たりは消滅する。というのも潜在内容というのは、体験された態度の適合した物語でしかないからである。潜在内容を夢の成立過程および夢作業に関する説明の出発点とするために、これを実在するとみなすことによって、つねに1人称体の存在に適合する物語がなければならないということを原則とするしかない。これが、検討している公準のほんとうの意味である。これは何よりも、人は思っているほど体験できないことを原則としていることを、言いかえれば、どんな行動もそれが生まれる適合した物語を前提としていることを意味する。したがって行動が、これをともなう物語によって示される以上のものであるとき、適合するために物語に欠けているものは無意識へ投射される。したがってこの公準の本質は、心理的事実は物語の形でしか存在しえないことの措定にある。型にはまった意味の公準は、じつは物語の思考の公準にほかならないと言うとき、われわれは公準の本質を述べたにすぎない。

第4章　無意識の仮説と具象心理学

　このような考察にしたがえば、われわれが検討している公準に依拠する主知主義のシェマを見いだすのは難しくない。というのも、どんな行動もそれが生まれる適合した物語を前提としているという考えは、まさに存在に対する表象の優位性を、生活に対する反省の、言いかえれば記述的態度の優位性を主張しているからである。しかしじつは、ここにあるのは、実在論がその巧みな反論や企てにもかかわらず、物語について常に検討していることの結果でしかない。公準そのものは、通常の物語において確認されることの一般化を、ある意味では、絶対的設定を示しているにすぎない。通常の物語が現に記述的であるからこそ、それが記述的物語に依っているからこそ、心理学は最初の成果をあげ、基本的な心的実体を作りあげる。次に、こうしたタイプの心理的事実が普遍的タイプとして示され、適合する物語が欠けていると、無意識の適合する物語が公準とされるのである。

　こうして無意識のほんとうの機能が明らかになってくる。それはまさに、われわれが触れた要請のもとに公準とされた物語の場であるから、その機能はもっぱらこの要請の恒常的な価値を保証することにある。たしかに無意識が問題になるのは、確認されたままの事実によって、公準にひびがはいるときである。その結果、公準を有効に保つために、事実に欠けているものは常に無意識によってもたらされるので、公準は否定しがたいものになる。さらに波及効果によって、無意識そのものも否定しがたいものになる。要するに、無意識は公準を否定しがたいものにし、公準は無意識を否定しがたい

ものにする。

VI

　この分析の最初の重要な結論は、精神分析家が、精神分析と無意識は切り離せないものだと思うのはまちがっているということである。そんなことはありえない。というのは、精神分析の基本的な着想はまさに具象的なものへの傾斜だからである。ところが、無意識は抽象心理学を構成する手法とは切り離せないものである。精神分析家にこうした幻想を生みだし、維持したのは、精神分析がほかの学説よりも、無意識を利用せざるをえなかったし、今なおそうせざるをえないからである。これはまちがいない事実である。しかしこの説明が、フロイトおよびフロイト派の説明、すなわち無意識を認めさせるのは事実そのものであるという説明と一致するとはかぎらない。

　無意識はなによりも、諸事実と物語の思考という公準との隔たりを整えるものなので、採用している観点が心理的事実と物語の思考とのあいだの古典的な均衡から遠のけば遠のくほど、無意識に頼らざるえなくなる。ところでこれは精神分析の場合である。具体的な観点に立って、特定の個人の生活に含まれる断片しか心理的事実として受けいれないということは、すなわち心理的事実を「私」個人の生活全体において意味づけることを心理分析の主要目的とすることは、聞いたままの物語の超越を、「私」の行為の正確な意味を見極めるために分析データを使って物語を照明する必要性を絶えずはら

第4章　無意識の仮説と具象心理学

んでいる。そこで精神分析は、基本的な着想にもとづいて、聞いたままの物語の思考と被験者が経験した行為の実際の意味との不適合を対象とするようになる。ところで、実在論的要請および、一般に抽象心理学の手法を放棄しなければ、われわれが言及しようとした道を通って、無意識の概念へ導かれざるをえない。したがって、無意識が精神分析のなかに現われるのは避けがたい。しかしこの必然性は、経験にもとづくものではなく、先験的で、精神分析家が理論を練りあげるとき古典的心理学の諸事実を利用することによるものである。

そのときわれわれは、精神分析の実際の着想は、出発点において、諸事実発見のときだけ生かされ、理論的解釈の段階ではすぐに姿を消してしまうという、矛盾するとはいわないまでも、奇妙な事実に立ちあうことになる。事実を解釈する段階で、具象的なものへ向かう行動が停止し、古典的な手法に席を譲るからこそ、無意識が現われるのである。要するに、ちょうど具象心理学に適合する仮説を提示しなければならないときに、無意識が現われるのである。その結果、力動的無意識そのものも、精神分析のほんとうに興味深い発見であるどころか、実際はその理論的無力を示すことにしかならない。

じつはフロイトは、力動的無意識の仮説を唱えることによって、多くの反論を免れ、きわめて近代的な理論を生みだすことができると考えていた。じつはこれがまた、不明瞭なところなのである。というのは、一見して明らかなように、精神分析家の無意識が力動的だというのは名ばかりだからである。あるいはむしろ、この無意識

の力動性というのは、なんら心理学的な意味をもちえないからである。

　フロイトは、考察している諸事実のなかにあるほんとうに力動的もの——行為、行動および形態、あるいはこれらの法則——には目を向けない。反対に彼は、実在とみなしうる「静的な」要素を追求する。こうして彼は、精神分析であれほど問題になる幼少年時代の記憶を対象とするようになる。たしかに、前章で述べたように、この記憶の力動的側面、言いかえれば記憶がその徴候となるモンタージュも等閑視されているわけではない。つけ加えておかなければならないのは、まもなくとりあげるが、精神分析の最近の動向では、ほんとうの力動性がますます重要な役割を果していることである。しかし、無意識に帰着するような基本的な実在化についていえば、事態は、静的な側面にしか関心がないかのように推移している。したがって、実在するとみなされるのは、記憶イメージや記憶表象といった心的実体であって、モンタージュや形態ではない。その瞬間から、力動性は因果関係と感情性 (affectivité) においてしか考察されることはない。そうなるともはや、実在とみなされ、感情によって強化される記憶要素が、物のような働きをする小さな力学的シェマしか追求されなくなる。こうして、物理的力動性を無条件に模倣しただけの力動性に帰着する。

　ところが、このような力動性はなんら心理学的意味をもちえない。というのは、心理学的に考察できる力動性というのは、「私」の力動性、言いかえれば 1 人称体の力動性だからである。自称心理学者が

さまざまな要素の力動性を認めようとする考え方はすべて、神話的にならざるをえない。幼少年時代の記憶の力動的作用、その「牽引力(attraction)」、また一般的にいって、フロイトによればこの記憶が及ぼすというあらゆる作用についても同様である。というのは、この記憶が認められているような優位性をもちうるのは、これが物とみなされる場合にかぎられるからである。しかしそのとき、この記憶は3人称体の次元へ移されたことで、心理学的なものではなくなった。

　このような状況には何の変化もないままに、力動的無意識の本質は感情性にあるといった主張がなされている。というのは、フロイト派が無意識のなかにあふれさせる感情的因子も、分析中に現われたり、潜在内容としてもたらされたりした意味のある物語にもとづく実在化から生まれるものだからである。したがってこうした因子も、古典的手法によって誕生したものなのである。また、このような因子を無意識的生活の本質とするには、これに固有の独立した活動性をあたえなければならない。ところがこのようにして、この因子を3人称体の次元に移せば、ふたたび広大な神話に帰着するしかない。

Ⅶ

　こうした分析と考察はたしかに、無意識の仮説に対する反証にはなっていない。これらにはまったく異なる目的がある。じつは、おもに次の2点を論証したかったのである。無意識が抽象心理学の基

本的な手法とは分かちがたいものであることと、これが、精神分析における進歩であるどころか、まさに後退——具体的な発想の放棄と古典的手法への回帰——をしるしていることである。

無意識のこのような特徴は、前述したことからもすでにはっきりしている。とはいえ、いくつかの考察を補足することによって、この特徴を強調しておくのも無益ではあるまい。

無意識の仮説の使用がほとんど進歩でないことは、そうすることによってフロイトが、もっとも激しく糾弾した反対者たちの過ちを繰りかえしていることからわかる。

周知のように、夢の古典的な理論家に対するフロイトの基本的な批判は、彼らが夢を、否定的な現象だと、不首尾に終わりかつまちがった一連の活動だとみなしたことに対するものである。たしかにフロイトはこの見解には与していない。彼がどのようにしてこの見解を超えることに成功したのかはすでに紹介したとおりである。しかし、夢が何よりも「ことばの完全な意味での心理的事実」として示されるフロイト理論の側面には、無意識の概念を用いることによってたぐり寄せられる古典的な考え方が、なんらかの形で介入してくることを認めないわけにはいかない。じつはこの概念には、すでに指摘したように、型にはまった思考の先行性という公準がとり込まれている。この公準にしたがえば、個人の弁証法によるあらゆる思考は、方向をそらされたものとして、型どおりに同一主題を表現する思考にもとづいて説明されなければならないものとして、要するに型どおりの思考が歪曲され、損なわれたものとして現われざる

第4章　無意識の仮説と具象心理学

をえない。そういうわけで相変わらず、二つの問題を措定しなければならなくなる。意味に関する問題だけではなく、この歪曲の原因と機構に関する問題である。フロイトがいかに入念に、かつ綿密にこれらの問題を解決しようとしたのかというのは周知のとおりである。

ともあれ、ある意味でふたたび夢は、失敗に終わった、したがって否定的なもの——フロイトにいわせれば、この失敗の原因はあくまで肯定的であるとはいえ——ということになる。

たしかに夢は自足することはできない。いかなる心理的事実もそれだけでは自足しない。心理学にとって重要なのは、個人生活の断片としての夢の意味であり、この意味は被験者の情報提供をぬきにしては見極められないからである。ただし、提示されたままの夢は自足しないと主張し、こうした見解に依拠していれば、二度と古典的な過ちに陥ることはないだろう。ただ、夢は自足しないと考えながらも過ちを繰りかえすのは、夢の完全な意味を理解するには何が必要であるかという観点に立つときばかりでなく、ほんとうに重要な要素を含み、最終的にすべての関心がそこに集中しているような別の心理的実在に目を向けるときである。具体的な観点を採用していたら、夢をふつうにはそうではなかったはずのものとみなすようなことはせずに、何事も夢本位に考えることができただろう。しかしフロイトは、諸事実を解釈するために、彼の学説の具体的な着想を使うことができなかった。型にはまった思考の先行性という公準に縛られて、彼がもっとも嫌う古典的偏見に満ちたシェマを理論の

なかへとり込まざるをえなかった。

　先人たちに対するフロイトの第2の基本的な批判は、夢の研究において、顕在内容だけにしたがったことへ、あるいは既述したように、型にはまった意味の公準にしたがったことへ向けられる。

　ところで周知のように、フロイトの考えの初期段階では、つまり精神分析の具体的着想にしたがっていた段階では、彼は前述したような観点を凌駕し、個人的弁証法の発見――具象心理学の基礎となる発見――に至ったのだった。しかし、彼の理論構築を検討してみると、彼は顕在内容を重視する観点を、彼の声明から考えられるほど抜本的な形では放棄していなかったことを認めざるをえまい。

　たしかに無意識の仮説には、既述したように、物語の思考という公準が含まれている。したがって無意識は、夢がこの公準によって表わされる要請を裏切るからこそ導入されるのである。言い方をかえれば、あらゆることを顕在内容のなかに見いだせると予想していたからこそ、無意識を導入せざるをえなくなるのである。あらゆることが顕在内容のなかにあるわけではないので、残りを無意識のなかへ投射しなければならないと思うのである。こうして顕在内容は、これが依然として心理的事実を位置づけるための典拠となっているのだから、実際には放棄されてはいなかったことになる。

　そういうわけで、「認識論的逆説(paradoxe épistémologique)」のようなものに帰着する。ここでも、説明は説明すべきことを削除することにある。実際に夢は見られた。個人的弁証法(dialectique individuelle)が機能して、意味的意図と徴候のあいだに、思いがけな

い予想外の関係が確立された。思考は、ふつうの形態をとらずに、通常別の思考に振りあてられる形態をとった。ところで説明は、無意識を導入し、そこに夢を説明するための公準とされている型どおりの物語を張りつけることによって、個人的弁証法を消し去る。こうして、もっとも興味深い事実が削除される。残ったのは、かつ依然として残っているのは、型どおりの弁証法ということになる。しかし、この弁証法はまさに無意識のなかに見いだされる。

こうしてわれわれは結局、型どおりの意味という公準へ引き戻される。というのは、無意識のなかに投射される思考構造というのは、意味がこれに適合する徴候と結びついているようなものだからである。無意識の導入は、夢が遵守しようとしないこの適合を見いだすためとさえいえる。夢のなかに現われているにもかかわらず、そこではほかの徴候によって表象されている夢の意味の徴候を実在するとみなすためにほかならない。

精神分析家による古典的心理学に対する第3の重要な批判についても同じように検討することによって、類似した結論に到達しうる。古典的心理学によれば、すべての思考のモデルとなるのは意識的な思考である。フロイトは、反対に力点を意識的なものから無意識的なものへ移したと主張する。

しかしながら、フロイトの理論構築を考察すると、彼も一面において同じ過ちに陥ったことをわれわれは認めなければならない。というのは、フロイトの場合も、われわれが顕在内容について述べたことから明らかなように、どうしても心理的事実の位置づけを可能

にする典拠となっているのは意識だからである。なぜなら、ある行動のあらゆる意味は物語という形で表明されると、言いかえれば意識されていると予想していなければ、かならずしもそうであるとはかぎらないという事実を並外れた発見だとみなすことはできないだろう。フロイト派が無意識の発見から感銘を受けるのは、こうした要請が裏切られたことによる。その結果、フロイトの理論構築は、実際に意識を解任するどころか、意識に関する見方を表わしているといえる。

　しかし意識は、典拠として精神分析のなかへはいり込んでくるばかりではなく、無意識を構成するときのモデルともなる。たしかに無意識のなかへ投射される行動の構造は、意識的思考をそのまま真似たものである。そのうえ、行為のとなりに、たいていは行動をともなうさまざまな物語と構造が同じである物語を求めるからこそ、無意識を公準としなければならなくなるのである。そのあと、われわれには正確にわかることなど決してないであろう無意識の独創的な過程やその状態がとりあげられても、われわれの主張が正しいことにはなんら変わりない。それは、基盤が意識的思考にしたがって練りあげられた体系を、フロイトが漸進的に洗練させていったものにすぎないからである。

VIII

　したがって無意識が、抽象心理学の基本的な手法と固く結びついていることは疑う余地がないようである。結びつきが強いので、無

第4章　無意識の仮説と具象心理学

意識はフロイトが戦っていると称する偏見へ彼を連れ戻してしまうほどである。そのことだけからも間接的に、この仮説がまちがっていることは裏づけられる。というのは、古典的手法に結びついているこの仮説は、この手法と同様に3人称の観点に立っているからである。この辺で無意識の問題を検討するのはやめてもいいだろう。無意識が具象心理学ではもはや問題になりえないことは、手法や概念が抽象化を前提としていることを証明すれば事足りるからである。しかし、古典的手法はわれわれのなかに深く根づいているので、無意識の仮説は平易で都合がよく、反論しがたいとさえ思える。われわれは、この平易さや利便性がもっぱら、基本的な不条理性を忘れていることに起因しているのに気づいていない。そういうわけで、この不条理性を直接に証明するところまでいくのももはや無益ではない。とはいうものの、心理学の新機軸がなければ無意識の仮説が削除されることはないのだから、この証明によって議論のなかへほんとうに重要な要素がもたらされることはありえない。そういうわけで、われわれは手短な証明にとどめることにしよう。

　どう考えようと、心理学的情報は物語をとおしてしか知ることができない。いくつかの物語が特殊な現実の描写として心理学者に示されるが、これはもはや直接的な情報ではなく、一つの解釈である。直接的な情報というのは常に、意味だけのはずである。そのほかの部分はすべて仮説でしかない。内観心理学者が何と抗弁しようと、彼らもさまざまな仮説と公準からなる複雑な装置で、意味をもつ物語を濾過しているにすぎない[11]。

ところで、無意識に行き着くのは、実際の物語だけでは満足できないので、物語が実在化するときには語られていない物語を、すなわち経験の要約からはほど遠い一連の原則に合わせて作りあげられる物語を公準とせざるをえないからである。したがって、ある意味では被験者になり代わって、いくつかの要請にしたがいながら、被験者が語らなかった物語を作ることになる。純粋に理論的な要請のためだけに作りあげられた物語を被験者のものにできるように、無意識は導入されるのである。したがって、無意識は公準とされているが存在しない物語の場なのだから、無意識的現象は、完全に「自分に都合がいいように」作りあげられた心理的事実を表象していると何の矛盾もなしにいえる。

無意識の虚偽性は、いわゆる無意識的現象には何の根拠もないということから明らかになる。というのは、実際の物語以外に心理学的情報といえるものは何もないということが正しければ、語られなかった物語の実在化から生まれる無意識は、いかなる実在性にも対応できないからである。これは、無意識の仮説にとって、脱出不可能な袋小路である。

IX

こうした分析から出てくる結論——無意識が事実そのものの要請を受けているのではなく、心理的事実の性質を充分に照明する考察にもちこたえられないこと——は、意識の独占へ引き返さなければ

第4章　無意識の仮説と具象心理学

ならないということを意味するものではまったくない。具象心理学は無意識の仮説から離れるべきであるという主張は、アンチテーゼからテーゼへの回帰を告知しようとするものではない。

反対に、意識の概念と実在論的態度の親密な関係(12)を考察しさえすれば、次のことがわかる。実在性から離れてドラマ的意味だけを研究する心理学の観点からすると、意識の古典的な問題はきわめて縁遠い問題になることと、ほんとうの解決策は二つの古典的なテーゼのどちらによっても示すことはできないということである。というのは、この解決策は、古典的対照法にはいかなる重要性も、いかなる意味すらもないという次元におかれるからである。

しかしながら、具象心理学と意識独占のテーゼが両立しないことを完璧に証明するとなると、本書の枠をはるかに超えてしまうだろう。というのは、この問題に関わることにざっと目を通しただけで、このような証明が意識の概念の全般的な検討を前提としていることがはっきりわかるからである。ところで、本書の研究では副次的にしかとり扱われない論理展開をとおして、それ自体で有効ないくつかの考えの射程に踏み込むのはやや軽率といえよう。

そのうえ、分析の本来の流れからして、われわれはこのような全般的な証明へ向かうことはできない。実際にわれわれが証明したのは、抽象化の手法によらないかぎり、精神分析的事実をめぐって無意識の仮説の主張はできないということである。そういうわけで、われわれの批判に「反発する」意見を退けるには、次のことを証明すれば充分だろう。精神分析的事実にまつわる無意識を否認したか

らといって、これはフロイトの無意識の内容をなぜ意識とみなしうるかを証明しなければならないということにはならない。

実際、心理的事実の無意識性の否定がその意識性の肯定を意味するのは、どうしてもその事実の実在性を認めなければならないときにかぎられる。したがってたとえば、夢の潜在内容の無意識性を否定することがその内容を意識のなかへ位置づけることを意味するのは、夢が練りあげられ展開しているときに、潜在内容をどうしても心理的に実在するとみなさなければならないときにかぎられる。

こうした必要性を心理学者たちが感じているのは明白である。たしかに彼らは、夢を生みだす表象が無意識的でない場合、それはどうしても意識的でなければならないと確信する。たとえば、フロイトが無意識的だとよぶ諸事実も、はっきりと意識されている諸事実ほど深くはないまでも、意識に関与しているとする学説はこうした感覚に対応している。これは、近著『自我とエス』(13頁以下)の冒頭でフロイトが引用し、反駁している学説である。

ただし、これもまた明瞭なことだが、心理的事実を心理的に実在するとみなさなければならないことが明白な場合しか、この感覚は有効ではないということである。

われわれはすでに、無意識の内容が潜在内容の実在化に由来していることを知っている。潜在内容とは、夢の意味を明示する物語にほかならない。この物語は、被験者のために無意識的潜在内容として公準化される。ところで、無意識の否定が潜在内容の意識性の肯定につながるのは、潜在内容の実在性を公準とし続ける場合にかぎ

られる。言いかえれば、被験者に対して、夢と同時に夢の意味を明示する物語を、夢の意味の意識と同時に夢を要求し続ける場合にかぎられる。したがって絶対的なようにみえるこうした必要性の基礎となっているのは、物語の思考という公準、言いかえれば、われわれが無意識に関するところですでに指摘したのと同じ「存在することと知ること」の混同である。

そういうわけで、無意識を否認することで、無意識的だとみなしたくない諸事実をどうしても意識のなかにおかなければならなくなるのは、ほかの経路でその実在性が認められるいくつかの事実の性格や存在様態だけを否定する場合にかぎられる。これは、われわれが引用した学説の立場を特徴づけているものである。

ところで、われわれの批判はまったく異なる性質のものである。われわれは否定の対象を、無意識的だと称される諸事実の実在性そのものへ向ける。たしかにこれらの事実は、具象心理学の方向性とは相いれない要請にしたがってというばかりではなく、それが諸事実の絶えざる歪曲を内包していることからして、諸事実そのものとも相いれない要請にしたがって、完全にでっちあげられているようにみえる。

たしかに、被験者に行為の達成以外のことを要求することが正しいとは思えない。彼が行為の意味を知ることはありうる。しかし、夢や精神病理学の事実が示しているように、彼がそれを知らないこともありうるのである。ところが、心理生活の本質は「対自的」だという固定観念に縛られて、心理学者たちはこの知らないということ

を認めようとしない。彼らは、救助活動が場合によっては殺人に匹敵することもあるのに、「対自」をどうしても救済しようとする。こうして、無意識の仮説が誕生する。

　ところで無意識を否定することによって、われわれが行うのは、ある科学の対象に対して同時にその科学の設立者たることを求めるこの不条理な要請を放棄することだけである。このようにわれわれは無意識的事実の実在性を保証する抽象化装置をすべて放棄するのだから、無意識を否定した以上、その内容をどのようにして概念化しなければならないかということは問題にするに及ばない。このような内容は存在しない。被験者は夢を見た。これが、彼のしなければならなかったすべてである。彼は夢の意味を知らない。彼はたんなる被験者としてこれを知るには及ばない。なぜならこれを知らなければならないのは、心理学者のほうだからである。要するに、潜在内容、言いかえれば夢の意味を知るというのは、分析以前には、意識的なものでも無意識的なものでもありえない。潜在内容は存在しない。科学は学者の業績から生まれるのではないからである。

　心理的事実をたんなる内的現実と規定しているかぎり、内面生活に関して被験者が何もかも知っていなければならないという要請の矛盾した側面が砕け散ることはありえない。というのは、自我の科学はたんに現実にだけ関わっているので、ここで究明するには及ばないにせよさまざまな手法によって、即座に「第六の本質」の形態をとらえる特殊な直観の存在を公準とするばかりでなく、その確証をえることができるからである。しかし、もはや実体や性質をとら

第4章 無意識の仮説と具象心理学

えるのではなく、行動の意味を理解することが問題になるとき、「直接、対自的にあたえられた生活の展開に立ちあう」のではなく、個人生活の具体的なドラマを分析することが問題になるとき、フロイトの分析のように複雑な方法からしか生まれない知識を蓄積するよう被験者に要請しないかぎり、被験者に対して俳優であると同時に知的な観客となるよう要求することなどできない。

　したがって、意識的なものと無意識的なものは同じ非難に包まれているといえる。二つの説のつまずきの石は、両者とも「対自的思考」もしくは「物語の思考」という公準を基盤としていることである。そういうわけで、無意識の否定は意識の独占を肯定することにつながらないし、この独占の否定も無意識の導入につながらない。この公準から生じるような混乱は、具象心理学とは相いれない。というのは、本来の心理的事実とは人間のドラマ的生活であって、これを知ろうとする具象心理学は、被験者に対してこのドラマ的生活しか期待しないからである。反対に、古典的心理学はそれ以上のものを要求する。古典的心理学は被験者に知識の蓄積を要求し、そのうえこの要請を心理学の基本的な確認事項にしようとさえする。ところで生活と知識は類義語ではない。被験者には心理的生活があるが、彼は同時に心理的知識をもつよう強要されることはない。でないと心理学は不要なものになる。古典的心理学の矛盾は、第1原理の措定からすでに科学としての自らを殺していることである。というのは、ある光景の物語でしかないものを、どうして科学とよばなければならないのだろうか。反対に具象心理学はこの矛盾を排除す

る。というのは、この心理学は、心理的知識に対していかなる特権的構造も要求しないからである。被験者に心理学者になるように求めることもない。被験者が心理学者でないのはあたりまえだと考える。この心理学は、自らの心理的存在に関する被験者の無知がとくに注目すべきことだとは考えないのだから、無意識の概念などまったく必要としない。

したがって、われわれの無意識批判は完全に否定的な結論に帰着する。無意識というのは、虚偽性を証明できる一つの仮象でしかない。無意識の概念を、この概念の肯定が、たんなる不在や潜在にではなく、実際の存在に関係しているとみなして、ほんとうの心理学的な価値をもちうる実証的な概念にしようとするフロイトの試みは失敗した。

とはいえ、フロイトの先駆者たちおよびフロイト自身が、無意識をめぐって考察したことがすべて無益だと結論づけるのは大きなまちがいであろう。というのは、無意識が古典的心理学とともに「対自」を救済する手段でしかないという理由で、これは教理的にみて進展を表わしてはいないことと、無意識が具象心理学とは相いれないという理由で、精神分析から切り離せなくはないことをいったん了解してしまうと、端的にいえば、無意識を利用する理論は、今のままでは、真実を表わしているとはいえないことをいったん了解してしまうと、フロイトの理論構築および、一般に心理学者をしだいに無意識の概念へ向けさせたあらゆる動きが、われわれにはあらためてことさらに興味深く思える。

第4章　無意識の仮説と具象心理学

　たしかにわれわれは、無意識が心理的生活の古典的な考え方と、対自的にあたえられた諸事実のイメージに合わせてでっちあげられたものであるのをみてきた。しかし、一方で、無意識の心理的虚偽性がどのようなものであれ、やはり無意識の諸事実はもはや直接的にあたえられるものではなく、通常の科学の事実と同じように構築されるものであることに変わりない。そこで、心理学者がこの概念を最終的に受けいれようと決意したことは、古典的理想の衰弱と磨耗を露呈するものである。言い方をかえれば、無意識への傾きは、古典的心理学が崩壊する決定的瞬間を、なおも抽象化を救済しようとしながら、心理学がそこから離れ始めようとする瞬間を示している。

<注>
(1) 本章の分析は『資料』の第1巻と第3巻に受けつがれ、さらに『試論』において体系的にとりあげられることになる。
(2) 『トラウマに関する講義』、ウィーン、1922年、117頁。
(3) 『自我とエス』、ウィーン、1923年、10頁。
(4) 『トラウマに関する講義』、104-105頁。
(5) 『自我とエス』、10-11。
(6) 同書、11頁。
(7) 同書、11-12頁。
(8) 同書、11頁。
(9) 同上
(10) 諸事実の歪曲——こうして諸事実は無意識の証拠となる——における機能

的形式主義の役割を指摘しても、第3章においてそのことはすでに述べたのだから、お遊びでしかなくなる。われわれがこの点を敷衍するのは、論理をより明瞭にするためにほかならない。
(11) 物語が「内面で」なされようと、「公然と」なされようと、そのことには何の重要性もないことを想起しよう。
(12) 事のついでに、204頁以下で軽く触れた。

第5章

精神分析における
抽象的なものと具象的なものの二元論
および具象心理学の問題

　精神分析が本質的な二元論(dualité)を抱えていることは事実である。精神分析は、措定する問題とその研究を方向づける方法において、具象心理学を予告している。しかし、精神分析は、用いたり生みだしたりする概念の抽象性と利用するシェマによって、具象心理学に反する。フロイトはその発見において具体的であるのと同じくらい、理論において驚くほど抽象的だといってもよい。これが、既述してきた分析からえた結果である。

　ところで、すでに指摘したように、この対比をフロイトの思考の明晰さの欠如や一貫性の欠如によって説明するのは容易なことだろう。このような手抜かりはいつも歴史的な必然性と結びついているのであって、個人の論理力を超えている。しかしまさにこうした理由で、手抜かりと真実そのもののあいだに実際の断絶は生まれえない。方法論的必然性を理由に抽象的態度を否認した以上、批判にいかなる不明点も残さないために、フロイトの態度が、具象的態度の

明確化に到達する変遷のなかで、必要な一つの段階を示していることを証明しなければならない。

　しかしわれわれは、あまりにも安易な仕事を手がけていると言われるかもしれない。というのは、少なくとも、われわれが先験的に思い描いたような具象心理学ではなくて、精神分析がもたらす具象心理学を提示しようとしているかぎりにおいて、この二元論という事実そのものが企画全体を危うくしかねないことにわれわれは気づいていないふうだからである。たしかに、この二元論をどのように解釈するかということでいえば、おそらくわれわれの解釈だけが可能だとはいえないだろう。というのもこの二元論は、ある程度までしか正確とはいえない方法によるわれわれの精神分析の解釈から生まれるのかもしれないからである。そうなると二元論は、精神分析全体について有効とはいえないので、必然的にこれを二つ——２番目はわれわれが精神分析に関していだいている考え方の不正確さを測る部分——に分割する解釈に依存していることになる。たとえば、偉大な哲学教義の解釈者たちは、もっぱら先入観と一方に偏った理解のせいで、このような二元論をほとんど認めなかったのではなかろうか。また一方で、われわれが精神分析の具体的な着想とよぶものを明らかにするために、フロイト自身の表現を絶えず歪曲しなければならなかったのも確かではないだろうか。ところでこうした歪曲は可能だし、ある程度までは正しいようにもみえる。しかし早晩、このような方法のわざとらしさというのは崩れざるをえない。そのときこそ、二元論の幻想が姿を現わすに違いない。

第5章　精神分析における抽象的なものと
具象的なものの二元論および具象心理学の問題

　そういうわけで、われわれがフロイトの手抜かりとよぶものの歴史的必然性を示すだけでは充分とはいえない。というのは、この証明もまた、われわれの幻想の説明的言いかえにすぎないかもしれないからである。もっと先へ進まなければならない。今度はフロイトの表現そのものには触れずに、その技法形態が完全に抽象化のほうへ向かったにもかかわらず、フロイトの思弁にも、具象心理学の態度になるには、ありのままの形で認識され、抽出されるばかりになっている態度が含まれていることを証明しなければならない。

　この証明は可能である。しかしこの証明の可能性は、われわれが精神分析のなかに認めざるをえなかった二元論に起因する危険を増大させるばかりである。というのは、フロイトの理論的思弁がすでに具象的ではあっても、抽象的な技法形態で偽装している態度しか表わしていないとすれば、またこの偽装が必要なのだとすれば、検討し直さなければならないのは、もはやわれわれの解釈が正確かどうかではなく、われわれが具象心理学についていだいている考え方が充分かどうかということである。たしかに、われわれが精神分析の基礎になっていると主張するような具象心理学は、古典的心理学には知りえないことを明らかにできるといえる。しかし反対に、古典的心理学も理論的練りあげが問題になるやいなや、報復する。したがって、いわゆる抽象化への回帰は、われわれの具象心理学が理論的に無力であることを露呈しているにほかならない。二つのうちのいずれかである。一つは、われわれは具象心理学の本質をほんとうに見ぬいた。しかしそのとき、われわれが確認した二元論は、こ

の心理学が古典的心理学の理論装置の助けを借りる必要のあることを示している。こうして、古典的心理学は糾弾されるどころか、活力を取り戻す。心理学の二つの形態の対立が乗り越えられないものではなくなるとき、われわれの基本命題は崩壊する。もう一つは、もしわれわれが古典的心理学は死んだという主張をどうしても譲らないのだとすれば、あらゆる意義を失うのは具象心理学に関するわれわれの考え方である。というのは、具象心理学は、研究していると称するドラマを理解することができないからである。そのうえ精神分析が、われわれが定義したような具象心理学をほんとうに予告しているのであれば、精神分析はさらに頓挫した企画という様相を呈するのだから、われわれの解釈に照らして、ほとんど意義を失うことになる。要するにどちらへ向かうにせよ、この二元論は、これを確認することがはじめはわれわれの方法の勝利であるようにみえたが、じつは敗北を示している。

　こうした論証が有効なのは、この二元論がほんとうに絶対のものである場合にかぎられることは明白である。すなわち、実際に仕事をしているときに、たんに事実の規定と方法論が問題となるときばかりでなく、人間のドラマの理解そのものが問題になるときも、われわれが定義したような具象心理学を示すことができない場合にかぎられるということである。しかしこの論証も、具象心理学が、理論的無力さに苦しむどころか、その基本的な概念を練りあげ始めたことを証明できれば破綻する。

第5章　精神分析における抽象的なものと具象的なものの二元論および具象心理学の問題

I

　事実と方法に関する具体的な着想と説明の抽象的な足どりという対比は、フロイトにあっては、まず心理学と精神分析の関係についての彼自身の受けとり方に原因がある。たしかにフロイトは、精神分析が、古典的心理学の方法では決して導きだせなかったような新しい結果の発見を可能にしながらも、問題になっている諸事実の「心理学」そのものには帰着しない特殊な方法だという考えから出発する。彼の基本的な考えは、精神分析と心理学が二つの異なる次元に属しているというものである。精神分析的態度は、諸事実の心理学の探求とは別のものである。また、心理学的な説明の探求は、精神分析固有の態度の放棄を意味する。

　こうした態度は、『夢判断』のなかでよく表現されている。精神分析によって発見できる諸事実について述べたあと、フロイトは、「夢過程の心理学」と題された章を別にたてて、諸事実の説明を探求している。それまでは夢を解釈し分析することが問題だったが、ここでは夢を説明することが問題になる。「われわれがこれまでおもに追求してきたのは、夢の隠された意味が何なのか、その意味はどのような方法によって見つけることができるか、夢作業はその意味を隠蔽するのにどのような手段を用いるのかということであった。これまでわれわれの関心の中心にあったのは、夢解釈の諸要請だった」(ドイツ語版、第4版、404頁)。今や「新しい道」に進まなければならない。夢を心理現象として理解することである。

ところで、フロイトにいわせれば、心理的事実を説明するというのは、これを心理学の既知の法則へ帰着させることである。退行に関するところで彼はたしかに、「われわれはそう思われているように、夢のこの性格を説明し、これを心理学の既知の法則へ帰着させたのではなかった」(541頁)と述べた。したがって、フロイトの企画の理論的な部分は、精神分析的事実を古典的心理学へ帰着させる試みだとすぐに予想される。われわれには根本的な方向転換と思われたものが、フロイトにおいてはごく自然な形で提示される。たんに説明を追求するということだけで、古典的心理学へ帰着する。

 こうしてみると、精神分析の独創性は、もはや説明の次元ではなく、古典的心理学にはフロイトが発見した新しい事実を受けいれる準備が何もできていないというところにしか見いだされない。「われわれには夢を心理現象として説明することはできない。なぜなら、説明するというのは、既知のものへの帰着を意味するからである。ところが、今までのところ、われわれの夢分析が到達する諸要素を結びつけることのできる心理学的概念はまったく存在しない」(508頁)と彼はいう。ただし、このような欠陥は本質的なものではない。それは、本来的かつ決定的な無力さではなく、対策を講じることのできる一時的な不完全さでしかない。しかし、課せられる拡張作業の広がりと斬新さがどのようなものであれ、古典的心理学の基礎そのものは手つかずのまま放置されることになる。そこで精神分析の発見の斬新さから生まれるのは、「心的装置の構造とそのなかでのさまざまな力の作用に関して新しい仮説をたてる」必要性である。

第5章　精神分析における抽象的なものと
　　　　具象的なものの二元論および具象心理学の問題

　次にフロイトが展開する「含意（implications）」と彼のさまざまな仮説に目を通しさえすれば、彼にとって、19世紀末の心理学者たちの科学的理想に合わせて理論構築することがもっぱらの関心事であるのがわかる。

　この科学的理想については周知のとおりである。そのおもな特徴は、生理学的で、エネルギーおよび量に関する空想である。物理学におけるエネルギー論者の動きを追いかけるように、心理学者も力学モデルを捨ててさらにエネルギー論者のシェマをめざしたことを別にすれば、追求されるのは、物理学が説明するときに用いるシェマを想起させるような心的力学である。フロイトはときどき、きわめて素朴にこの古典的な理想に言及する。『集団心理学と自我の分析』（仏訳版、1924年、36頁）のなかで彼は言っている。「リビドー（libido）とは情動理論から借用した用語である。われわれは、（今でも量ることのできない）量的な大きさとみなされた衝動のエネルギーをこうよんでいる。これは、愛という用語で要約できるものに結びつくものである。」本書の第3章からわかるのは、フロイトがいかに巧みに、科学的理想を実現しようとしているかということである。

　したがって、フロイト自身が古典的心理学の中心体系を疑問視したことがなかったのは明瞭である。古典的心理学の方法は不完全かもしれない。また、古典的心理学はどれも先入観にみち、いくつかの問題に限定されていたかもしれない。しかしこうしたことも、命題の見直しにはつながっても、基礎論の見直しにはつながらない。もちろん、古典的心理学にはある作業を、見直しと拡張の作業を施さ

なければならない。

　ところで、いったんこのような態度をとると、立ち止まることはできない。いかなるときも決して、新事実と古い心理学の非両立性が解消されることはないだろう。というのは常に、古い心理学の仮説と概念をさまざまに組み合わせながら拡張してゆくことができるからである。そういうわけでフロイトは、彼自身の発見の道のりを逆方向にたどっているとは決して報告できずに、彼が発表したような思弁的作業をすることしかできない。いくつかのシェマを力学的に論理展開しただけのたんなる形式的な作業によって、ほんとうに説明したと思えるのは、古典的心理学の科学的理想に「縛られている」からにほかならない。

　したがって、理論段階で考えたとき、フロイトの企画はわれわれとは正反対である。われわれにとって重要なのは、精神分析的事実と精神分析的手法のなかに含まれる心理学を発展させることだった。フロイトの場合、措定されるのは逆の問題である。それは、精神分析的事実が導きだされる古典的心理学とはどのようなものか、そういう心理学が存在しないので、これを発明しなければならないという問題である。

　ところで一見して明らかなように、フロイトの態度に必要不可欠なのは前者の態度であり、この態度が必要不可欠なのはごく自然なことである。精神分析によっていくつかの事実が発見される。これらはすぐに、内面生活の諸事実だとみなされる。この考えはあまりにも自然なことなので、フロイトはいくつかのテクストで自由連想

第5章　精神分析における抽象的なものと具象的なものの二元論および具象心理学の問題

そのものを、反省や内観の一つの形式だとみなしているくらいである。そういうわけで、精神分析がわれわれにもたらすものはすべて、古典的心理学がその研究を提唱しているこの内的現実に関する情報だということになる。そうなると、精神分析的発見における進歩はすべて、「心的装置」に関する考えを先へ展開するための動機とならざるをえない。

　当時一般的だった古典的心理学の理想への「固着」ということからして、フロイトはわれわれが指摘したような態度をとることになってしまう。彼がそうなるのを防止するものがあったとすれば、それはただ一つ、この理想から解放されることだったろう。ところが、彼にはそれができなかった。それは、立場上、彼が古典的心理学に対して、この心理学だけではなく、正しかろうがまちがっていようが、どのような理論グループであれ、簡単に解決できるまったく形式的な問題を提起していることからわかる。

　というのもフロイトは、精神分析から出発して心理学へ到達するからである。ところがそのときには、彼の発見はすでになされていて、彼の態度はもはや創造的ではなく、まったく恬淡としたものになっている。彼が心理学に期待するのは、ほんとうに豊穣で生産的な仕事の達成ではなく、すでに発見された概念網と仮説網への同化だけである。したがってフロイトは、心理学の基本的な不毛性を確認することができない。というのは、彼は心理学に対して、その解決が心理学にとって一つの「拡張」しか意味しないような問題を提起するからである。

したがってフロイトの態度は二つの理由で避けられなかった。まず、当時の基本的な考え方からして、精神分析の発見はすぐに、語の古典的な意味で心理的事実として現われるからである。次に、ほんとうに創造的な仕事がすんだあとで心理学にとり組んでも、心理学の無力さを解消することはできないからである。観点をかえていえば、おもな関心事が精神分析的方法の実践にある精神分析家は、われわれがフロイトの業績に関するところで指摘したような矛盾に直面せざるをえなかった。

精神分析から心理学へではなく、心理学から精神分析へ進む人にとっては事情が異なる。というのは、主眼は心理学そのものにおかれているのだから、いったん創造的な仕事がすんだあとで、仮説を介入させなくても発見された諸事実を説明するために遅まきに仮説を練りあげるというような詐術的操作に甘んじるために心理学にとり組むことはない。しかし、心理学そのものには能力と豊穣さが期待される。心理学史および心理学の現在の関心事からみてわかるのだが、事実と方法に関する古典的な考え方では決して、どのようにして精神分析家が、古典的な方法がそこで暗礁に乗りあげたさまざまな発見へ導かれたのかという問題を提起することなどできなかっただろう。

そういう意味では明らかに、精神分析の発見は古典的心理学とは合致しえない心理学の考え方を前提としているし、かつ新たな問題を提起する。それは、どのような補足的思弁の力を借りれば新事実を古いシェマへ還元できるかという問題ではなく、さまざまな発見

第5章　精神分析における抽象的なものと
具象的なものの二元論および具象心理学の問題

を可能にしたこの新しい心理学とはどのようなものかという問題である。

　われわれが本書においてとった態度はこのようなものである。ただしこの態度は、フロイトの態度を前提としているし、これがあってはじめて思いつくことのできたことである。というのはまず、その分析が具象心理学に到達するようなさまざまな発見をしたのは、精神分析家たちだからである。彼らは自ら、説明を試みるところから始めなければならなかった。ところがこの説明は、今みたように、基本的な着想と理論装置との二元論へ帰着せざるをえなかった。

　しかし一方で、この二元論は、われわれが提案しているような企画が生まれるためには必要なものだった。精神分析の発見の豊かさと古典的心理学の不毛さをまえにして、精神分析の抽象的思弁は、批判を受けても仕方ないような矛盾を提示する。

II

　フロイトが説明の問題をどのようにして提起したかというところから考えて、われわれが先ほど指摘したように、精神分析の独創性がはっきりするのは、古典的心理学の諸概念を拡張しなければならなかったことと、そこに新たな、ただし古典的心理学の基本的な手法に沿った仮説を導入しなければならなかったことからだけである。

　しかしながら概念化の作業は、精神分析がもたらす新事実に合わせて行わなければならないのだから、抽象化の流れがあったとはいえ、この新事実にさまざまな発見を生みだした具体的な着想が残っ

ていないというのは驚きである。

　これまで、無意識は抽象化の最たるものであるように思えた。このことはまったく正しい。無意識の起源は、われわれが抽象的だとよぶ手法にある。無意識を生みだすのはこの手法であり、この手法がなければ、無意識はいかなる意味ももちえない。ところが、理論全体の基礎に、理論に技法形態をあたえるさまざまな手法よりも深いところに、一般的態度というものがある。これによってその理論は、自らの教義的意味を超えることもありうる。無意識の仮説の場合がまさにそれである。無意識の技法的側面がいかに具象心理学とは相いれなくとも、無意識を承認することのなかに、古典的心理学の理想とは正反対の態度が含まれている。

　一般にかつフロイト理論とは関係なく無意識を特徴づけているのは、無意識が、被験者が直接には知らないか、もしくは彼が直観ではとらえられない心理的事実に関係しているということである。したがって、無意識の導入は内観主導の終焉を意味する。無意識的事実は、心理的であるにもかかわらず、意識から、したがってどのようなものであれ内観からは漏れるからである。そこで、「対自的に」あたえられるのではない一連の心理的事実の存在が認められる。その検証と研究は内観とは別の方法によらなければならない。

　無意識導入の結果として注目すべきなのは、内観を放棄せざるをえないことではない。古典的心理学は簡単にそうする。この心理学はよく内観を放棄して、生理学的とか生物学的といった「客観的な」方法を採用する。しかし注目すべきなのは、この場合、われわれが

第5章　精神分析における抽象的なものと
　　　　具象的なものの二元論および具象心理学の問題

ほのめかしているような心理学者たちの意見によると、心的なものそのものの領域まで放棄しなければならないことである。というのは、このように内観を放棄して、なんらかの「客観的」方法を採用するとき、それは常に、心理学的な興奮と反応に、もしくは行動の純粋に運動的な側面に、心理学のなかの一つの場所を、それどころかすべての場所さえも譲ることを認めるようなある定義もしくはある仮説にしたがっているからである。そのとき、内観を放棄するのは、心理的事実そのものを客観的な方法によって研究することが目的なのではなくて、心理的事実と関係づけることのできた客観的事実だけを研究することが目的なのである。それだけになおさら、「心的なもの」そのものが問題になるたびに、好むと好まざるとにかかわらず、事情のいかんを問わず、内観へ戻らざるをえなくなる。

　反対に無意識の仮説は、心的なものそのものを探求するうえで、内観では不充分になったことを意味する。というのは、心理的無意識を認めた人たちにとって、無意識は、フロイトが言うように「意識が欠けていることをのぞけば」、意識的な事実と同じように、実際的かつ現実的に心理的な一連の事実なのである。このとき内観を放棄する必要はない。というのは、客観的事実に心理学的意味をあたえたいからである。ただし、「対自的なもの」を超えるのは心的なものそのものだからである。

　そういうわけで、無意識はある意味ですでに具象心理学を予告している。まず、無意識の概念を用いる心理学は、心理学的知識の特権性を全面的に肯定するのをやめるべきだろう。心理的事実の本来

心理学基礎批判

の存在が「把握(sasissement)」にもとづいていることからみて、心理学的知識が即座に対象を把握するからといって、たしかに、この知識がその種のなかで唯一のものだと断定することはできないだろう。というのは、心理学的であっても、「対自」の圏外にある事実も存在するからである。したがって、心理的事実は、周囲の観察者を介してにせよ、ほかの科学が利用するのと類似した推論法によるにせよ、間接的にしか知ることはできない。

すなわち、ある意味で無意識は意識より謎めいてみえるにせよ、別の意味でそれは心理学の謎を解明する第1歩なのである。というのは、少なくともいくつかの心的現象については、意識する主体は、何でもかまわない対象に対しているときほど特権的な立場にはない。そこで無意識の概念を支持する心理学者たちは、無意識的事実は構築されなければならないか、少なくとも構築し直されなければならないので、心理的事実をすべて、特殊な知覚のたんなるデータだと考える習慣を失ってしまう。

こうして古典的心理学のなかで、強力な弁証法の誘因となる二元論に帰着する。たしかに、無意識を導入したら、もはや心理的事実を「対自」によって規定することはできない。心理的事実に関する古典的規定は、まさに心的なものの次元で問い直される。そのとき2種類の「心的なもの」に直面する。知ることが「知覚すること」に等しいものと、もはや構築物でしかないものである。すなわち、「対自」によって規定し続けることのできるものと、このようにしては規定できないものである。ところが、意識的なものであれ、無意識

第5章　精神分析における抽象的なものと
具象的なものの二元論および具象心理学の問題

的なものであれ、心理的事実が本質を同じくしていることは明らかである。この本質は意識よりも深いところに位置している。というのは意識的な事実も、その心理的本質を失うことなく、無意識化しうるからである。こうした方向で探求を続けていると、心理的事実を「対自」とは関係なく、言いかえれば特殊な知覚とは関係なく、規定せざるをえなくなる。そのとき提起されるのが、具象心理学の問題である。すなわち、心的なものを心的なものとして規定するということである。つまり、心理学、生物学あるいは自然や人間に関するほかのどの科学とも混同することなく、心的なものは特殊な知覚のなかであたえられるという仮説も考慮に入れずに、ありのままのものとして規定するということである。すなわち、あたえられる心的なものと構築される心的なものを同時に認めることはできない。構築される心的なものが存在するという考えは、般化を促す。そのとき、古典的な規定の基礎にあるいわば化学的な独創性以外のところに、心的なものの独創性を求めざるをえなくなる。要するに、無意識の仮説の基礎にある基本的な態度のなかにはすでに、心理学的な実在論の否定が含まれている。この仮説を首尾一貫して展開してゆけば、実在論を排除する心理的事実の規定を探求することになっただろう。

　ただし、古典的心理学は決して、無意識の仮説の真意を認識することも、その結果を体系的に展開することもできなかった。この心理学は、問題の二元論を措定したあと、これを維持しただけだった。たしかに、古典的心理学のきわめて抽象的な性格からして、実在論

心理学基礎批判

の介入は、この心理学の崩壊につながったかもしれない動きをくい止めることができた。意識を「一つの性質」——「心的なもの」につけ加えることができるにせよ、できないにせよ——とすることによって難問を回避した。そのとき二元論は、心理的事実を実在論にしたがって、たしかにその独創性は相変わらず「化学的」なものだが、「純粋」心理学によって規定しさえすれば解決される。

フロイトは、われわれがすでに述べた理由で[1]、無意識に対して、ある役割と、古典的心理学者たちよりはるかに重要な地位をあたえることになった。そういうわけで、フロイトの著書には、無意識の仮説の純粋に技法的な含意に関する厳密な理論展開と、われわれが先ほど指摘したのと同じ意味で、具象心理学のおおまかなアウトラインが見いだされる。

フロイトの理論は技法的な観点から、二つの主張を導きだす。

1. 意識は一つの高等な知覚器官にほかならない。
2. 無意識は意識とくらべて超越的である。

第1の主張の少なくとも一部分は、すでに無意識の概念自体のなかに含まれている。というのも、無意識を導入することによってしか、心理的事実の規定は拡張できないし、また、心理的事実は、実在論にしたがって、その存在がかならずしも意識を必要としない心的なもの一般[2]と規定できるからである。そのとき、「心的なもの」についての意識性の獲得はすぐに知覚と同一視されうる。心的なものの存在自体が意識とは無関係ということで、知覚のシェマを適用できるからである。とはいえ、意識がたんに知覚器官でしかないと

第5章 精神分析における抽象的なものと
具象的なものの二元論および具象心理学の問題

いう主張には、すでに精神分析が含まれている。というのは古典的心理学において、無意識はそれほど重要な役割を果たしてはいないので、意識が一つの知覚器官でしかないと考えられる諸事実のほかに、意識がその存在そのものであるほかの事実があるという主張も可能だからである。しかしフロイトの態度ははるかに急進的でなければならない。というのも精神分析は、重要かつほんとうに決定的な過程をすべて無意識のなかに位置づけなければならなかったからである。その結果、たとえば夢は、前意識的であるにせよ、無意識的であるにせよ、さまざまな活動によって詳細に説明されてしまうので、意識には心的なものの純然たる知覚しか残らない。

　第2の主張は、精神分析的考察を基盤としている。というのも、フロイトの分析から導きだされるのは、心的なものは限られた条件下でしか、知覚 - 意識系への進入を許されないということだからである。したがって、心的なものの知覚はこうした条件しだいとならざるをえないので、無意識はそれ自体では不可知なものとなる[3]。

　無意識に関するフロイト理論の基本的な二つの主張は、抽象心理学から具象心理学への進化を際立たせる。だからこそ、無意識の仮説の基礎をなすこのような態度が、ほとんど完全に明らかになるのである。

　意識的現象とくらべながら、無意識的現象も考察しなければならないということはもはや問題にならない。それどころかフロイトの分析から導きだされるのは、ほんとうに関心のあることについて意識は何も教えてくれないということである。というのは、説明する

ために知る必要のあることはすべて、前意識か無意識に属しているからである。意識に注意を向けるどころか、精神分析家はこれを超えるところから始めなければならない。つまり、夢を理解したければ、顕在内容を捨てて、潜在内容へ向かわなければならない。そういうわけで、無意識の導入はある特殊な点で内観主導を断ちきるなどとはいえない。精神分析における無意識の役割からして、内観はもはや、語の本来の意味で科学的な方法とはまったくいえない。というのは、内観によって知りうることは、まだ心理学的知識ではないからである。精神分析家は、顕在内容の「内観」に注意を向けることはない。したがって心理学はもはや、直接的に知りうるものと間接的に知りうるものという二つの範疇の事実を対象とするのではない。というのは、ほんとうに有効な事実はすべて、無意識のなかだからである。だからこそ心理学者は、もはや間接的な知識しか対象とはしなくなる。心理学的な知識の謎は完全に消え去った。精神分析家は、生理学的でも生物学的でもない、要するにもっぱら心理学的であるにもかかわらず、内観とはまったく別の方法を発明しなければならない。この方法こそ、「無意識を知るに至る王道」ともいえる精神分析的技法なのである。

　こうしてコペルニクス的転換があった。すなわち心理学者たちの関心が、直接的な心理学的知覚によるデータから、もはやまったくそうしたものとはみなせない、構築されたものであるデータへと移行したのである。こうして、古典的心理学の観念体系全体が見直される。

第5章　精神分析における抽象的なものと
具象的なものの二元論および具象心理学の問題

　ただし、もう一度、というより最後に、実在論が自らの倒壊をくい止めるために介入してくる。心理学者たちが関心をいだく間接的なデータは、あくまである実在性に結びつくものと解釈される。実在論を救出するために残された最後の可能性を選択することによって、この実在性が超越的なものであり、実在性は「現象」においてしかとらえられないという主張がなされる。たしかにフロイトは、夢と精神神経症を、一般にあらゆることを「本体の」活動によって説明する。

　ところがこのような態度にはまったく安定性がない。というのは、ある実在はその現象においてしか知りえないという主張は、常にこの実在を危険にさらすことになり、遅かれ早かれ、知識を現象だけに限定せざるをえなくなる。ただしこの「現象論」は、「心不在の心理学」の心理学者たちのものとはまったく別のものである。われわれがさかのぼってゆく実在は、たんに心という実体ではなく、実在としての心的なもの、要するに内面生活だからである。

　フロイト自身は相変わらず「独断的」である。実在論の手法を借りて、彼は現象を超越する。しかし彼はあまりにも公然とそうする。手法があまりにも鮮明に浮きだすために、彼の独断論はそれ相応の批判をよび、まさに「批評」心理学を用意することになる。これが批評心理学という名称に値するのは、これが心不在の心理学だからなのではなくて、内面生活のない心理学だからである。さらに、心理学であるにもかかわらずそこには、心理学の痕跡はおろか生物学の痕跡すらほとんど残っていない。

心理学基礎批判

　したがって、精神分析のなかにある抽象的なものと具象的なものの二元論は、たんなる錯視ではなく、フロイトの態度に固有の性質を表わしているといえる。というのは、精神分析においては、抽象的なものへの回帰が起こらざるをえなかったばかりでなく、そこから生まれる諸理論は、その抽象的な技法形態にもかかわらず、具象心理学の基礎にある態度そのものともいえるものを内包しているからである。要するに、「錯視（illusion d'optique）」を確認できるのは、われわれのなかにではなく、フロイト自身のなかにである。

　このようにフロイトの立場を充分正確に——そうは言えないかもしれないが——規定するとすれば、それはまさに具象心理学そのものである。というのは、これまでのところ具象心理学に関して正確にわかっているのは、それがどのようにして心理的事実を、特定の個人の生活からなる「ドラマ」の断片として規定するのかということと、心理的事実を研究するのに用いているという方法についてだからである。しかしわれわれはまだ、具象心理学がどのようにして約束を実現するのかみてはいない。言いかえれば、われわれはまだ、具象心理学がその次元と着想に適合する概念によって、「ドラマ」の分析をしているところをみてはいない。フロイトの思弁の抽象性が、考えられているような具象心理学の理論的無力さを露呈するものとみなされないように、フロイトが構築したあらゆる概念と仮説のなかには、ほかのさまざまなものと同じ次元に位置づけられていようと、すでに具象心理学のものが見いだされることを証明しなければならない。

第5章　精神分析における抽象的なものと
具象的なものの二元論および具象心理学の問題

Ⅲ

　具象心理学の成果を証明するには、フロイトが夢と神経症の分析に続いて導入したもので、技法的説明において主導的な役割を果たしているいくつかの新しい概念の真実性を明らかにしなければならない。おもに二つの概念について考察してみよう。同一化（identification）とエディプス・コンプレックスである[(4)]。

　同一化は、「自我が対象の諸特性をいわば吸収する」（『集団心理学と自我の分析』仏訳版、1924年、60頁）ことである。「子猫を失うという不幸を経験した」ある子どもは、「突然、自分はその子猫であると宣言し、四つんばいで歩き始め、もはや食卓で食べようとはしなくなった」（同上、63頁）。

　フロイトの同一化と古典的心理学の模倣（imitation）――「ある知（たいていの場合は視覚）から、その知覚の原因を再現するある運動への即座の移行」――を混同すべきではない。われわれの規定に異議を唱えて、「静的な」表現を「力動的な」表現に変えることはできるにせよ、はっきりしているのは、問題の行為の意味そのものを考慮していないこうした規定がまったく形式的なものだということである。行為の一般的な機構にしか目が向けられていない。この機構が要素や態度という観点から説明されるにせよ、その形式性にはなんら変わりはない。さらに、被験者が削除されてしまうのは、ほとんどの場合、模倣を、その俳優が諸要素をなす3人称体の小ドラマにするからばかりではなく、まさに形式主義ということからして、

模倣を、そのなかに特定の個人の生活の何かが含まれるとみなすことなどまったく問題にならないからである。個人の生活へ向かうどころか、模倣はわれわれをそこから遠ざけてしまう。模倣は、たとえば習慣とか記憶と同じように、一般的な機能のようにみなされる。古典的心理学にできるのは、模倣の一般的な機構を追求し、その一般的な展開を記述すること、要するにこれを即自的に研究することである。

反対に同一化は、何よりもまず意味のある行為である。被験者にとって、自分以外のだれか、あるいは何かになることが問題である。いわばすべての弁証法を取り入れながら、あるモデルに自分を合致させることが問題である。フロイトによれば、「男の同性愛の生成過程は、たいていの場合、次のとおりである。その青年はかなり長いあいだ、しかも強く、エディプス・コンプレックスという意味で、母親に固着したままだった。思春期に達すると、その青年は母親をほかの性的対象と交換しなければならないときがやってくる。急な方向転換が生じる。母親をあきらめるどころか、彼は自分を彼女と同一化し、彼女に変身し、自分自身の自我の代わりになりうる対象を、彼が母親から愛され、かわいがられたように、彼が愛し、かわいがることのできる対象を求める。これは、そうしたいと思えば頻繁にその実在を確認できる過程であり、当然、このような急変の理由と動機について言い表わすことのできるような仮説とはまったく無関係な過程である。この同一化において驚くべきことは、振幅の大きさである。重要なのは、とくに性格面で、個人はそれまでリビドー

第5章　精神分析における抽象的なものと具象的なものの二元論および具象心理学の問題

対象役を務めてきた人物モデルにしたがって変貌するということである」(前掲書、62頁)。

　そういうわけで被験者は、生活の実際の一部となるばかりではなく、それによってしか理解されない一連の態度を解明する鍵となる同一化のなかに——そこから削除されるどころか——丸ごと含まれてしまう。だからこそ、同一化はいつもわれわれを特定の個人の生活へ連れ戻すのである。というのは、個人の生活によってしか、その意味を再構成することはできないからである。したがって、同一化は具象的な概念である。それは、人間のドラマそのものから切りだされる。言いかえれば、それは特定の個人の生活の断片である。

　エディプス・コンプレックスは周知の概念である。軽く触れるだけにしよう。その少年は母親に対して、精神分析家からみてこの用語がもつとても広い意味でとはいえ、性欲的性質の愛情をいだいている。次に「少年は、父親が母親への行く手をふさいでいることに気づく。その結果、彼の父親との同一化は敵意を含んだ調子を帯び、ついに母親をめぐって父親にとって代わりたいという願望と見分けがつかなくなる」(前掲書、53頁)。

　たしかに、コンプレックスという用語自体は、表象の心理学を示唆する。フロイトのいうコンプレックスが、情動的色彩を強く帯びた表象だからである。しかし、そこにあるのはもはや様式の問題だけである。ここでそのことを証明するには及ぶまい[5]。じつはエディプス・コンプレックスは、「過程」ではなく、「状態」ではさらになく、ドラマのシェマ、あるいはこちらのほうがよければ、人間の行

動である。

　したがって同一化の概念とエディプス・コンプレックスには、具象心理学がみたさなければならない重要な条件を満足させる二つの概念が見いだされる。それらは「私」の次元にとどまっているし、人間のドラマという材料から切りだされる。したがって、それらはもはや、古典的心理学の実在論の痕跡をまったくとどめていない。たしかに同一化もエディプス・コンプレックスも、原知覚によるデータを表象しているわけではないし、いってみれば化学的な実在に関係しているわけでもない。

　というのは、これらの概念が関係しているのは、人間のドラマという実在、一連の運動を人間の1シーンにする意味の実在だけだからである。

　同一化もエディプス・コンプレックスも、一連の精神生理学的な内面状態や機構に関する考察を基礎にしているわけではない。それらは「心的態度」でさえない。というのは、それらは欠けるところのない足どりを表象し、あるシーンの人間の形態を表現しているのであって、それ以外の何ものでもないからである。要するにこれらの概念は、人間のドラマ的行為という次元でしか意味をなさない。また、「第六の本質」に関する実在論とは相いれない。

　また、同一化とエディプス・コンプレックスがコンプレックスであるのは、それらを構成する行為という観点からみたときだけである。反対に説明的概念としてのそれらは、原始概念である。

　内観心理学なら同一化を二重にする内面状態について記述するだ

第5章 精神分析における抽象的なものと具象的なものの二元論および具象心理学の問題

ろう。すなわち、表象、感情、あるいは、このほうがよければ心的態度、および他人の形態を生きることの前提となる性質である。このようにして、同情に関する感動的な分析に到達することだろう。

「実験」心理学ならば、同一化の実証的な面を攻撃することだろう。生理学的神話を練りあげるために、感覚運動的かつ観念運動的機構についての研究がなされるだろう。そのとき模倣に到達することだろう。

しかしいずれにせよ、説明は同一化そのものを超え、その上位あるいは下位にある要素、言いかえれば心理学的あるいは生理学的要素の助けを借りて、同一化を再構成しようとするだろう。反対にフロイトに言わせれば、同一化とエディプス・コンプレックスは、人間ドラマの分析と再構成に役立つに違いない基本概念なのである。

というのは、同一化とエディプス・コンプレックスは特定の個人の生活の断片であるばかりではなく、いわば固有の弁証法をもち、したがって一連の態度を解明する鍵をもたらすことのできるドラマについての重要なシェマなのである。

夢と精神神経症の分析については考察するに及ばない。日常生活を観察するだけで、これらの概念によって表現される態度がとても重要であるのはわかる。これらの概念によって人生全体が貫かれ、またこれらの概念が、全生涯に決定的な影響をあたえるような行為においてたいていの場合、進むべき方向を決めているのを知るには、周囲を見渡すだけで充分である。

先ほど、技法的な観点から、同一化によって男における同性愛の

成立過程を説明した。ヒステリー⁽⁶⁾や愛⁽⁷⁾に関するフロイト理論のなかでも、催眠⁽⁸⁾や性格⁽⁹⁾などに関して彼が試みた説明のなかでも同一化の概念は使われる。エディプス・コンプレックスについては、フロイトの説明においてどれほど重要な役割を果たしているかをだれもが知っている。

　注目すべきなのは、同一化とエディプス・コンプレックスが説明的概念だということである。というのは、こうしてフロイトは、もっとも基本的な概念はあくまで、行為、それも「私」の行為およびドラマ的生活の断片でなければならないという具象心理学の要請を満たしているからである⁽¹⁰⁾。というのはこれらの概念を、古典的心理学のように分析の出発点とみなすのではなく、彼は、たとえば愛といったコンプレックス行動を再構成するために用いる基本概念にするからである。ところで、同一化とエディプス・コンプレックスは、「私」の行為であり、特定の個人の生活の断片である。だからこそ、具象心理学はドラマを、非人称的なドラマに変えなくても分析できるのである。具象心理学が用いる「諸要素」は、1人称体のシェマである。

　じつは、われわれが考察した諸概念は、その実際の本質に則してフロイトが思いついたものではない。それらは、まったく抽象的な起源をもつほかの概念と同じ次元におくことができる。それに、古典的心理学の観点にも、基本的分析そのものがまったくないというわけではない。エディプス・コンプレックスという表現も、「コンプレックス」という用語に関するフロイトの定義もこのことを充分に

第5章　精神分析における抽象的なものと
具象的なものの二元論および具象心理学の問題

裏づけている。たとえば『集団心理学と自我の分析』や『自我とエス』といった晩年の著書で、フロイトは、あまり基本的な分析に目を向けず、彼の概念に依拠する説明を行うようになっていったにもかかわらず、この分析がなくなってしまうことはない。二元論も相変わらず残存している。

　ただしこの二元論は、無意識理論を分析しているときにわれわれが確認したものとくらべて、はるかに進歩している。というのもそのときは、具象心理学の着想がすでにかいま見える基本的態度もまだ完全に、もっぱら抽象的なものから生まれる技法形態に覆われているからである。ところがここでは、技法形態自体は具体的で、かつほかのところではそれらにふさわしいように利用されているにもかかわらず、抽象的な態度が付加されてしまう諸概念が問題になる。ただし、これらの概念は抽象的態度に対していかなる攻略も許さない。これらの概念は陳述のなかではいっしょくたになっているが、一方で抽象的態度、他方で具象的態度というように、いわば個別に明確な形をとっている。というのは、実際にさほど洞察力を発揮しなくても、同一化やエディプス・コンプレックスといった概念に適用される基本的な分析は、おのずとそれらの概念から離れてゆき、注意をひくのは、これらの概念およびこれらの概念がどのようにしてドラマの分析を可能にするのかということだけだと気づくからである。

　これらの概念が定義されているにせよいないにせよ、これらにフロイトが考えているような重要性があるにせよ、そのことは具象心

理学の活力という点からすると、なんら重要なことではない。大事なのは、これらの概念が次のことを証明できるということである。すなわち、具象心理学は自らには満たすことのできない要請を言い表わし、先頭をきって自らには適用できない方法を思いつくことができるばかりでなく、自らの要請にしたがって、この心理学によって心理学の典型的な領域となった人間のドラマを分析するのに向いているということである。

　これらの概念および、フロイトが説明に際してこれらをどのように利用するのかということは、次のことを証明してくれる。人間のドラマだけに専念し、これを説明するときも、たとえ「基本的な」ものであっても、すでに人間の行為を表象している諸概念しか用いない心理学、要するに、事実の探求においても、その理論的な練りあげにおいても、こうした次元を決して放棄しない心理学というのは、まったくもって成長を期待できるということである。というのは、それがすでに生きているからである。原則的な問題はこのようにして解決されたので、残るのはもはや技法上の問題だけである。

<注>
(1) 本書第4章Ⅵ。
(2) われわれが引用したテクスト(151頁)参照。
(3) テクストに関しては、本書第3章Ⅱ、Ⅲおよび全般的には『夢判断』最終章を参照すること。

第 5 章　精神分析における抽象的なものと
具象的なものの二元論および具象心理学の問題

(4) フロイトのなかに見いだされるすべての具象的な概念と説明のリストを提示するのではなく、いくつかの例、あるいはむしろ具象的な概念と説明が精神分析のなかに実際にあることを示しうるいくつかのモデルを提示することが問題である。したがって、「転移」、「取り込み」、A・アドラーの「劣等コンプレックス」などには言及しない。
(5) 本書、264頁参照。
(6) たとえば、『夢判断』ドイツ語第4版、114頁以下。
(7) 『ナルシシズム入門』と『集団心理学と自我の分析』。
(8) 『集団心理学と自我の分析』第8章。
(9) 『自我とエス』第3章、とくに32頁以下。
(10) 本書第1章Ⅳ、81頁以下参照。

結論

具象心理学の効果と
具象心理学が提起する諸問題

1. われわれは『夢判断』をとおして精神分析について研究し、そこから心理学のための教訓をえた。われわれはフロイト理論のなかに、古典的心理学の着想に反する新しい着想を見いだした。そこでわれわれは、精神分析と公認の心理学との対立が、抽象心理学と具象心理学という、心理学の一歩も譲らない二つの形態の対立であることを示した。フロイトがどのようにして問題を提起し、どのようにして彼の方法を思いつくのかということを考えるなかで、われわれは具象心理学のおもな特性を引きだすことができた。具象心理学の要請がわかると、そこからわれわれは実在論、形式主義および抽象化といった古典的心理学の基本的な手法を発見することができた。

2. 具象心理学の要請に関して、精神分析の力を借りながらわれ

結論　具象心理学の効果と具象心理学が提起する諸問題

われが手にした正確な事実は、抽象心理学を検討するうえで有効な攻撃手段となることがわかった。ところが、精神分析から生まれたこの具象心理学は、精神分析に背を向け始め、内部批判の原動力としての役割を果たし始めることがわかる。たしかにわれわれは、フロイトにおいて、とりわけ諸事実についての理論的練りあげのときに、抽象化への明らかな回帰を確認しなければならなかった。この回帰はきわめてはっきりしている。フロイトが『夢判断』に導入する諸概念について考察することによるばかりか、古典的手法によらないかぎり無意識の仮説に意味をあたえられないことを証明して、われわれは回帰の存在を明らかにした。こうしてわれわれは、精神分析のなかにも具象心理学と抽象心理学の対立があることを発見した。

3.　この二元論の確認がわれわれの企画の邪魔にならないように、われわれは、「フロイトの手ぬかり」が具象心理学の発達において必要な1段階だということだけではなく、精神分析から生まれるような具象心理学は、これが現実に生きているのだから、科学的理想をいだいたり、さまざまな要請を言い表わしたりする以上のことを行う可能性について証明した。というのは、精神分析のなかには、具象心理学の要請に完全に合致しているからこそ、その活力を支えているいくつかの概念と説明が存在するからである。

4.　途中で、われわれが考えているような具象心理学とはまさに、

実証心理学の昔の夢を実現するためのものだという見解を表明した。というのは、ほんとうに科学的な態度の前提となる悟性の抜本的改革を行ったのは、実証心理学だけだからである。古典的心理学は、科学的な方法のうわべだけの模倣にすり替えることによって、この改革をしないですませようとした。

われわれのいうこの「悟性の改革」とはおもに、科学的心理学の要請を言い表わしながら、留保も容赦もなくとことんまで改革を押し進めなければならないということである。というのは、さまざまな要請を言い表わすだけでは充分とはいえないからである。いかなる実在も対応していない要請は何も表象しない。さまざまな要請を言い表わしていた人たちが真実を夢みていたという功績を認められるのは、もっとあと、それらが実在するとみなされてからのことである。古典的心理学はしょっちゅう、要請とその実在化を混同する。ところでじつは、古典的心理学は、近代心理学が誕生したとき言い表わされたような実証心理学の要請を一度も満たすことができなかった。そういうわけで実証心理学は、今日の公認の心理学のなかには、一つの夢としてしか存在しない。

5. この点を立証するには、それをとおして古典的心理学の手法はいかなる心理学的意味ももちえないことを明らかにした先ほどのわれわれの理論展開をほのめかすだけで充分だろう。というのは、どうすれば、いかなる心理的実在も対応していない理論群を科学としての心理学とよぶことができるのだろうか。具象心理学の真実性が

理解されるとき、この証明は卓越したものになるだろう。しかし目下のところ、そこからはほど遠いところにあるので、このような証明をまったく形式的だとして非難することもできる。われわれは古典的心理学とは反対のものを心理学だと解しているのだから、古典的心理学の手法がいかなる「心理学的」意味ももちえないというのは当然である。そういうわけで、ここでは別のことを証明しなければならない。すなわち、具象心理学こそ最初の実証心理学であることを証明しなければならない。というのは、古典的心理学によって提起され、解決の試みは数多くなされ、そこには意見の対立もあったにせよ、一度も解決されることのなかった問題——実証心理学の存在条件を満たすこと——を解決できたのは具象心理学だからである。

6. 実証心理学の存在条件は三つある。
 (1) 心理学は経験的な(a posteriori)科学、すなわち、事実群に関する十全な研究でなければならない。
 (2) 心理学は独創的でなければならない。すなわち、ほかの科学の対象に還元しえない諸事実を研究しなければならない。
 (3) 心理学は、客観的でなければならない。すなわち、心理学的な事実と方法を、理法上あまねく理解しやすく検証可能であるように定義づけなければならない。

この半世紀の心理学史に目をやりさえすれば、またそのために対立する傾向が消滅していったさまざまな批判を想起しさえすれば、

上記の三つの条件を同時に満たしうる心理学の方針が表明されたことはこれまで一度もなかったことは一目瞭然である。それどころか、ふつう、条件(2)と(3)を無視することによって、問題解決が図られてきた。この点についてくわしく証明しても、学識をひけらかすことにしかなるまい。というのは周知のように、内観心理学者は条件(3)を、客観主義者は条件(2)を無視したからである。言いかえれば、一方は、心理学の対象の純粋に心理学的性格を保証できるかぎり、そこから科学的実在性をすべて排除してしまったし、他方は、心理学の特性を無視することによってしか、実在する事実を心理学の基礎にすることができなかったのである。

こうして、いわば心理学の本質を中途半端な形でしかもっていないので、条件(1)を満たすことのできない心理学に帰着する。これらの心理学は経験的ではありえない。というのは、これらの心理学は、生理学的心理学の支持者たちと同じように、夢みているが実現できないこの科学を神話に置き換えざるをえなかった。だからこそ、こうした心理学は次々に弱点を露呈せざるをえないのである。しかし相変わらず、同時に二つの条件を満たすことができないままなので、内観とか斬新な客観性とかを考えだすことによって、問題の解決が図られる。そういうわけで心理学は、この半世紀というもの、その歴史の特徴となっているのだが、内観と客観性のあいだを絶望的に揺れ動いているのである。

7. このような根本的な無力さについて説明しようとすると、心理

学的実在論の影響に行きあたる。実在論から直接生まれた古典的な内観心理学にとって、心理的事実とは知覚できる実在に関連し、心的だとよばれる単純な情報である。したがって、心理的事実の特性は、自然と同じように世界や生活の一部をなすが、対立するさまざまな特性をもつこの実在へ関与することによってもたらされる。客観主義的心理学者たちは、心理学的実在論そのものに異論を唱えたが、脱却しようとしたのは、実在論の技法形態からだけであって、実在論を生みだす基本的な態度からではなかった。彼らもまた、心理的事実を、知覚できる実在に関連する単純な情報と規定した。精神と物質の古典的な二者択一を受けいれるところまでいって、心理的事実は外的知覚による情報のなかに探さなければならないという立場に立った。

8. そのうえ、最初に客観的心理学を推奨していた心理学者たちは、実在論の技法形態すら除去することができなかった。というのは彼らは、客観性の問題を解決するには、心理的事実と外的事実のあいだのなんらかの対応関係を明らかにすれば充分だろうと思っていたからである。彼らは、このような試みが大幅な論点相違 (ignoratio elenchi) でしかありえないこと、先決問題要求 (petition de principe) でしかありえないことに気づかなかった。論点相違というのは、古典的心理学の諸事実の客観的な面がどのようなものなのかではなく、心的なもの自体の客観的研究がもたらしうる結果がどのようなものなのかを知ることが問題だからである。先決問題要求とい

うのは、語の古典的な意味で心的事実の客観的な面を研究するまえに、心的事実の客観的研究がまったく別の結果に帰着しないかどうかを知ることが問題になるからである。この心理学者たちは心理的事実を「外面から」研究することによって、新しい心理学がまさに古典的心理学の情報を見直さなければならないときに、これをそのままの形で受けいれた。

じつは、客観的心理学の真摯な試みが一つだけあった。ワトソンの基本的な考えから生まれた行動主義である。動物の行動に関する研究から用語の厳密な意味で実証的な考え方が出現するまでには、半世紀という歳月を必要としたし、ヴント、ベヒテレフその他の相つぐ挫折および、感覚心理学を凌駕したあとの生理学的心理学の神話的性格の露呈を経験しなければならなかった。

本書の冒頭で触れたように、ワトソンの大きな功績は、自然科学としての心理学の理想が、内面生活の絶対的かつ留保なしの放棄を前提としているのに気づいたことである。それまで客観的心理学は、序文では内面生活の放棄をうたいながらも、本文のなかへ程度の差こそあれ無邪気に内観の概念を導入するという習慣があった。ワトソンが気づいたのは、ほんとうに科学的な態度は、内観と霊性に関わるすべてのことをご破算にするよう要請しているということだった。彼は、客観的心理学の第一人者たちが見落としていたことをやってのけた。つまり、心理学における客観性の要請をつきつめることである。だからこそ、行動主義は決定的な意味をもつ新事実をもたらすのである。すなわち、ヴント、ベヒテレフほかの客観主義の

結論　具象心理学の効果と具象心理学が提起する諸問題

先駆者たちは、光の透過度を吟味し、ストロボ測定法によって力から行為への移行を研究しようとするペリパトス学派(péripatéciens)に匹敵する。

しかし、客観性の理想に沿った心理学観を提示することができても、ワトソンの試みはそれ以前のものと同じ欠陥を抱えている。彼の試みは客観性を救うが、心理学を失う。その証拠に、ワトソンが彼の発見からさまざまな結果を導きだし始めるとすぐに、アメリカの心理学者たちは「非生理学的行動主義」の研究に着手した。

たしかに、語の本来の意味で行動主義者の関心をひくのは、行動と外面から観察されたその機構だけである。しかしそのとき、心理学があまりに客観的なために、それはいわば客観性のなかに埋没してしまうのである。行動主義がわれわれに教えてくれることはすべて、動物力学の領域に属するといえよう。そこにみられるのは絶望的な解決方法である。行動主義は人間の謎を排除する。それは心理的事実の特性をふるい落としたために、代わりにまたしても兆ししかもたらすことができない。

また、こうしたところから、心理学としての行動主義の無力さと非生理学的行動主義の問題が生まれる。

9.　ここでもまた無力さは、問題の設定において、影響を及ぼしたのが古典的実在論の運動に関わる態度だったことに起因している。このときワトソンは、内面生活が客観性とは相いれないことを明確に理解して、たんに外的知覚へ注意を向けただけだった。たしかに、

すぐに指摘するように、彼の客観的データは先駆者たちのものほど一面的ではなかった。しかし、彼もまた、「外面」がここでは心理学的というより生物学的だという大きな違いはあるにせよ、「内面か外面か」の二者択一を受けいれたことに変わりない。

10. したがって、心理学が実証科学として成り立ちえないのは、それが存在条件を一部しか満たすことができないために、客観性と主観性の対照法のなかに閉じ込められてしまうからである。そこから抜けでるには、今日の凡庸な心理学の特徴ともいえるこうしたよくある選択主義以外のものが必要だろう。用語の本来の意味で総合が必要だろう。古典的心理学にこのような総合ができないのは、それが、心理的事実は知覚データでなければならないと思っているからである。そうなると、内的知覚か外的知覚かの古典的二者択一か、もしくは同時に両者を用いるかしかなくなる。ここには明らかに被験者の知らないことが含まれている。

古典的な対照法を乗り越えるには、なんらかの知覚を心理的事実とみなすのをやめ、単純な知覚より高度な構造をもつ認識行為を心理学的科学の基礎とすることを認める必要があっただろう。独創性と客観性の二つの条件を同時に満たす手段としてはそれしかなかった。言いかえれば、独創性が新しい「材料」によるのでも、客観性が物理的材料によるのでもない独創的かつ客観的な領域を見いだすには、要するに「内面か外面か」の二者択一を回避するにはそうするしかなかった。

結論　具象心理学の効果と具象心理学が提起する諸問題

11. 具象心理学は、実在論をそこに含まれる基本的態度とともに放棄したことによって、人間ドラマのなかに、既述したような条件を満たす事実群を発見した。だからこそそれは、主観的心理学と客観的心理学のほんとうの総合として登場する。

ドラマを研究領域とすれば、心理学的科学を構成する行為はもはやなんらかの知覚だとはいえなくなる。それは外的知覚ではない。というのは、そのデータはまだ心理的事実とはいえないからである。またそれは、内的知覚でもない。というのは、そのデータはもはや心理的事実とはいえないからである。

たしかに、私がする身振りは心理的事実である。というのはそれは、私の生活が表象するドラマの断片だからである。それがどのようにしてこのドラマのなかに組み込こまれるのかは、この身振りについて私にできる物語をとおして心理学者に示される。しかし、心理的事実であるのは物語によって照明される身振りであって、身振りそのものでも、物語の実在化された内容でもない。たしかに身振りは生理学的機構をもっているが、この機構はまだ人間的なものを何ももってはいない。したがって心理学者は身振り自体には関心がない。それがまだ心理学的ではないからである。一方、身振りについて私にできる物語の内容は、古典的心理学をとおしてみると、静的あるいは力動的記述を含んでいる。しかしこの記述さえ私にはもはや関心がない。というのはこれらの記述は、形式主義および既述したようなほかのさまざまな手法のために意味の放棄を前提としているからである。私の身振りの純粋に生理学的機構に関する考察が

心理学的観点の手前にあるのだとすれば、内観的記述はその向こうにある。心理学者の観点はドラマと完全に一致する。

12. 一般に外的知覚は、ドラマのたんに物質的骨組みしか示すことができない。そういうわけでやはり、外的データはワトソン流に、言いかえれば行動によって規定されなければならない。ところが心理的事実は単純な行動ではなく、人間の行動である。すなわち、それは、そのなかで人間の生活が展開する出来事に関係しているかぎりでの、またその生活の主体としての個人に関係しているかぎりでの行動である。要するに、心理的事実は人間的意味をもつ行動である。ただし、この意味を構成するには、主体からわれわれにあたえられるデータが、物語を介してわれわれに到達するデータが必要である。したがって、たんなる運動としての行動は、物語によって照明されてはじめて心理的事実となる。

その結果、人間の行動の確認は、心理学者にとって、たんなる知覚ではなく、ある理解によって複雑化された知覚から生まれる。したがって、心理的事実は単純なデータではない。それは、何よりも認識対象として構築される。

13. 一方「ドラマの意味」は、被験者が彼の行動に関してもつ内的経験をとおしてしかわれわれには伝えられないということはできない。したがって、運動としての行動のたんなる外的知覚を超えて人間の行動へ到達できるのは、いわば、ほかの点から行動の内面が

結論　具象心理学の効果と具象心理学が提起する諸問題

われわれに開示されるからであるということはできない。明らかに、ここで示唆されているのは、個人が彼の行動についてわれわれにあたえることのできる物語である。ところでこの物語はおもに、意味をはっきり示す物語である。心理学がこうした物語にとり組むのは、それがドラマを照明するかぎりにおいてである。物語がドラマを照明するための素材以外のものだと考えるには、抽象化を実現し、意味を実在のものとみなし、こうした実在化された意味を形式的観点から研究しなければなるまい。ところで具象心理学の特徴は、こうした手続きを踏まないことである。具象心理学は、ドラマの次元を離れず、物語を、われわれが内面生活を洞察するためのではなく、目のまえで起こっているドラマを理解するためのたんなるコンテクストとみなす。要するに、心理的事実は内的知覚からも生まれえない。内的知覚がすでに、文字どおり心理学的な観点の放棄を前提としているからである。分析が終わるころには、内的知覚はたんなる錯覚であることが明らかになることからしても、これは、内的知覚について最低限いえることである。

14.　心理的事実は知覚データではなく、構築の結果なのだから、それが内面的ではないのに独創的かつ文字どおり心理学的であることと、物質や運動ではないのに客観的であることを証明するのは容易である。

　ドラマは独創的である。というのは、たんなる物質や運動とは何の関係もないからである。広がりも運動もエネルギーでさえ、その

あらゆる状態とあらゆる過程をもってしても、ドラマを構成するには充分とはいえない。というのもドラマは、全体としてとらえられた人間を、1人称に関わるからこそある意味をもついくつかの出来事の中心とみなされた人間を前提としているからである。

　心理的事実と自然のあらゆる事実との根本的な違いは、1人称に関係した意味である。要するに心理的事実の独創性は、文字どおり人間的な次元の存在およびそこで展開する個人のドラマ的生活の存在そのものによってもたらされる。

　ただしドラマはまったく「内面的」ではない。じつは、ドラマが場を要求するかぎり、それは、あらゆる自然現象とだいたい同じように、空間のなかで日常的運動として展開する。というのは、「私」が現に存在している場所は、たんに「私」の心理学的生活および生物学的生活の場であるばかりか、「私」のドラマ的生活の場ともいえるからである。さらに、行為も、犯罪も、狂気も、内呼吸や内分泌とまったく同じように、空間のなかで起こる。

　また、空間がドラマの骨組みしか含みえないのは事実である。文字どおりドラマ的な要素は、もはや空間的とはいえないからである。ただしそれは、意味以外の何ものでもないのだから、内面的ではさらにない。ところで、この意味はどこにも場をもたないし、もちえない。それは内面的でも外面的でもなく、こうした可能性の先にか、あるいはむしろ外にある。ただし、こうしたことはいささかも意味の実在性を危うくするものではない。

結論　具象心理学の効果と具象心理学が提起する諸問題

15. ドラマは、用語の空間的な意味では外面的でも内面的でもないにせよ、論理的な意味では「外面的」である。というのは、心理学者がドラマにとり組み、その意味と機構を理解しようとするのは外面からだからである。ドラマはなんらかの実在性として彼のまえに立ちはだかる。彼は自然を探索するように、この実在性を探索しなければならない。だからこそ心理的事実は、客観性が外的知覚によるものでないにもかかわらず、客観的なのである。というのは、心理的事実が客観的なのは、それが広がりをもっているからとか測定できるからというわけではなく、科学の経験的実在論の次元で、心理的事実がこれにとり組む認識行為の外にあるからである。このような観点に立てば、心理的事実は認識行為を超越している。それは、固有の弁証法をもち、間接的に物語のデータによらないかぎり知ることはできない。言いかえれば、心理的事実が客観的であるのは、それが自然科学の対象と見分けがつかず、その対象のように存在しているからではなく、それが認識に対して自然科学の対象のように働くからである。

だからこそ、語の通俗的な意味で実験的とはいえない具象心理学のデータは、理法上、あまねく理解しやすく検証可能なのである。たしかにだれでも、物語の方法を用いて、ドラマの記述と分析にとりかかることができる。

16. したがって、具象心理学が客観的心理学と主観的心理学のほんとうの総合を表わしていると認めたのは正当なことである。具象

心理学基礎批判

　心理学は、客観的ではない心理学を望まなかったことで一方を正当化し、心理学固有の性格を保持しようとしたことで他方を正当化する。しかしそれは、実証心理学の存在条件のなかの一つでしかないもののためにすべてを犠牲にしたことで両者を糾弾する。具象心理学は、どの心理学にもできなかったことを同時に実現する。それは、文字どおり心理学的であると同時に客観的な心理学である。

　具象心理学によって規定されるような心理的事実の実在性は、形而上学的な暈光から解放される。実在性を認めるというのは、用語の実在論的意味で新しい本質の存在を前提としているのではなく、もはや精神と物質という古典的な対照法へわれわれを導くことのない事実群の存在を前提としているにすぎない。心理学は精神も物質も認めない。認めるのはドラマだけである。したがって心理的事実は、われわれを新しい世界に直面させる。ただしそれは、認識の世界であって、実体や特殊な過程の世界ではない。この心理学は、自然と対置したり、併置したりできるような現実への道を開くのではない。要するに、具象心理学は心的材料を認めない。はるかに重要なのは、この心理学がテーゼのまったく形式的な否定にとどまらず、テーゼを生みだしたり、そこから派生したりする手法まですべて除去してしまうことである。だからこそ、心理学は内面生活の科学であることをやめるのである。

17.　具象心理学が客観的心理学と主観的心理学の総合であるというのは、現代心理学のさまざまな傾向のなかでこの心理学の方向性

を正確に示さなければならないとき、重要な確認事項である。しかしだからこそ、これはいわば古典的な効果でしかない。誕生の条件ばかりでなく、いったん生まれたら、どのようにして方向を定めなければならないかということにまで関係しているということで、はるかに重要な確認事項は、具象心理学は内面生活をぬきにした心理学だということである。これは、具象心理学のほんとうに基本的な効果である。というのも具象心理学は何よりもまず、人間のドラマを「内面生活」へ変貌させることのできる手法をすべて放棄した心理学だからである。具象心理学が現在豊穣なのはそのおかげである。その将来は結果しだいであり、それがこうした方向に踏みとどまることができるかどうかの活力にかかっている。というのは、人間の行動とたんに心理学的もしくは生物学的行動とを見分けるのは難しくはないからである。はるかに難しいのは、抽象心理学のイデオロギーのなかで育った世代がいなくなるまでは難しいと思われるのは、ドラマと内面生活を混同しないこと、あるいはむしろ、ドラマがわれわれに提起し、どうしても内面生活へわれわれを導き入れるような問題にはどれ一つ答えないということである。

18. ドラマの意味を知るには、被験者の物語によらなければならない。古典的心理学をとおしてみると、物語の内容は、イメージ、知覚、記憶、意思、情動などといった有名な概念を含んでいる。具象心理学が必要だと考えついた心理学者にとってさえ、この研究は危険な誘惑である。目を閉じると、私にはまんなかにオベリスクがそ

びえるコンコルド広場が見える。この眺めを描写し、これを研究対象にしたいという誘惑には、抗しがたいものがある。物語のあらゆる「含意」をめぐって、同じ誘惑が顔をだす。ところで、注意しなければならないのはこのときである。というのは、このような含意の坂をすべり落ちないようにしなければならないからである。

　たしかに、物語をめぐって提起される問題がどのようなものであれ、心理学者はまずその内容だけに、言いかえればその意味だけに関心をもつようにしなければならない。人間の行動の意味を知ることができるのは、人がことばで自己表現するからにほかならない。あるいはそう言ってよければ、人が考えるからにほかならない。しかし心理学者が注目するのは、もはや思考そのものではない。思考が具象化されたものをとおして、彼が把握しようとしなければならないのは思考ではない。彼は意味をそっちのけにして、このような研究を行うべきではない。というのは、心理学にとって重要なのはまさにこの意味だからである。

19.　一般的にいって、思考形態や意識状態など要するに内観心理学の世界というのは、ドラマの向こうにある領域を構成している。したがって心理学者はこれを警戒すべきである。というのは、この領域は、ドラマの向こうにあるのだから、具象心理学に対して、語の肯定的な意味での心理学者が引きずり込まれるべきではないメタ心理学を構成しているからである。

　私がある身振りをする。その生理学的機構が心理学とは何の関係

もないことは、私にも容易に理解できる。しかし、この身振りを行いながら、私はこの身振りの精神的裏地とでもいえる思考をもっている。「裏地」に「無関心な」研究に没頭したいという誘惑は大きい。そういうとき気づかなければならないのは、私が心理学者であって、メタ心理学者ではないということである。したがって、思考はそれ自体では、私の関心をひかない。その代わり、この身振りをめぐって私は、身振りの意味を、身振りに含まれる人間としてのかつ個人的内容を伝える物語を作ることができる。これこそ、心理学者の関心をひくことである。

　したがって、具象心理学者が最初にしなければならないのは、メタ心理学に対する自制心の獲得である。ところが、内観心理学の見方はわれわれのなかにあまりにも深く根ざしているので、これを乗り越えたり、これに抵抗するのに必要な努力が正しいのかどうかわれわれは疑問をもってしまう。そのとき、二つのことを覚えておかなければならない。まず、今日実証的だとみなされている諸科学は、いくつかの明らかな明証性を犠牲にすることによってはじめてそうなれたということである。たとえば物理学は、世界のアリストテレス学派の見方がもつ明証性を乗り越えなければならなかった。物理学者が自然に関する量的な見方に慣れることができたのは、数世紀にわたる訓練のたまものである。心理学についても同じことがいえる。霊魂-実体からなるメタ心理学に対する勝利はとるに足りないものだった。あるいはそう言ったほうがよければ、それは始まりでしかなかった。必要なのは、内面生活からなるメタ心理学に対する勝

次に覚えておかなければならないのは、こうした明証性を犠牲にするなかで、まちがった問題だけを処分するということである。というのは、犠牲にすべき明証性のなかの一部——本書ではそのことを証明しようとしたのだが、後続の著書でも継続してそのことを証明してゆくことになる——は、「超越的な錯覚」の結果であることがわかる。たしかに、ふたたびとりあげることのできる明証性もある。というのは、それらは実在する事実と結びついているように思われるからである。そういうわけでたとえば、「物語」は「記憶(mémoire)」を前提としているのだから、記憶を研究しないわけにはいかないように思われる。ただし、肝に銘じておいてほしいのだが、具象心理学者の関心をひくのは、記憶ではなく、ドラマを照明するかぎりでの回想(souvenir)である。ドラマこそ心理学の本来の研究対象だから、記憶そのものはもはや漠然とした仮説のようにしかみえない。ともあれまずは、具象心理学の態度を、そのあらゆる結果とともに断固として採用しなければならない。次に、犠牲にするのが今日では不当だと思えるような現在の抽象心理学のいくつかの部分だけをとりあげるようにしなければならない。そのときはじめて、こうした問題が具象的な意味をもちうるのかどうかがわかるだろう。

　結局、科学的進歩の実現に立ちあった世代にとって、古典的明証性に打ち勝つのは不可能なようである。その必要性を推奨する人たちですら、ときにはどうしても古典的明証性に戻ってしまう。それは、明証性の変化が徐々にしか進行しないからである。しかし、そ

れは確実に進行する。次世代にとって、こうしたことが問題になることはほとんどなくなる。あらゆることが新しい光のなかに現われる。

20. 今日の研究から具象心理学についてわかるのは、まだその必要性と活力に関することだけである。しかし、具象心理学についてこれまで作りあげてきた考えは、掘りさげなければならない。こうした究明は、先験的なものでも、偶然に委ねられるものでもない。それは、具象心理学に関する現在の考え方から生まれる指針を頼りに、すでに具象的な方向性を示している現代心理学の諸傾向に関する考え方を検討しながら、また一方で、われわれが提起したような具象心理学から生じる諸問題が示す次元を採用しながらなされなければならない。

21. 具象心理学はまず、われわれを行動主義へ方向づける。本書では頻繁に「行動」という用語を用いた。この用語を使ったのは、まったくわれわれの判断による。しかも、この用語を導入するとすぐに、われわれはワトソンの試みをきわめて重視した。その理由は、行動主義が存在するのもまた具体的な着想のおかげだからである。

たしかに、行動主義のセンセーショナルで、顰蹙を買うような側面、言いかえれば意識、内観およびあらゆる内観的概念のまったく情け容赦のない全面否定はさておくとして、「心理的事実とは行動である」という根本命題に注目してもらいたい。次に、「刺激－反応」

というセットに関するまったく生理学的な考え方に閉じ込められているワトソンの解釈をのぞけば、行動とはまさに特定の個人生活の断片だということがみえてくる。

たしかに、心理的事実とは行動であるという命題を認めることは、感覚、記憶、意思、性格などといった多少とも身元の疑わしい一連の概念を組み合わせることによる人間の再構成を放棄することである。また、行動は人間の生活の継続する展開のなかのカット以外の何ものでもないのだから、ほんとうに実在するものから出発する必要性を認めることである。要するにワトソンも、全体から出発し、抽象的なものの助けを借りずに、具象的なものによって具象的なものを再構成しようとする。

これはワトソン理論の抽象的な解釈ではない。ワトソン自身、行動という概念の具象的な性格を熟知している。周知のように彼は、生活体を一つの全体とみなすことの必要性および心理学と生理学の伝統的な断絶を解消することの必要性を強調する。ところで、人間を一つの全体とみなすこと、人間の具象的な動きを、言いかえれば人間の行動を研究するということ、こうしたゆるぎない観点を適用することは、行動という用語の最終的な解釈がどのようなものであれ、古典的心理学の対象および諸概念の全面改正を前提としている。

22. こうして、行動主義と精神分析の意外な親近性が正当化される。両者は、古典的心理学の基本的な性格である抽象化への反抗という点で通じ合うものがある。これは、これまで抽象的な瞑想しか

結論　具象心理学の効果と具象心理学が提起する諸問題

知らなかった学問分野に、具体的な分析を導入しようとする二つの試みである。したがって、生物学を超えたところで、あるいは精神医学を超えたところで、精神分析と行動主義は遭遇し、ともに抽象的なものを嫌悪し、それぞれ独自の次元で人間の具体的な生活と思われるものから再出発しようする。

たしかに、人間の行動はワトソンの行動の概念をはるかに超えている。それがまだドラマではなく、その骨組みでしかないというばかりではなく、ドラマの「組み立て」方にあらゆる段階——完全に「現実に即した」演出から、演出がもはや何の意味もなさないほどかけ離れた報告に至るまで——が含まれているからである。

ともあれ、ここで、人間の行動の概念を、その内容と範囲を正確に定めながら掘りさげるという重要な問題が提起される。ところがこうしたことは、具象心理学の観点から、行動主義とそのさまざまな形態を研究することによってしかなされない。それにこうした研究は、直接はドラマに結びつかないものも、どの程度まで具象心理学の観点から研究可能かということを示してくれる。というのは、現代心理学のなかには、公認の心理学のなかにさえ、実在論と抽象化を凌駕する成果——たとえ応用心理学でのことにすぎないにせよ——がたしかに見いだされるからである。しかし、こうした成果を正確に認識するには、現在の心理学の内容をすべて拾いあげて、これを新たな観点から検討してみなければなるまい。こうしたことを究明するためにも、行動主義のなかで今だに生き残っているものと死滅してしまったものに関する検討がきわめて重要になってくる。

こうした究明をとおしてわれわれには、一般心理学を、この心理学の具象的な方向づけの前提となるさまざまな枠組みと概念を含めて構成することに、どのような理由と意味があるのかわかるだろう。

23. われわれの分析は行動の概念を利用することに帰着したが、それとともに意味の概念と形態の概念も、われわれの立証において重要な役割を果たした。というのは、われわれが具象心理学の研究対象としたのはドラマだからである。ところで、ドラマはなによりもまず、意味の概念はもとより形態の概念まで含んでいる。だからこそわれわれの究明は、一方でシュプランガーの試みへ、他方でゲシュタルト理論一般のほうへ向かうのである。そこにもまた、たとえ意味の観点の導入および要素分析の放棄によるだけとはいえ、着想がはっきりと具象的である傾向が見いだされる。

ただし、具象心理学のなかへ介入してくるような意味と形態は、シュプランガーやゲシュタルト理論派におけるのとは意味がまったく異なる。それに、要素分析の完全な放棄よりもっと先まで進まなければならない。というのもこの放棄は、同時にメタ心理学の拒否でもなければならないからである。

結局ここでは、意味の観念もドラマの観念も掘りさげることはしなかった。両者の関係を正確に規定することさえしなかった。ところが、これらは具象心理学の基本概念である。これらの基本概念を明確にするには、ゲシュタルト理論を研究する必要があるだろう。

結論　具象心理学の効果と具象心理学が提起する諸問題

24.　こうした研究は、具象心理学の将来には直接は関係しないが、古典的心理学の批判に直結するような結果をもたらしてくれるに違いない。

　精神分析の研究をとおして、われわれは古典的心理学のいくつかの基本的手法を切り離すことができた。ところで、批判をとおして古典的心理学を完全に解明するには、その手法の完全なリストを作成し、その手法について「申し分のない」分析を行うことが不可欠である。こうした観点からしても、われわれがとりあげた二つの傾向に関する研究はきわめて興味深い。というのは、それぞれがある程度まで具象的なものに関与していれば、この具象的なものは、精神分析におけるのとは別の角度から明らかにされるからである。したがってわれわれは、精神分析の研究ではわからなかった古典的手法を発見することもありうるし、われわれがすでに知っている手法を新しい観点から掘りさげることもできる。たとえばゲシュタルト理論などは、要素分析といった古典的手法の批判を基礎としているだけにいっそう、こうした期待が高まるのである。ここで確認しておかなければならないのは、古典的手法の序列のなかでこの手法が正確にはどのような位置にあるかということと、ほんとうに豊かな心理学を形成するのにこの手法を否定するだけで充分なのかどうかということである。このことを確認しておけば同時に、ゲシュタルト理論のいくつかの傾向を評価するための重要な批評手段を手にすることにもなるだろう。

25. したがってこうした究明は、本書の序論でとりあげたような後々の研究を待たなければ解決できない問題を提起する。とはいうものの、すでに確かなことが一つある。心理学は、具象心理学によって、具体的人間の研究という新しい道を切り開くということである。ただしこうした方向性が新しいといっても、公認の心理学者の固定観念とくらべてそうだというだけである。これは実際には、公認の心理学自体がこれまで生きる糧としてきた確信の重要な源泉ともいえる願望への心理学の回帰を表わしているにほかならない。この願望とは人間を知りたいという願望である。この願望を科学的方針とすることに同意しながら、具象心理学は、文学、演劇芸術および語の実際的な意味で賢者の科学を常に育んできた偉大な具象的伝統を体系化してゆく。ただし具象心理学は、目的は同じでも演劇や文学以上のものをもたらす。それは科学をもたらす。こうして、人間の通常の観察からえられる教訓とくらべて、古典的心理学のようにそれ以下ではなく、それを上回る心理学に到達するだろう。

26. 心理学の発展はたしかに大きな驚きを用意する。というのは、ある科学の歴史を先験的に見ぬくことはできないからである。精神分析は始まりである。それはまさに始まりでしかない。精神分析の本質が解明されようとしている今、新たな観点に立って研究を続けなければならない。また、行動主義とゲシュタルト理論も、ほぼ全面的に自己改革しなければならない。技法の点では、何もかも最初からやり直しだといえる。技法の進歩はきっと、基礎論をどのよう

結論　具象心理学の効果と具象心理学が提起する諸問題

に考案すべきかというところにまで影響するだろう。しかし確かなのは、引き返すことはできないということである。心理学は決して、実在論や抽象化へ引き返すことはできないだろう。今や問題はまったく新しい地平に立てられているからである。心理学は、生理学的心理学へも、内観心理学へも決して引き返すことはできないだろう。行動主義と精神分析という二つの障害物が、道をふさいでいるからである。ひとことで言えば、また専門的表現の曖昧さとこうした表現の不快な響きがどうであれ、メタ心理学はもう終わった、そして心理学の歴史が始まる。

ジョルジュ・ポリツェル——人と作品——

フランスの哲学・精神分析および心理学の世界に一定の波紋をなげかけたジョルジュ・ポリツェル（1903-42）の全貌は、死後50有余年を経た今日でも、明らかにされていない。1947年に編集出版された論集『現代心理学の危機』が編者によって、いちじるしく改変されていた事実を知れば、ますます彼の姿が霧の彼方に包まれてしまう。

1. 謎の人物

「おかしな話だが、とブツィナス［D.Voutsinas］はいっている[1]、これほどのスケールをもつ人物にしては伝記のデータがあまりない。彼の著作の序文を執筆した人たちもその点にはまったく触れていない。数点の著作には、彼と面識のあった人たちによる思い出や証言、評価が掲載されているが、完全な伝記は存在しない。彼の著作を読んでいくなかで、偶然、ハンガリー出身だということがわかっただけである」としている。

1969年に出版された『現代フランス心理学者のアンソロジー』[2]

には57名の著名な心理学者の人と作品が紹介されている。そこではポリツェルはリボー[Th.Ribot]、ビネー[A.Binet]、ジャネ[P.Janet]、ピエロン[H.Piéron]、ブロンデル[Ch.Blondel]、ピアジェ[J.Piaget]、ワロン [H.Wallon] 等とともに、20世紀前半の巨匠たち（les grands travaux）の一人に数えられている。

同書では「具体的な人間（homme concret）の名における革命」というタイトルで、つぎのような紹介ではじまっている。「1903年ハンガリーで生まれ、1920年代のはじめにソルボンヌ大学に在籍。大学時代からすでに精神分析に没頭していた。ルフェーブル[H.Lefebvre]、モランジュ[P.Morhange]と共に若い研究者の雑誌『哲学』(*Philosophies*, 1924-25)を創刊、その雑誌に「反精神分析の神話」(*Le mythe de l'antipsychanalyse*)を発表し、ブロンデルの精神分析批判に対して反論。ただし、彼はフロイト主義の理論的骨格については、彼自身の批判を展開しながら、「暫定的に存在しているもの」と評する。中等、高等教育教員資格試験(agrégation)に合格。ルフェーブルやモランジュと共同で新しい雑誌『エスプリ』(*l'Esprit*, 1926)を創刊、シェリングを翻訳、心理学に対する戦いを続行。このことは当時もっとも注目された著書『心理学基礎批判』(*Critiques des fondements de la psychologie*, 1928)をうむきっかけとなった。この書では彼は人間の内面に関する心理学と実験室の心理学のいずれにも組していない。彼は自分の計画を持続するために、『具象心理学評論』 (*Revue de psychologie concrète*, 1929) を創刊する。しかし協力者不足のため頓挫。」

ジョルジュ・ポリツェル人と作品

　ここまでの経緯については、生前、親交の厚かったルフェーブルがその頃を回想してつぎのように述べているのがもっとも信頼できると思われる(3)。

「1925年ごろ若い哲学者たちのグループが結成された。拒否という点では等質だったがあこがれという点では不統一なグループだった。ポリツェルはグループのなかでおそらくもっとも才能にめぐまれていたが、もっとも変わりもので過度にはしる傾向が強かったといえよう。彼はこうした自分の気質に執着していたのだろうか。あるいは彼が目撃し、少年の力のおよぶ範囲で参加したハンガリー革命の体質に執着していたのだろうか。」

　また別のところでは、つぎのように述べている。「ポリツェルは私にとって象徴ではなく、じっさいに生きざまをみていた存在である。今でもときどき疑問に思うのだが、ときにはばかげた怒りをあらわにし、また悪い冗談をいったり、狭量な行動にでたりしていたあの青年がどうして2ヵ月もの詰問にくじけることなく耐えられたのだろうか。

　ある人物の問題が周囲の人たちや友人に措定されるのはいつもこのようにしてである。ポリツェルは強靭な人格の持ち主として、いくつかの顔をもち、いくつかの時代を生きた。学生時代の悪い冗談や狭量な行動と英雄的な死とのあいだには、内奥のドラマ、人間形成、とんでもない運命の出現――政治教育――といったものが刻みこまれている。

　私には今でも20歳のポリツェルの笑い声がきこえる。しゃがれ声

で、わざとらしくて暗い笑い声が。横柄で挑戦的な笑い声が。当時われわれはみんないくぶんアナーキストだった」(4)。

　ナチ占領下のパリで、レジスタンスとして積極的な活動をしていた彼は、140名前後の仲間とともに1942年にとらえられた。ヴィシー政権に協力して教育活動を行うか死を選ぶかの二者択一のなかで、後者をえらんだ彼は、その死が劇的であっただけに、戦後、「英雄的に」神格化され、かえって彼の素顔をみえにくくしてしまったようである。戦後紹介されたポリツェル像はさまざまである。たとえば、ツゥツゥンジャン［O.Tutundjian］はつぎのように述べ、高い評価を与えている(5)。

「1920年代と30年代の進歩的フランス心理学者のなかで、ポリツェルはマルクス哲学を基盤として唯物論的心理学を創造した最初の心理学者だった。ワロン、プルナン［M.Prenant］等の研究者をはじめ数人のフランスのマルクス主義者の研究があらわれるまえに、彼は唯物論的心理学が誕生する土壌を準備した。当時、マルクス理論は政治経済や社会学にしか関係しないという誤った考えが広く流布していた。「具象心理学」を基盤として唯物論的心理学の構築をめざしていた1920年代末までのポリツェルの科学活動はヴィゴツキー［L.Vygotski］、レオンチェフ［P.Leontiev］、ルリア［A.Luria］をはじめ数名の研究者たちがはじめて唯物論的心理学の構築を試みていた（1925-28年）ソビエト心理学の発展時期と完全に一致する。この間、ソビエト心理学を心理学の創造モデルとしてポリツェルが利用できなかったことは明らかである。ことばの問題があっただけでは

なく、ソビエト心理学自体がちょうどその頃、達成困難な課題をかかえていたからである。当時のソビエト心理学者のあいだでさえ、基本的な誤りが数多くあった。こうしたことが、ポリツェルも科学的心理学を構築しようとしたときに遭遇した客観的難問を考察しようという動きに拍車をかけた。」

　この見解に対して、1920年代のポリツェルについて、ルフェーブルはつぎのように語っている[6]。「われわれのグループの変遷ほどはっきりしているものはない。われわれは熱烈な青春の雑誌『哲学』につづいて、『エスプリ』というタイトルで2冊のつまらない論集を出版した。挫折した哲学的刷新が、『エスプリ』では「人間の救済」というあいまいで、わざとらしく、謎めいた約束になったのである。もちろんこれも『エスプリ』を代表するものとして前進する一つの方法ではあった。はじめてフランス語に翻訳されたエンゲルスのすばらしいテキストのとなりにポリツェルは唖然とするような標語「われわれはポスト革命家である」（それは退行の兆候、あるいは少なくとも混乱がふかまっていることの兆候だったといえる）をかかげたのだった。この表現は混迷のなかに、その前兆として位置づけなければならない。資本主義が一時的に安定した時代のなかに、それと関連して戦後の混迷した革命至上主義が自己否定をせまられ、新たな理論的問題を解明してゆかざるをえない時代のなかに位置づけなければならない（恐慌の経済理論など）。ポリツェルは『エスプリ』が出版された1926年にはマルクス主義者ではなかった。

彼の表現は「進歩的」観念論哲学者としてのものであって、革命を求めながらも、正確には革命を期待してはいないし、実際にそれを準備しているわけでもなく、そこからただ『エスプリ』の神秘的な勝利を願っているだけなのである。哲学というのはつねにこのような受動的な表現に帰着するのかもしれない。とくに、それがマルクス主義を「凌駕した」と思いこんだときなどには、この表現にはそれ以上の意味はない。これは忠実なイデオロギー研究に対してどれほど寛容でなければならないかということを示している。ブルジョア的な文化、人生および社会のわなのなかで、手さぐりで前進する多くの人たちがどのような錯乱を経験するかということを示している。思うに、もし厳格な、頑迷ですらあるマルクス主義者だった1937年のポリツェルが1927年のポリツェルに出会ったとしたら、1927年のポリツェルはあまりにも激しく論駁されて、おそらく永遠に観念論の領域かあるいはなにかマルクス主義とは正反対の領域に閉じこもることになっただろう。しかしながら『エスプリ』の観念論者も、1937年のマルクス主義者も、1942年の英雄もみな同じ人物なのである。」

＜注＞

(1) D.Voutsinas,#*En relisant Georges Politzer,* 408, Bulletin de psychologie, 1991-92

(2) D. Hameline et H. Lesage,#*Anthologie des psychologues français contemporains,* 1969

(3) H. Lefebvre,#*La somme et le reste*, 1973
(4) H. Lefebvre,#*L'existentialism*, 1946
(5) O. Tutundjian, 《La psychologie de Gaorges Politzer》, *Recherches inernationales à la lumière du marxisme*, N°51, 1966
(6) H. Lefebvre,#*op.cit.*,1946

2. 具象心理学と時代の思想的潮流

ポリツェルの諸労作を通読していると、「神話(mythe)」、「神話的(mythologique)」、「抽象的 (abstrait)」、「内的生 (vie interieure)」、「直観 (intuition)」、「古典的 (classique)」等の用語が「具体的 (concret)」、「ドラマ (drame)」、「科学的 (scientifique)」等の用語と対をなして使われていることに気づく。このことを理解するには1920年代の、あるいは19世紀から20世紀初頭にかけての、フランスを中心とした西欧諸国の文化的思想的状況や心理学、精神医学の動向を知る必要がある。

フランス心理学の動向とベルグソン哲学

「19世紀以降、フランスの講壇哲学は、誇らしげに一つの旗印をかかげる。唯心論ののぼりである」とヴェルドナール [R.Verdenard] はいう (1)。1789年の革命、アンシャン・レジームを倒した地震の波動は、フランス19世紀をおおい、恐怖をかきたてていた。フランス18世紀の精神はおのれの理念をもって決然と現実の変革にむかったために、19世紀になると、啓蒙哲学や百科全書主義は告発され、汎神論、無神論、唯物論が攻撃の的となった。メーヌ・ド・ビラン [Maine de Biran, 1766 - 1824] はコンディヤック [Condillac, 1715 - 80]、エルヴェシウス [Helvétius, 1715 - 71]、ヴォルテール [Voltaire, 1694 - 1788] の精神に対する唯心論的反撃を組織したのであった。

大学では哲学が孤立化され、封じこめられていった。ヴェルドナールによれば高等師範学校（École Normale Supérieure、Grandes écolesの一つ、大学以上の格をもつ高等教育機関）は何度も閉鎖され、哲学の教授資格試験（agrégation）は廃止された。高等師範学校の哲学教授に対する追求が開始され、気骨あるものは教壇から追放された。哲学における独創的なものは大学と対立する個人ないしグループの仕事となり、野に下った。「こうした戦術は19世紀における講壇哲学をもののみごとに宦官化」したのである[2]。

　クーザン［V.Cousin, 1792‐1867］の学説は折衷主義（éclectisme）が唯心論に奉仕するという意味での唯心論的折衷主義という文脈において位置づけることができる。彼は高等師範学校の哲学教授を経て、同校の校長となり、1840年には文相に就任した。唯心論は18世紀の思想と対峙することによって、社会の変革を目指した啓蒙思想の展望を放棄し、つぎのように宣言する。「過去3世紀にわたったさまざまな革命は、豊かなみのりを約束する嵐のなかで、近代ヨーロッパの科学、法、哲学をそして文明を生みだしたが、それはいまや完了した。革命の事業は成就したのである」[3]。ロワイエ・コラール［Royer-Collard］、ジュフロア［Th. Jouffroy］、ジュール・シモン［J. Simon］、ポール・ジャネ［P. Janet］等はクーザンの学派に属する。「クーザンたちは内部観察の科学である心理学が、意識によって、人間の精神の『原理』に達することができると思いこんでいた。心理学は意識の事実の科学であるだけでなく、精神の哲学でもある」[4]。

デカルト的二元論にもさかのぼるこの視点は、ベルクソン[H.Bergson, 1859-1941]のものでもある。ベルクソン哲学に認められるのは、唯心論の復興であった。彼によれば、生きた時間、すなわち回想が精神生活の証人なのであって、大脳はその器官にすぎないということを、彼は心理学的分析にもとづいて立証しようと試みている(5)。

　第二次世界大戦直後において実存主義がそうであったように、フランスでは19世紀末から20世紀初頭にかけて、ベルクソニズムはあたかも唯一の救いであるかのように、多くの知識人や文化人をその周囲にひきつけていった。講壇哲学もその例外ではなかった。それはベルクソニズム一辺倒の時代となった。つまり、「唯物論」の悪行をはらいのけるために使う魂の補完物として、ベルクソニズムを利用したわけである(6)。

　この間の状況を心理学者フレスはいみじくも語っている。「この哲学的方向は、大学の伝統のなかに、たえず存続し、科学的心理学を迎えいれることができないでいた」(7)。

　リボー[Th.Ribot, 1839-1916]は1876年に心理学の最初の機関誌『哲学評論』(*Revue philosophique*)を、ビネ[A .Binet, 1857-1911]は1894年に『心理学年報』(*l'Année Psychologique*)を、1904年にはピエール・ジャネ[Janet, 1859-1947]とデュマ[G.Dumas, 1866-1946]が『正常および病的心理学誌』(*Journal de psychologie normale et pathologique*)をそれぞれ創刊している。そしてフランス心理学会(la Société Française de Psychologie)は1901年に創設

された。「にもかかわらず、これらの獲得が錯覚をつくってはいけない」[8] とフレスはいう。たとえ、高等研究技術学院 (École Pratique des Hautes Études) やコレージュ・ド・フランス (Collège de France) が科学的心理学を受けいれたとしても、大学はつねに留保したままであった。パリでは、ピエロン [H.Piéron, 1881 - 1964] が1921年につくった心理学研究所 (Institut de Psychologie) の仲介によって、はじめて科学的心理学 (la psychologie scientifique) が教えられた。当時までフランスの心理学はクーザンによって代表される折衷哲学の支配のもとにあった。哲学科に籍をおいたノルマリアンのポリツェル (高等師範学校には現在でも心理学科は存在しない。哲学科の一分野として位置づけられている) の過した時代的背景は以上のような状態だったのである。

フランス心理学とフロイトの精神分析

　その間にあって、フロイト [S. Freud, 1856 - 1939] の精神分析はどうであったか、フロイトとフランスとの関係は、フロイトが1855年の秋、パリのサルペトリエール (Salpêtrière) 病院に留学したときからはじまる。そこにはシャルコー [J. M.Charcot, 1825 - 93] がおり、サルペトリエール学派の名で、全世界に名声を馳せていた。サルペトリエール病院は、当時世界の精神病理学者のメッカであった。フロイトはシャルコーからヒステリーについて学び、それが心因性に起因するという見解に大きな感銘をうけたといわれる。サルペトリエールには、フランス心理学の一期生ともいうべきジャネ、

ビネ、デュマ、ブロンデル［Ch. Blondel, 1876-1939］等が彼らの師リボーにすすめられて、在籍していた。後年、ジャネとブロンデルはフロイトのライバルとなる。フランス心理学はサルペトリエール学派を中心として、直接的にはフランス精神病理学に接木して成立する。1889年にフロイトはナンシー学派のベルネーム［H.Bernehim, 1873-1919］と一介の開業医リエボー［Liébeault, 1823-1904］をナンシー（ロレーヌ地方のムルト＝エ＝モーゼル県、パリの東270km）に訪ねる。催眠暗示の技法を確かめるのが目的だったといわれている。後年フロイトはつぎのように述べている。「人間の意識にかくされている強力な心理的過程が存続しうることについて、私がもっとも強い印象をうけたのはナンシーにおいてであった」[9]。催眠法にも一定の限界があることに気づき、治療法としての催眠を放棄し、連想法を決定的なものとしたのが1896年であり、フランス語で精神分析（psychanalyse）ということばをはじめて用いた論文を書いたのもこの年である[10]。

しかしフロイトの精神分析がフランスにおける大学アカデミズムのなかに一定の地歩をきずき、一般民衆のなかにもある程度の浸透をみせるまでには紆余曲折のあったことを知らねばならない。それは精神分析が是か非かという本質的な論争というよりも、フランス社会のもつ伝統的な精神的風土やパリ大学を中心とした精神医学や心理学のアカデミズムの体質と深くかかわっていた。さらにフロイトが4歳のときチェコスロヴァキアから両親に連れられてウィーンに定住したユダヤ系オーストリア人であることも微妙な影響をあた

えている。第一次世界大戦の傷跡はまだフランスには存在していた。フランスへの精神分析の紹介者の一人であるエスナール [A.Hesnard, 1886-1969] は「フランスにおける精神分析に対する関心はごくささやかな姿で第一次世界大戦前後に現われたにすぎなかった」(11) と述べている。つまりフランスの精神分析は第一次世界大戦と第二次世界大戦のはざまに生まれ、第二次世界大戦後、徐々にフランス国内に広まったのである。フロイト自身、1927年に「現在に至るまで精神分析にもっとも強硬に反対してきたのが、フランスである。同国での精神分析に対する最初の共鳴は、地方から起こった」と怒りをあらわにしている (12)。エスナールによれば、「明確な拡がりを示すようになったのは、第一次世界大戦後の数年間であった」(13)。それも医学者や心理学者ではなく、人間理解としての芸術、思想の領域においてであった。医学や心理学の世界では依然として、大部分の人々は黙殺の風を装っていた。エスナール自身は1914年に、ボルドー大学のレジス [E.Regis] 精神科教授と共著という形で、フランスで最初の精神分析の書、『神経症と精神病の精神分析』(*La psychanalyse des névroses et des psychoses*) を出版している。

　1923年にはフロイトの推せんをうけてパリにやってきたソコルニカ [Sokolnica] 夫人（非医師）を中心として、パリ大学のクロード [H.Claude] 精神科教授の弟子たちによる精神分析研究のための懇話会が結成される。この懇話会が母胎となって、1926年にパリ精神分析学会が結成され、『フランス精神分析評論』(*La Revue Française de psychanalyse*) がその機関誌となった。この学会の発起人のなかにつぎの諸氏の名前を見出すことができる。マリー・ボナパルト [Bonaparte]、ソコルニカ、コデ [Codet]、エスナール、ラフォルグ [Laforgue]、ナシュト [Nacht] そしてスイス人のオディエ [Odier] 等である。ポリツェルは1929年2月に刊行した『具象心理学評論』誌第1号で、マリー・ボナパルトをはじめ当時のパリ精神分析学会に対して、かなり厳しい批判を行っている。つまりポリツェルは精神分析がフランスに紹介される初期の段階から、精神分析に注目しており、それを武器にしてまず、抽象的、神話的心理学批判を用意していたと思われる。

たとえばつぎの箇所がある。「『フランス精神分析評論』はたしかに有益な機関誌である。あらゆる運動の発展のためには、機関誌が必要である。しかしその固有の機能は、フロイト学説の欠陥を拡大してくれるという虫メガネ的役割にあるといえよう。精神分析家たちは自らの理論の吟味に際し、敵対者に対すると同様の非妥協的な態度を貫いてはいない。精神分析の方法それ自体が、とりわけ、マリー・ボナパルトの手にかかっては、フロイトの本文を引用する機会を探し求めるための一つの技法に変質してしまっているように思える。フランスの精神分析家たちは、精神分析を進歩させるよりも、精神分析の信奉者を是が非でも見つけ出すことだけに躍起となっている」[14]。マリー・ボナパルトはフロイトに自己分析を受けた女性である。因みにポリツェルは1925年には、ブロンデルの精神分析批判に対して、反批判の論文を発表している（3.諸論考、Ⅰ

期参照)。

エスナールはポリツェルを評して、「舌鋒鋭い批判で有名なフランス人」と述べていることからすれば、エスナールとポリツェルは当時、すでにある程度の面識があったのかもしれない。ブロンデル等の心理学、精神医学からの精神分析批判に反論を加えながら、他方ではフランスの精神分析研究が創造的発展を指向せず、フロイトそのものの道をなぞっていることに対して、激しい憤おりをみせているのが1925‑29年の時期である。

具象心理学とフロイト主義

1929年2月刊の『具象心理学評論』第1号の主要論文「神話的心理学と科学的心理学」の冒頭、彼は前年刊行し、唯一の著書となった『心理学基礎批判―心理学と精神分析』について、つぎのように述べている[15]。

「精神分析と心理学の対立の本質を検討しつつ、この書では、実証心理学を具体的なものへの回帰によって特徴づけることができた。そして、この具象心理学こそが、実証科学となるべく苦闘している心理学が抱える基礎的な困難を、容易に解決することを可能にする。ただこの書の結論では、主観的心理学と客観的心理学の古典的な対立についてしか検討しなかった。そして具象心理学によって、この対立の図式を乗り越えることができることを明らかにした。しかしそれは解決すべき問題の一つにすぎない。

具象心理学が、このほかの諸問題をいかに解決するかも示さなけ

ればならない。それが本論文「神話的心理学と科学的心理学」の目的である。ただしここではいくつかの観点を紹介するだけで、深い検討は第2巻(これは未刊となる)にまわしたい。」

「神話的心理学と科学的心理学」の内容については、「3.諸論考、Ⅰ期」で素描するので、ここでは触れない。本論では1928年と1929年2月のポリツェルの具象心理学の構想について、どのような反響があったかを、ポリツェル自身のことばを介して考察することにする[16]。

「今から1年数ヵ月前には、「具象」心理学はまだフランスの心理学者の関心事のうち、最下位であった。当時彼らは、唯心論を復活させることに、また心理学的事実そのものを取り扱うことができるように、スコラ的形式主義をかたくなに守ることに忙殺されていたのである。しかし1928年の書を著わして以来、事態は変化した。しかも大革命以来、フランスにおいて見たこともないスピードで事態は進展したのである。しかもそれは言葉のふつうの意味での進展などというようなものではない。それは遡及効果を伴った進展なのである。『心理学基礎批判』刊行後に、きわめて感動的な現象が生じた。もっとも抽象的な心理学を支持する心理学者たちが劇的な「自己回帰」を行い、すでにずっと以前から自分たちが具象心理学の支持者であったことをにわかに理解したというのである。また抽象心理学をもっとも熱心に説いた教師たちは、彼らがまったく抽象心理学を知らなかったことに気づいたのである。さらに自分自身では具象心理学だと気づかなかった心理学者の論文のテーマのなかに、いちは

ジョルジュ・ポリツェル人と作品

やくそれを発見した別の心理学者たちもいた。その結果いえることは、現在フランスにおいて、自分は具象心理学に反対するとあえて言明するような心理学者は一人もいない、ということである。しかも受けとった書簡や具象心理学についての発言や資料を読むと、フランスではヴェルサンジェトリックス［Vercingétorix］からベルクソンに至るまで、ただ一人の「抽象的な」心理学者も生みださなかったようにどうしてもみえるのである。

　ブリュンシュヴィク［Brunschvicg］は手紙に、私はおっしゃるようなそうした19世紀の抽象心理学の支持者であったことは未だかつて一度もありません、と書いている。ソルボンヌの高名な方法論者ラランド［Lalande］は、以前、彼が具象心理学について講議したソルボンヌの授業のことを想起させてくれた。そしてカーン大学教授のスパイエ［Spaier］は手紙に記している。具体性から出発して必ず具体性に立ち返ることの必要性に関して、全く同じ意見です、そしてさらに続けて書いている、しかしラランドが以前からドラマを研究対象とする心理学について語っていることになぜ言及しないのでしょうか、しかもドラクロワ［Delacroix］は思考と言語との生き生きした関係を分析したように、宗教生活に関する彼の習作において、なによりもまずドラマから出発していることになぜ、気づかないのでしょうか。」

　要するに、過去においてすべての人が具体的であったし、現在もすべての人が具体的だということである。すべての著者はドラマしか決して語らなかった。この世には具象心理学しか存在しなかっ

311

た。心理学書のすべての著者は、昔からそのすべての研究を具象心理学に捧げてきたのである。

　具象心理学に向かうこうした流れはたしかに重要であるとポリツェルは考える。しかし以前よりも素朴さがなくなり、気むずかしくなっているとポリツェル自身が語るように、彼は二つの理由からこの具象心理学への流れに休止時間を設けることを提案する。一つの理由は、このような賛同の意やその裏にひそむ真実の性格を十分に知悉しているからであり、第二の理由は、具象心理学の本当の方向性について、まだ詳しい説明をしていないからである。

具象心理学とマルクス主義
　『具象心理学評論』誌の1929年2月刊の第1号と7月刊の第2号の「編者のことば」を読みくらべて当惑するのは、そのギャップのすさまじさである。親友であったルフェーブルは、「ジョルジュの行動には急な進路変更が何回かあった」といい、「もっとも才能にめぐまれていたが、もっとも変わりもので過度にはしる傾向が強かった」といっている。25歳前後という多感な青年期であったことを考えても、その飛躍を理解することができない。ルフェーブルはいう、「『エスプリ』が出版された1926年には彼はマルクス主義者ではなかった。彼の表現は『進歩的』観念論哲学者としてのものであった。(……)友人たちの大半がマルクスとエンゲルスを研究していた1928年ごろ、ふたりのテキストを読んだことのないジョルジュは自分の立場を修正することをかたくなに、そしていつものように激し

くこばんだ」。しかし他方ではルフェーブル等が 1928-29 年に創刊した『マルキスト』誌第 1 号では、アーノルド［Fèlix Arnold］というペンネームでレーニンの『唯物論と経験批判論』の仏語出版を祝って、書誌に関する注を書いているのである。彼はいう、「首尾一貫した、誠実で明晰な唯物論が、たえまなく（一種の創造的変遷によって）空疎な価値をうみだす危険な言語偏重主義にピリオドをうってくれる。うわべだけの観念論と社会的反動は、唯物論と革命がそうであるようにペアである」。

ポリツェルの概念構成に手を加え、マルクス主義的基礎を深めながら、ポリツェルの路線を踏襲しようとしたセーブ［L.Sève, 1926-］はその著『マルクス主義と人格の理論』（*Marxism et Théorie de la personnalité* ,1969）(17) のなかでつぎのように述べている。1928 年の『心理学基礎批判』と『具象心理学評論』誌に掲載された諸論文を「今読みかえしてみると、一番驚かされることは、ポリツェルが唯物論とマルクス経済学の基本的役割をますます肯定してゆくその力強さと、個人の理論と経済学との接合を考えるための出発点たるマルクス主義の古典に正確に準拠できないという古典のほぼ完全な不在との対照性である」。さらに続けていっている。「たとえば『1844 年の手稿』、『ドイツ・イデオロギー』、あるいは『要綱』といった文献の（仏語版の）出版は 1932 年から開始されたにすぎない」のである。

筆者の手許にある資料からは、ポリツェルの 1929 年の変貌を説明することはできない。ここではとりあえず、『具象心理学評論』誌第

2号の「編者のことば」だけを以下に掲げることにする[18]。

「第1号の「編者のことば」で、われわれの企画は、心理学の実験だといった。そこで言いたかったのは、『具象心理学評論』誌のスローガンや計画が必ずや反響を呼び、心理学の現状を明らかにするのに貢献するであろうということであった。まだ1号しか出ていない雑誌で、その成果を判断するのは困難であるが、ただ、われわれのやったことは間違ってはいなかったということだけは言えるであろう。なぜなら、われわれは現在、消極的な抵抗と、具象心理学への功名争いという、典型的な二つの反応に直面しているからだ。前者からは、古典的心理学の側からの批判が相変わらずそこから一歩も出ないものだということがわかる。後者からは、古典的心理学が言葉を変えることで生き残ろうとしていることがわかる。いずれにしろ、心理学者の改革への意志は思いのほか弱く、しかも、ごく限られた範囲でしか改革を考えず、また、その範囲についても、表向きの意見の相違に関わりなく、全員が一致して認めていることは明らかである。心理学者の大半がこの限界を超えることができず、また、この限界が、いわゆる「危機の解決」と、アカデミックなテーマの刷新の保証となっている。

　そこで、この「限界」とはいかなるものかを明らかにしなければならない。そのためには、ある程度、心理学の専門用語から離れ、さまざまな傾向の学者間の争いを忘れなければならない。彼らは見かけとは裏腹に、実際には似たものどうしである。

　これらの諸傾向はすべて、観念的なものである。今日の心理学で

は、あらゆるものが観念論へ融合している。最近の実証心理学の偉大な運動の結果が、この観念論への溶解である。フランスでは「神学 - ベルクソン的」心理学、ドイツでは「精神科学的心理学」と、「心身一致」の観念論的形而上学。豊かな内容へと向かっていた研究が停止し、観念論へ溶解している。精神分析も、フロイトよりさらに観念論的なユングとアドラーが離反した後に、たとえばランク［Rank］と同様に、よりいっそう観念的な方向に突き進んでいる。唯物論に発想を得た厳格な行動主義も、最初から、本来の位置にとどまることができず、生理学的ではない、大なり小なり観念論的な行動主義の形態を生みだしている。このことをもっともよく表わしているのは精神工学で、観念論に陥る理由がまったくないにもかかわらず、その理論は観念論におおわれている。

とはいえ、現在の心理学が無力なのは、観念論の科学が弱いからにすぎない。文字どおりの科学としての心理学では事情は異なっている。それは、本物の事実を研究するのであり、唯物論でしかありえない。したがって、心理学は危機にある。しかし、この危機は、思いのほか単純かつ明快なものである。唯物論であるべき心理学が、観念論におちいっていることが問題なのだ。観念論を捨てない限り、心理学は科学にはなりえない。しかも、現在の心理学者たちはそれを捨てることができないのだ。この危機は、科学的心理学そのものについても同様である。確かに、科学的心理学は、心理学を観念論の限界にまで導いたが、理論的裏づけとして不完全な唯物論しかもっておらず、結局は、観念論の避難場所にしかならなかっ

た。そして、観念論はつねに息を吹き返し、すぐれた試みを不毛のものにしてしまう。こうなるのも当然である。なぜなら、これらの心理学は、生まれも、伝統も、あらゆる活動も、すべて、ブルジョア思想に染まっているからだ。だから、彼らには、不完全ではあるが公認されている、生理学と医学の唯物論しか目に入らないのだ。だからまた、唯物論の完全な形態に関する彼らの無知も、「気質」の問題にしかならないのだ。こうして、心理学から科学への変化に内包されることがらと、ブルジョア哲学者たちの「気質」が支持しているものとの間の矛盾も生じる。その結果、心理学は停滞したままである。

具象心理学は、心理学から、観念論のあらゆる痕跡を消し去る心理学である。それは、唯物論的心理学であり、きたるべき科学的心理学を確かなものにすることが唯一可能な立場を、つまり、マルクスとエンゲルスの名の記された、弁証法的唯物論を採用する。これだけが、完璧な唯物論であるからだ。この唯物論から出発することによってのみ、心理学は科学となることができよう。

われわれが対象とした心理学者たちは、具象心理学の究極の理論的基盤がこのようなものであることをよく感じとった。だから、われわれの前には、消極的な抵抗と、具象心理学への功名争いしか現れなかった。消極的な抵抗について言えることは、泣きごとを並べても意味はないということだ。彼らは、観念論が滅びるよりもむしろ心理学が滅びることを望んでいる。後者については、われわれに

今から網をかけようとしても、もう手遅れだ。具象心理学がどこに向かうかを正確に示すための、絶好の機会をわれわれは手にしている。

今や、心理学の現状の不透明を嘆く必要があるだろうか？　一方には社会秩序とそのイデオロギーを守ろうとする人々がいる。彼らはその限界のなかでしか、科学を実行することに同意しない。他方では、いかなる限界も、いかなる目隠しもしない科学的研究を行おうとしている人々がいるのだ。」

<注>
(1) R.ヴェルドナール「フランスの唯心論」、『産業社会の哲学』所収、白水社
(2) *Ibid.*
(3) *Ibid.*
(4) P.フレス「心理学の発展」、『現代心理学』所収、白水社
(5) *Ibid.*
(6) R.ヴェルドナル「ベルクソンの哲学」、前掲書所収、白水社
(7) P.フレス、*op.cit.*
(8) P.フレス、*op.cit.*
(9) S.Freud, *Ma vie et la psychanalyse,* 1925
(10) G.モーコ『独身のすべて』の訳者あとがき、勁草書房
(11) A.エスナール『フロイトからラカンへ』、金剛出版、1983年
(12) S.Freud, *Contribution à l'étude du mouvement psychanalytique,* 1948
(13) A.エスナール、*op.cit.*
(14) G.Politzer《La crise de la psychanalyse》, *Revue de psychologie concrète,* N° 1, 1929

(15) G.Politzer《Psychologie mythologique et psychologie scientifique》, *Revue de psychologie concrète*, N° 1, 1929

(16) G.Politzer 《Où va la psychologie concrète?》, *Revue de psychologie concrète*, N° 2, 1929

(17) L.Sève, *Marxisme et Théorie de la personnalté*, 1969

(18) G.Politzer 《Editorial》, *Revue de psychologie concrète*, N° 2, 1929

3. 諸論考

39歳の若さで非業な死を遂げたポリツェルの諸論考を心理学関係のものを中心にして、発表年代順に列挙するとつぎのようになる。

1924年11月……「医学か哲学か」(《Medeine ou philosophie》, *Philosophies*, N°4)

1925年3月……「反精神分析の神話」(《Le Mythe de l'antipsy-chnanlyse》, *Philosophies*, N°5/6)

1926年…………「序論」(《Introducution》, *l'Esprit*)

1928年…………『心理学基礎批判―心理学と精神分析』(*Critiques des fondements de la psychologie ― la psychologie et la psychanalyse*)

1929年…………「哲学的パレードの終焉――ベルグソニズム」(《La fin d'une parade philosophique ―le bergsonnisme》)

1929年2月……「編者のことば」(《Editorial》, *Revue de psychologie concrète*, N°1)

　　　　　……「神話的心理学と科学的心理学」(《Psychologie mythologique et psychologie scientifique》, *Revue de psychologie concrète*, N°1)

　　　　　……「一般心理学と心理技術学」(《la psychologie générale et la psychotechnique》, *Revue de psychologie concrète*, N°1)

1929年7月……「編者のことば」(《Editorial》, *Revue de psychologie*

       e concèrte, N°2)
 ……「具象心理学はどこへ行くのか？」(《Où va la psychologie concèrte ?》, *Revue de psychologie concèrte*, N°2)
 ……「個人的心理学に関する覚書」(《Note sur la psychologie individuelle》, *Revue de psychologie concèrte*, N°2)
1933年11月……「精神分析の糾弾」(《Condamnation de la psychanalyse》, *Commune*, N°3)
1939年………「精神分析の終焉」(《La fin de la psychanalyse》, *la Pensée,* N°3)

 1929年の「哲学的パレードの終焉」ではフランソワ・アルエ[F.Arouet]のペンネームを、1939年の「精神分析の終焉」ではモリス[Th.W.Morris]のペンネームを使用している。以上の諸労作を内容分析してみると、つぎの3期にわけることができよう。
 Ⅰ期　1924年‐1929年前半
 Ⅱ期　1929年後半‐1932年
 Ⅲ期　1933年‐1939年

Ⅰ期

 精神分析とくにフロイトの夢理論を基盤としての、古典的心理学に対する批判の時期である。いいかえれば精神分析の「具体的」成

果を利用しての伝統的心理学批判である。1925年の論文ではとくにブロンデル［Ch.Blondel］の精神分析批判に対して激しく攻撃している[7]。

ポリツェルの唯一の著書であり、当時の思想界に話題を投げかけた1928年の『心理学基礎批判』は「まえがき」と「序論」についで、つぎの5章と結論から成っている。

第1章　精神分析における心理学的発見と具象的なものへの方向づけ
（Les Découvertes psychologiques dans la psychanalyse et l'orientation vers le concret）

第2章　古典的内観と精神分析の方法
（L'introspection classique et la méthode psychanalytique）

第3章　精神分析の理論的骨組みと抽象性のなごり
（La charpente théorique de la psychanalyse et les survivances de l'abstraction）

第4章　無意識の仮説と具象心理学
（L'hypothèse de l'inconscient et la psychologie concrète）

第5章　精神分析における抽象的なものと具象的なものの二元論および具象心理学の問題
（La dualité de l'abstrait et du concret dans la psychanalyse et le problème de la psychologie concrète）

結論　具象心理学の効果と具象心理学が提起する諸問題

(Les vertus de la psychologie concrète et les problèmes qu'elle pose)

最近英訳出版されたこの書の訳者の一人であるモーリス・アプレイ［Maurice Apprey］はこの書について、「フランスの精神分析とヨーロッパ大陸の近代哲学はポリツェルの具象心理学を把握せずには理解できない」と述べ、さらに「フランスの哲学者メルロ・ポンティ［M.Merleau=Ponty］やフランス精神分析家ラカン［J.Lacan］、ラプランシュ［J.Laplanche］、ルクレール［S.Leclaire］等の著作に影響をあたえている」と指摘している。アプレイはポリツェルの思想を現象学的精神分析ととらえている(8)。

1928年前後のポリツェルについて親友のルフェーブルはつぎのように語っている(9)。

「友人たちの大半がマルクスとエンゲルスを研究していた1928年頃、ふたりのテキストを読んだことのないジョルジュは自分の立場を修正することをかたくなに、そしていつものように激しく拒んだ。友人たちが観念論とのかなりこみいった戦いをはじめているときに、ジョルジュは心理学者、精神分析家、実存主義者であることを望んでいた。」

『心理学基礎批判』の内容に関しては、ルフェーブルはつぎのように述べている(10)。「この書は心理学的方法と理論を批判しながら構築部分——具象心理学——を準備しようとしたものだった。そこでは実験心理学がもっとも激しく攻撃されている。具象心理学につい

ては、行動主義、ゲシュタルト心理学、精神分析および意識記述を折衷したものでかなりあいまいに合成したものである。雑多な混淆なのである。この書で興味深いのは最後の部分である。つまり、精神分析の枠内で個体性の構造を理解しようとしたり、一般的なコンプレックスの構造を解明しようとしたりしている。個人の意識の内奥と結びついた個人的コンプレックスの現実を、意識とこれを実存のなかに措定するみずからの存在との関係から示そうとするものである。そこには実存主義的精神分析の試みが認められる。」『心理学基礎批判』が1巻しか出版されず、未完に終った事情については、ルフェーブルはつぎのように語っている[11]。

「ポリツェルは心理学的折衷主義の雑多で不安定な性質に気づいた。短気、偏見、論争的な激しさの下にかくされた知的な誠実さから、彼はこの問題について4年間熟考した。しかし彼によれば、心理学の有効な諸要素をひとつの一貫した理論にまとめることができなかったのである。とりわけ、主体と客体の対立(意識と他者の直接的関係)の不在を第一公準とする記述法によったために、客観的なもの(行動主義、行動理論)から主観的なもの(個人的コンプレックスの理論)へと移行する方法を見いだせなかった。つまり、ポリツェルは「具象心理学」を理論的に構成できなかったことになる。

　試みが挫折すると彼は、心理学は人間のもっとも深遠な科学でも、人間の現実の決定的に重要な科学でもないし、そうではありえないと考えはじめた。マルクス主義、いいかえれば科学的社会主義への移行はすさまじいばかりの内的危機をともなっていた。彼は自

分なりの心理学を継続して、もちまえの指導力を発揮することもできたのである。そうすれば、すべてのライバルをリードしていたのだからもっとはやく、フランス心理学者のなかでもっとも重要でもっとも名高い人物になっていただろう。ところが、彼は過去を拒否し、強く否定するほうを選んだ。そのとき同時に、輝かしい出世の可能性と数年のあいだあたためた計画——青春の夢——を放棄したのである。自分自身に対してこれほど厳格な例を誰が思いつくだろうか。」以上はルフェーブルの回想である。

『心理学基礎批判』は著者自らの手によって否定されたのである。

1929年2月にポリツェルが創刊した雑誌『具象心理学評論』はサブタイトルとして、実証心理学研究の国際誌（publication international pour recherches de psychologie positive）を冠している。

この雑誌は心理学の新たな試みに向かうあらゆる理論に掲載の場所を提供する雑誌であった。精神分析、アドラー［Adler］の個人心理学、性格学、精神工学、労働心理学や行動主義、こうしたさまざまな立場の論文を、その多くには批評的なコメントを付して紹介している。そしてポリツェルは、新たな心理学の立場を明確にするには、統一した機構、組織が必要なことを強調する。「編者のことば」（1928年12月付）の末尾にはつぎのように記されている。

「古典的な心理学の解体と新しい心理学の構築がそれほど容易でないのは、イデオロギーの相違のみにその理由があるわけではないからである。古典的な心理学者たちが、今いる組織へのしがらみに拘束されていること、さらに、彼らの物質的存在がそうさせているこ

とも理由となっている。

　ヴントの心理学は、すでに、そのことに関心を向けていたのかもしれない。彼の心理学は、根本的にはなにも変革しなかったが、ただ、心理学は科学だということを広く印象づけた。彼は、心理学を、精神的人格の状態から、制度的人格の状態、つまり物質的能力の状態へと移行させた。つまり、経済的現実の上に心理学を位置づけた。古典的心理学の解体が困難なのも、思想に対して反論するだけで、制度を攻撃しないからだ。経済的な現実が反発させていることを忘れているのだ。

　新しい心理学の統一も、経済的基盤を無視して、思想だけで成り立つものではない。たとえば、一つの傾向が人々の尊敬を集めたら、それが、心理学的な価値とは関係のないところで、制度として定着する。統一した新しい心理学が世論に認められるためにも、自前の組織をもたなければならない。

　そこで、この出版物の必要性、および、その果たすべき役割も明らかになる。この雑誌は、単に理論的な働きをするだけでなく、新しい心理学のための物質的な組織を形成し、心理学者たちが結集する中心とならなければならない。本誌は、統一に向かう新しい心理学の、最初の物質的な組織となるにちがいない。とりわけ、若い世代に期待し、彼らが不毛な消耗を免れて、積極的な研究に打ち込む場を提供したい。

　この活動は、ジャンルとしては、「心理学の実験」である。この研究誌は特定のいかなる傾向にも属することなく、心理学の構築を真

摯に追求するすべての人々のために開放されている。同様な研究誌が他にないいじょう、心理学の危機が問題にされるのは、この誌上においてしかない。統一へ向かう意志がいかほどのものかは、この雑誌が心理学者たちにどれくらい支持されるかによって判断されることだろう。」

アンリ・ルフェーブルはポリツェルが『具象心理学評論』誌を創刊した頃を振りかえって回想している。「『マルキスト』誌（*Revue Marxiste*,1928 - 29）が創刊されたとき、ポリツェルは単独行動にでた。個人負担で『具象心理学評論』誌を創刊して、そこになかでも怪しい精神分析家（ランク、アドラー）の諸論文を掲載したのである」[12]。

以下において、『具象心理学評論』誌第1号の内容を解説することにしよう[13]。

改革とはまさにこれまでの心理学全体と絶縁することでなければならないのかもしれない。たぶんそうだろう。おそらく「心理学」とは哲学の幻想でしかない。心理学者はこれをまにうけたのである。科学的心理学という考えも最近の二世代に特有の幻影でしかない。現代の批判運動からうまれた最後の提言は人文科学のなかにはどこにも心理「科学」のための場所はないということかもしれない。ともかく心理学というものがありうるにしても、これと一般に「心理学」とよばれるものとのあいだに繋がりはない。近代哲学とアリストテレスの哲学とのあいだに今なお存続しているような繋がり

はない。

　今の状況を照らし、明らかにするには心理学の源泉にまで遡り、人間にかかわる諸科学のなかへもう一つ新しい科学を導入することを正当化するような現実的事実があるかどうかを問うてみる必要がある。少なくとも、われわれが人間に関して提起する独自の見通しから心理学の中心的体系を抽出する必要があろう。

　「現実的なもの」の研究という次元からすると、呼吸、消化および分泌腺の分泌といった事実のほかに、婚姻、犯罪、職業訓練および工業用語としての意味での労働といった事実もあることがわかる。一般的には、自然という次元のほかに、文字通り人間の次元のあることがわかる。「ほかに(à côté)」というのは不正確な言い方である。なぜならわれわれが生きているのはまさに人間の次元においてだからである。人間の外被をとりのぞいて、自然のその純粋な状態でひきだすには特別な抽出（abstraction）の努力が必要である。

　同様に、「生物学的生」の「ほかに」、まさしく「人間」の生（人生）がある。「人生をつらいと思う人もあれば、楽だと思う人もある」などというとき視野にはいっているのは後者の生である。ここでも「ほかに」というのは不正確である。なぜならわれわれが日常的な直接経験から人生を感じるのはまさに人間の視点からだからである。われわれは人間にとりまかれているとは感じるが、物理科学的構造にとりまかれているとは感じない。私がたとえば、友人たちを解剖図のコレクションとみなすことができるのは、抽象化努力のおかげでしかない。こうした人生は、その演劇的意味しか思いつか

ない。便利な用語で表現すれば、「ドラマ」を構成している。

　まずはじめに、日常経験がわれわれを位置づけるのはたしかにドラマのなかにである。身のまわりでおこる事象は劇的事象であり、われわれはなんらかの「役柄」を演じる。われわれが我々自身についてもっている見方(vision)は「劇的見方」である。われわれは我々自身がなんらかのシーンや筋立ての役者や証人だったことを知っている。われわれは旅行したことや、町で人が殴りあうのを見たことや、スピーチをしたことを覚えている。結婚したいとか、映画へゆきたいなどといったわれわれの意図もまた劇的である。「われわれは演劇的表現で我々自身について考える。」

　同胞と交流するのもまた劇的次元においてである。企業主がひとりの労働者を雇ったり、われわれが友人たちとテニスの試合をしたりするといったぐあいである。相互「理解」もまた劇的である。私はお茶にさそわれると、承諾したりときには拒否する。だれかが政治的意見をいうと私ははげしく彼に反論する。しかし、われわれは議論しているのである。なんらかの意味でわれわれにかかわってくる意味作用のなかで生きているのである。しかし、いかなるときもわれわれはドラマの次元を離れることはない。

　おたがいに面識をもつのも劇的次元においてである。しかも劇的側面は日常生活においてわれわれが関心をもつ唯一のものである。われわれが知ろうとするのは、ある人物のある状況における行動の仕方である。彼がその仕方で行動するためにどうするかということである。われわれはおたがいについてなにを語りあうだろうか。「若

くて、美男で頭がよくて金持ちの〜氏は年老いていて醜く、頭もわるく貧乏な〜嬢と結婚した。」われわれが理解しようとするのはこのことである。

ドラマは自然とむかいあう形でまったく独創的な領域を形成するにもかかわらず、この独創性は前代未聞の形而上学的身分を発明してやる必要があるような「実体」の独創性ではない。婚姻は消化や呼吸と同じように空間（espace）においておこなわれる。犯罪や発狂も同様である。さらに一般的な言い方をすれば、劇的生にしてもしかりなのである。したがって、劇的経験自体が日常的知覚以外のものを含むことはありえない。

自然の次元とドラマの次元のちがいは後者が個別の意味領域を形成しているところにある。これは（人間と自然とのあいだに溝をうがつ）「意味作用一般（signification en général）」であるというべきではない。「消化」は「婚姻」と同じ資格で意味作用をもっているのである。しかし、これらの意味作用は同じ意味領域から抽出されるのではない。同様に、劇的次元は意味作用一般、いいかえればなんでもかまわないなんらかの意味作用といった次元からはほど遠いのであって、まさに「人間的意味作用 （significations humaines）」の次元なのである。つまり、運動の知覚が犯罪の知覚になるのは、それが私のもっている人間的なものに関する知識とかさなる場合にかぎられるということである。光の知覚が電光の知覚になるのは、それが私のもっている物質に関する知識とかさなる場合にかぎられるというのも同じことである。

したがって、劇的経験のなかには理解によって倍加する知覚があるといえる。ただし、ここで問題になるのは分析の言語である。劇的経験のなかで、「ドラマの物質的演出」の知覚と、すべてを人間的なものとの繋がりのなかへ置きなおすための理解という行為を区別できるのは分析だけだからである。われわれは原体験が劇的であることと、ものごとを歴史的に考えれば、人間的意味作用を自然に重ねあわせるのではなくて、反対に人間的意味作用から自然を抽出するのだということを確認するだけでじゅうぶんである。ともかくわれわれの人間的なものに関する経験は、どんなときも新しい実体や、それに関係する知覚（perception sui generis）を介入させることはない。

　ドラマのなかに新奇な科学の材料が含まれていることは確かである。人間とかかわりをもつ自然科学は、人間から劇的特徴をはがしたあとに残るものを研究する。しかし、あらゆる人間的事象の繋がりや人生の諸段階や意図の対象など、生と死のあいだにわれわれにおこる一連の個人的なことは、はっきりと限定され、容易に識別できる領域、諸器官のはたらきと混じりあうことのない領域を構成している。これは研究してみるに値することである。なぜなら、こうした現実が奇蹟的にあらゆる決定をまぬがれると想定できるいかなる理由もないからである。たしかに、ある個人はなぜある時にある犯罪をおかしたのかとか、なぜ若くて、美男で頭がよくて金持ちの〜氏は年老いて醜く、頭もわるく貧乏な〜嬢と結婚したのかとか、なぜある個人は数回の事故で被害妄想患者のようになってしまうの

か、はるかに困難な状況をきりぬける人もいるというのに、といったことを知る必要がある。

　歴史学や社会学や政治経済学同様にいわゆる「倫理」科学もこの質問に答えることはできない。なぜなら歴史学と社会学が劇的科学だとしても、それらが研究するのは、そこで各世代のドラマが展開する大きな枠組みと、世代によってそのヴァリエーションが表現される広いテーマだけだからである。しかし、劇的事象はつねに即座的（hic et nunc）である。歴史学も社会学もこれを説明することはできない。婚姻というものが社会に制度として存在しなかったら、〜氏は〜嬢と結婚しなかっただろう。しかし、こうした確認はドラマを個人的な制度のなかでとらえているのではない。また、政治経済学は犯罪の経済的条件とはどのようなものなのかとか、なぜブルジョワ社会にはかならず犯罪が存在するのかといったことは教えてくれるが、なぜある個人がまさにその犯罪をおかしたのかということは教えてくれない。

　自然科学は「ドラマの物質的演出」しか研究しないし、「倫理」科学はドラマのもっとも一般的な枠組みや動機しか問題にしない。そこで、ドラマを限定された今日性や特殊性から研究する分野があってもよいということになる。

　しかも、こうした分野は新しく発明するにはおよばないようである。すくなくとも全面的にはそうする必要はない。われわれには親しい長い伝統のなかに最初の実例をみいだすことができるからである。

われわれは劇的経験のなかで採取できる観察やそこで認めることのできる規則性から、各人が人によって深さの差こそあれ、また真実に遠い近いの差こそあれ、ある「知恵」を形成する。これが実践的人間知（praktische Menschenkenntnis）とよばれるものなのである。

Ⅱ　期

1928-29年のポリツェルの諸労作を理解するには、当時のフランスの思想的、文化的状況に注目する必要がある。セーヴはいう。「マルクス主義が心理学の基礎の考察になにをあたえるかについて、当時びまんしていた全般的な黙殺の雰囲気、そしてひろくはマルクス主義そのものについての黙殺を思いうかべるよう努めなければならない。」さらに続けていっている。「あの弱冠25歳の若者が挑んだときの、肺腑をえぐられるような理論的孤立状態、まさにこれを思いうかべるよう努めなければならない」[8]。『具象心理学評論』誌第2号の「具象心理学はどこへ行くのか」はそのような状況の中での産物である。

ポリツェルは過去50年間、心理学理論に関しては霊魂（âme）のスコラ神学的な体系化だけが存在したのであると指摘する。「心理学とは霊魂の科学（Science de l'âme）という意味ではなかっただろうか」[9]。神学者たちが具象心理学を原則として賛成だが、というときに、彼らは極めて明瞭に自分たちの意図を表明している。彼らはみな仲間うちで賛成しているために、どんな不和も現実にはあり

えないと思っている。彼らはみな程度の差こそあれ神学の自覚的でしかも有益な奉仕者であるために、神学の奉仕者にならないような心理学が本当に存在しうるのだということが理解できない。彼らはつぎのようにいいたいのであろう。「あなた方もまた結局はわれわれに賛成であるにちがいない。だから反対するような態度をとらないで下さい。騒ぎを起こさないで下さい。黄金の中庸が必要なのです。われわれはあなたがたの主張を、われわれに言葉づかいを変えるよう求める忠告とみなします。われわれは喜んでそうするでしょう。われわれは専門用語に関する仕事には慣れており、しかもそれはわれわれを若返らせてくれるでしょう。しかしそこまでにしておきましょう。いい気にならないで下さい。人びとがあなたがたにあたえてくれる成功でよしとして下さい。あなたがたがわれわれを守ってくれた後、われわれをはるかによく守ってくれる人と交渉する役目をになってくれるのが、あなたがたであるような時が来るほど成功しているのですから」[10]。

彼らが望んでいることは以上の通りである。しかし永遠の伝統がもはやすべての人に絶対的な影響力をもたなくなっているという事態も生じている。ポリツェルはいう。「われわれは他方で、新しい心理学は神学を救うこと以外になすべきことがあるし、具象心理学は古典的心理学のための単なる包装紙ではない」[11]。

もし具象心理学が関連している大きな伝統があるとすれば、それは明らかに唯物論的伝統である。ところがその唯物論的伝統は内面生活のない心理学になろうとしていると指摘する。その伝統の基礎

となっている批判的検証の目的は、内面生活の学説の神話的性格を論証することである。そのため、心理学における唯物論の重要で大いなる野望の周辺をまわることが、ポリツェルの計画のすべてとなる。というのは彼にとって、具象心理学と唯物論的心理学は、実証心理学と具象心理学がそうであるように、同じ意味の表現だからである。

　しかし、心理学の当時の状況から考えて、簡単に「実証的」という形容詞をふたたび採用することはすでに不可能であった。すべての心理学者は、彼らの考え方の傾向がどのようなものであれ、自らのために実証性の利益を要求している。この古い「生理学主義」の支持者たちが、彼らの計測器具と統計の平均値ゆえに、実証性を独占する権利を所有していると考えているとすれば、ベルクソン主義者たちもまた彼らの直感的けいれんから生じると思われる「よりすぐれた」実証性を要求している。また生理学実験室の道具一式を導入することが、前世紀には実証性の勝利を意味したのと同様に、人々が今日の心理学的事実の「特性の認識」をほめたたえるのは、実証性の別の勝利としてである。要するに聖トマがこの世にもどってくるようなことがあれば、彼もまた必ず実証性の名のもとに彼の心理学を押しつけてくるであろう。「心理学における実証性は単なる儀礼的なレッテルになったのである」[12]とポリツェルは主張する。その基本的意味は、形式のための論争と諸要求のなかに完全に埋没してしまった。したがって、あらゆる傾向を超えて、実証性のもっとも単純な語義にもどるためには、またこの戦いでずっと忘れられ

たままであったこと、すなわち、「実証科学は現実の事実を取り扱わなければならない」[13] ということを思い出させるためには、あらゆるニュアンスを忘れ去ることが必要であった。

そこで心理学の戦いで現れたすべての対立を、もっとも単純な対立に、本当に現実的なただ一つの対立に、神話だけを対象とする心理学と現実の諸事実を対象とする心理学との対立に還元することが必要だったのである。これが具象心理学と抽象心理学との対立の最初の意味である。人間 (l'humaine) という存在は、人間的諸事象を過程に還元することができるように、それらの事象から組織的に抽象されたものであるから、これらすべての方法を「抽象」という普通名詞のもとにひとまとめにしたのである。したがって、古典的論理学が「抽象」とよぶその初歩的な作業がここでは問題なのではない。論理的抽象の批判とポリツェルの心理学的抽象の批判を混同しているのである。ある人はいう。どんな科学も抽象なしには不可能であるから、具象心理学もまたそれを用いなければならず、さもなければ科学であることを断念しなければならないだろうし、またその結果、具象心理学はその本質において間違いだということになるだろう。

しかしそこには利にさとい混乱主義しかない。ポリツェルが話題にしているのは特殊な抽象であり、心理学的抽象なのである。人間が生活し行動しているのに心的過程しかみないその抽象が問題なのであり、またある現実を前にして、それを表現しなければいけないということで、現実を構成する瞬間そのものを捨象するその抽象が

問題とされるのである。具象心理学は新しいロマン主義ではない。それが敵視するのは、以上みるような抽象だけであり、唯心論的心理学の神話的概念だけである。

　ポリツェルが「ドラマ」という観念を導入したのは、心理学を人間的条件のありふれた決定にもどすためである。「ドラマ」は過程の神学から人間の生活の現実の出来事へ移行させることができる「橋」を表している。過程とその人工的な環境を、人間と人間が生きている現実の諸条件にとりかえることが必要なのである。心理学は非常に古い伝統から逃れるために、また人生に立ちもどるために「ドラマ」という概念が必要なのである。「心理学の対象はたった一人の人間が主題となるような人間的事象である。そのことを十分に理解するようにするため、過程に対して人間を対置し、収縮する筋肉ではなくて働く人間を考察する」のである。

　労働（le travail）を例にとってみよう。労働が心理学的になるのは、それが個人に関係する限りにおいてでしかない。そうでなければそれは経済的事実である。労働の心理学が可能になるのは労働一般についての、つまりその経済的性質、現在の社会的組織におけるその役割と地位についての正確な知識に基づく場合のみである。しかしその知識はどこにあるのであろうか。その知識は経済学者の中にあるが、しかし現在の経済秩序――したがってマルクス経済学の中で――を正当化し、さらに隠蔽するようなことはせずに経済的事実を研究することができ、現実に研究している経済学者の中にのみあるのである。労働の心理学は、マルクス経済学がそれにたいして

提供することのできる基礎がなければ不可能であること、それを証明するために心理技術学（la psychotechnique）はあるのである。

労働についていったことは、そのまますべての心理的事実についてもいうことができる。

実際、心理的事実は、個人に関する限りでの人間的事実に他ならないのである。したがって、心理学はそれ自体で個人と無関心に考察される人間的事実に固有の決定についての知識を要求する。この知識は心理学の領域を限定し適切に問題を提起できるようにするために必要であるばかりでなく、細部それ自体の中で、心理学に関する欲求と考察の方向・射程・限界を知るために必要なのである。いいかえれば、心理学全体が可能なのは経済の中に組み込まれている場合のみである。心理学は弁証法的唯物論によって獲得されるすべての知識を前提とし、絶えずそれらの知識を拠り所としなければならないのは、そのためなのである。したがって、実証心理学の真のイデオロギー的基盤となるのは、まさしく唯物論である。

セーヴの言を借りれば、「ポリツェルは、マルクス主義の古典を知るにつれて、また具象心理学の真の諸条件、なかんずく社会的諸関係の科学を迂回する必要性——この迂回を行わなくては、具象心理学も空論にとどまる——を意識するにつれて、（……）マルクス経済学の堅固な組成の獲得が、具象心理学へ直接通ずる未発見の道の探索に先行することを理解するようになったのだ」[14] ということになる。

「心理学にとって、マルクス経済学のデータを拠り所とする必要性

は、心理学が取り扱う人間的事象の構造と機能を正確に知る必要性から生じているのと同様に、心理学の唯物論的性格は、心理的事実自体の決定が経済的決定であるということから生じているのである」とポリツェルはいう。換言すれば、心理学的決定論はそれ自体では最高の決定論ではない。つまり今問題でありまた問題でありうるのは経済的決定論の内部において、いってみればその網目の中においてでしかない。その射程と限度は個人自身の射程と限度によってあたえられるのである。「心理学的」が重要性をもつのは、人間的事象が個人との関係で考察される限りにおいてであり、人間的事実それ自体が問題となる場合には心理学はもはやどんな重要性ももたないのである。労働の心理学が問題となりうるのは、労働が個人との関係で考察される限りにおいてである。個人が労働に取り込まれることがもはや問題とならなくなると、ただちに心理学的問題ではなくなってしまう。心理学の経済学に対する関係は、もし生理学的事実を物理 - 科学的過程に完全に還元することが本当に可能ならば、生理学の物理学と科学に対する関係に等しい。要するにポリツェルにいわせれば、心理学はそれが取り扱う事実の完全な研究における一つの段階にすぎない科学、それだけでは研究してもしつくせないような諸事実に捧げられた科学なのである。したがって、「心理学は人間的事実の『秘密』をまったく所有していない。その理由はたんにこの『秘密』が心理学的次元のものではないから」[15]である。人間的事実は物質的な決定に従うが、ただその決定はたんに物質の決定ではない。実証心理学が可能になるのは、マルクス主義

的探究から生じる近代的唯物論の観点においてのみである。

　1929年後半〜1932年の期間をⅡ期としたが、1929年8月以降、ポリツェルの労作は現在のところ未発見である。セーヴがいうように、「まさしく彼はその後の歳月を、1844年以降のマルクスの歩みをあとづけることにささげた」のか、それ以外の事情が介在して執筆活動が停滞したのかまったくわからない。ルフェーヴルの回想に目を移そう。「1929年9月のある夜、ポリツェルと私は議論を戦わせながら（……）往ったり来たりしていた。私は「具象」心理学に関する私の考えを話した。彼の怒りはすさまじかった。文字通り怒りで口から泡をとばしながら私を罵倒した。われわれの決裂は、二度と再会しないことを決意した永遠に不仲な旧友同士のそれだった。」

　さらに語を継いで語る。「じっさいに私は長いあいだ彼と会うことはなかった。ジョルジュは共産党に入党し、エヴルーで活動していた。彼はそこでと同時にパリでも教師を勤めていた。パリへは毎晩帰ってきた。すでに彼は、オルガナイザーとして、共産主義の教師として、また共産主義者として名前を知られるようになっていた。彼には限界を知らない労働能力があったので、あらゆることを同時に遂行することができた。彼は経済学者になり、専門的出版物を体系的に調査した。また、休みの日（木曜日と日曜日）を利用して、統一労働総同盟の資料課を組織するために奔走した。労働大学はまだ存在していなかった。私は彼の活動の細かいことまで共通の友人から聞いて知っていた。1931年だったか1932年だったか、私はジョ

ルジュと再会した」[16]。

Ⅲ　期

　この時期の労作としては、心理学関係では1933年の「精神分析の糾弾」と1939年の「精神分析の終焉」という精神分析に関するものだけである。前者はマルクス主義との対比で、フロイト主義を批判したものであり、後者はフロイトの死に際しての文字通りの精神分析の葬送行進曲である。当時ナショナル・サービス（兵役）を求められていたポリツェルはモリス［Th. W. Morris］のペンネームで『ラ・パンセ』誌に寄稿したものである。

　1933年の論文の冒頭、ポリツェルはレーニンの著作『唯物論と経験批判論』のなかのマッハ［Mach］、オストワルト［Ostwald］、ポアンカレ［Po incaré］に関して「マルクス主義派」のロシアの弟子たちにあてて書いた一文を引用している。

「求めているのは君たちではない。君たちのほうが求められているのだ。そこに不幸がある。マルクス主義的な観点から（なぜなら君たちはマルクス主義者でありたいと思っているから）ブルジョア哲学のさまざまな流行に近づいてゆくのは君たちではない。その流行のほうが君たちに近づいてくるのだ。そして君たちに今日はマッハ流の、明日はオストワルト流の、明後日はポアンカレ流のというように観念論の趣味にあった偽物をつぎつぎにおしつけてくるのだ」[17]。そしてポリツェルによれば、現在（1933年）「観念論の趣味に

あった偽物をおしつけようとしているのが精神分析」なのである。本文ではとくにジャン・オダール［Jean Audard］のフロイト的マルクス主義を強く批判している。

1939年の労作では、精神分析は骨相学（la phrénologie）や催眠術（l'hypnotisme）同様、今や過去のものであると指摘し、以下の文章で締めくくっている。

「ほんとうの発見や人間にとって有効な科学がたどる道は、精神分析のようにセンセーショナルな『近道』ではない。それは心理学的事実や歴史的事実の正確な研究を経由する。こうした研究は自然に関する近代科学全体が確かさを保証するような考え方にもとづくものでなければならない」[18]。

1933年以降は心理学関係に代って、哲学関係の論文が発表されている。1924年の論文を除いて、すべて弁証法的唯物論の視点から書かれている。おもなものを年代順に列挙すると以下のようになる。

 1924年6月……「カント哲学の実像への第一歩」（《Un pas vers la vraie figure de Kant》, *Philsophies*, N°4）

 1934年6月……「誰にあなたは書くのか」（《Pour qui écrivez-vous?》, *Commune*, N°10)

 1935‐36年……「哲学の基本原理」（*Principes élémentaires de philosophie*）

 1937年…………「『方法叙説』300年祭」（《le tricentenaire du Discours de la méthode》, *La correspondance*

	internationale, N°23）
1939年6月……	「人種、国家、人民」（《Race, nation, peuple》, *Commune*, N°70）
1939年7月……	「啓蒙哲学と近代思想」（《La philosophie des lumières et la pensée moderne》, *Cahiers du Bolchévisme,* N°8）
1939年………	「哲学と神話」（《La philosophie et les mythes》, *la Pensée,* N°1）
1939年………	「合理主義とは何か」（《Qu'est-ce que la rationalisme》, *la Pensée,* N°2）
1939年………	「盲人の洞穴の中で」（《Dans la cave de l'aveugle》, *la Pensée,* N°2）
1941年………	「ベルクソンの死後」《Après la mort de M.Bergson》, *la Pensée libre,* N°1）
1941年………	「20世紀の反啓蒙主義」（《L'obscurantisme au xxe siècle》, *la Pensée libre,* N°1）

1935-36年の著書『哲学の基本原理』はポリツェルが書きおろしたものではない。彼がパリの労働者大学（l'Université ouvrière）で1935年から1936年にわたった講義を、受講生のノートをもとに編集したものである。労働者大学は1932年にパリ大学の教授グループを中心として創設され、1939年、フランスの対独宣戦布告ののちに解散、戦後すぐに再建され、名称はかわったが、現在でも存続して

いる。年齢、職業を超え、労働者だけでなく、広範囲に市民を結集しているフランスならではの大学である。

Ⅲ期はポリツェルにあっては、ボルシエヴィキ、スターリニストとしての色彩が濃い。たとえば、ルフェーブルが『迷蒙化された意識』(*La conscience mystifiée*)を著したのは1936年である。ルフェーヴルはいう。「私はむこう（ソビエト）のマルクス主義者数人への献呈本がソビエト検閲機関から出版社へ送りかえされてきたのを知って不愉快な気持ちになった。結局、ポリツェルとの間に亀裂が生じたのはこの本をめぐってだった。偶然彼にあったとき、彼はものすごく怒った。科学万能主義と政治経済における「経済主義」およびマルクス主義（弁証法的唯物論）の壊滅に関するかなり辛辣な箇所が彼のかんにさわったのだろうか。おそらくそうだ。彼は『敵との共謀』という最悪の罪をおかしたとして私を責めた。それは論理的だった。彼は弁証法的唯物論と自己疎外の理論をめぐって糾弾をくりかえした。1936年のわれわれの不仲を示す彼の典型的な発言をおぼえている。『迷蒙化された意識というのは存在しない。迷蒙化する人たちが存在するだけだ』と彼はいった。イデオロギーの皮相的な政治化を示す発言だ。彼はこの本がイデオロギーに重要性を認めたことにがまんならなかったのだ」[19]。

また1925年頃よりポリツェルやルフェーブル等と親交を深めていたフリートマン［G.Friedman］はつぎのように述べている。
「スターリンへの恐怖でいっぱいの1938年に、ポリツェルはフランス共産党の名のもとに私の著書『聖ロシアからソビエト・ユニオン

へ』(*De la Sainte Russie à l'U.R.S.S*) を「処刑する」任務をうけた。彼はきわめて暴力的な表現で、また良心の呵責などほとんど感じられない手段で私の本を処刑した (『カイエ・デュ・ボルシェヴィズム』1983年5-6月参照)」[20]。

具象心理学の展開は39歳で夭逝したことによって終止符を打たざるをえなくなるが、ポリツェルの概念構成に手を加え、マルクス主義的基礎を深めながら、ポリツェルの路線を踏襲したのが、セーヴであろう。セーヴはいっている。「心理学、とりわけ人格の心理学は『具体的な人間生活』以外の対象をもつことはできない。このことはこの具体的生活の理論化を、したがって社会と歴史についての科学的な考え方を前提とするが、それは史的唯物論以外の何物でもない」[21]。

「具象心理学はどこへ行くのか」からつぎの部分を引用して、締めくくりのことばにしたい。

「われわれは十分承知している。かつてわれわれにつきつけられた議論がふたたびいっそうの力をこめてつきつけられるであろうことを。いや、それじゃ君のいう具象的だか唯物論だかの心理学をつくってみたまえ。われわれがすでに何度もいってきたように、まずいのは探究の方ではない。そちらの一部分は正しい道に入りこんでいるのだから。まずいのは理論の方である。そこでは、あるはずのものがほとんどどこにも見いだされないのだから。だから情勢はつぎのようにいえる。われわれが考えるところでは、さしあたってなによりもまず必要なものは批判である。そして批判という着想が明

瞭に表現される以前に、やがてきたるべき細部の探究やわれわれがいま述べているこの心理学の精神で導かれた探求を理由にして、それが放棄されるようなことがあれば、この着想は、消えさる恐れはないにしてもぼけてしまう恐れが十分にあるのだ」[22]。

<注>
(1) Ch. Blondel, *La Psychanalyse*, 1924
(2) M. Apprey, *Critique of the foundations of psychology*, 1994
(3) H. Lefebvre,#*op.cit.*,1946
(4) H. Lefebvre,#*op.cit.*,1946
(5) H. Lefebvre,#*op.cit.*,1946
(6) G. Politzer, 《Editorial》, *Revue de psychologie concrète*, N°1, 2. 1929
(7) H. Lefebvre,*op.cit.*,1946
(8) L. Sève, *Marxisme et Théorie de la personnalité*, 1969
（邦訳：『マルクス主義と人格の理論』法大出版）
(9) G.Politzer, 《Où va la psychologie concrète?》, *Revue de psychologie concète*, N°2, 1929
(10) *Ibid.*
(11) *Ibid.*
(12) *Ibid.*
(13) *Ibid.*
(14) L. Sève,#*op.cit.*,
(15) G. Politzer, *op.cit.*,
(16) H. Lefebvre, *L'existentialisme*, 1946
(17) レーニン『唯物論と経験批判論』大月書店

(18) G. Politzer, 《La fin de la psychanalyse》, *la Pensée,* N° 3, 1939
(19) H. Lefebvre, *#La somme et le reste,* 1973
(20) G. Friedman, *#La puissance et la sagesse,* 1970
(21) L. Sève, *#op.cit.,*
(22) G. Politzer, 《Où va la psychologie concrète?》, *Revue de psychologie concète,* N° 2, 1929

訳者あとがき

　本書はGeorges Politzer, *Critique des fondements de la psychologie,* PUF, 1994 の全訳である。

　本書の初版がEditions Riederから発行されたのは1928年だから、ポリツェル25歳、フロイト72歳のときのことだった。本書でも頻繁に引用されるフロイトの『夢判断』は1900年に、『自我とエス』は1923年に発表された。ポリツェルは、初版出版後、1942年にレジスタンス運動家として、ヴァレリヤンの丘で銃殺されるのである。

　本書は序論と結論をのぞいて五つの章からなっている。全体を概観しておこう。

　序論では、精神分析が誕生するまでの過去50年間の心理学史が概観される。ヴント、リボー、ベヒテレフらの実験心理学によって、科学的心理学は誕生する。しかし、これは古典的心理学の「変装」にしかすぎなかった。古典的心理学が根本的に否定されるのは、ワトソンの行動主義、シュプランガーのゲシュタルト理論、そしてフロイトの精神分析においてである。ポリツェルは、なかでもフロイトの精神分析に注目する。古典的心理学は、具体的な個人の心理的事実を記憶、学習、感情、人格などといった抽象的概念に置き換えてしまう。ポリツェルが精神分析を評価するのは、これが具体的事実をそのままの形でとり扱おうとするからである。ポリツェルは、「夢の理論は精神分析のもっとも完成度の高い部分をなしている」と

いうフロイト自身のことばにしたがって、精神分析の基本的な立場が表明されている『夢判断』に着目する。

第1章「精神分析における心理学的発見と具象的なものへの方向づけ」

古典的心理学は個々の事実の特殊性を排除して、一般的で抽象的な結論に到達する。それに対して、精神分析はあくまで個人の次元を離れない。心理的事実を個人の生活の断片とみなすことによって、具体的結論に到達する。諸事実の特殊性こそ、諸個人の具体的な生活を照明するのである。

古典的心理学の夢の解釈にみられるのも、抽象化という手法である。すなわち、夢とその夢を見た本人を切り離し、夢を特定の個人とは無関係な原因によって生じたものとみなすのである。夢を見た本人は排除され、心理的事実は客観的事実、言いかえれば3人称の事実と同一視される。フロイトの手法はこうした古典的なものとは正反対である。彼は「自我」と夢を不可分のものだと考える。夢をこれを見た本人と結びつけることによって、夢を1人称の行為、「私」の行為とみなすのである。この「私」とは特定の個人をさす。具体的な個人の行為とは、特定の個人の特定の生活——ドラマ——である。フロイトは、ポリツェルのいうこのドラマの次元にとどまることによって、夢を1人称の観点からとらえようとする。古典的心理学が抽象化によって、人称的ドラマを非人称的ドラマへ置換してしまうのに対して、フロイトは人称的ドラマを人称的ドラマのま

まに解釈しようとする。したがって、「夢は願望の充足である」というフロイトの夢理論の公式は、特定の個人の特定の経験によってそのまま規定される特定の願望の充足という意味である。

第2章「古典的内観と精神分析の方法」

フロイトは内観を退ける。内観が検閲を除去できないからである。フロイトが採用する方法は「物語」——被験者は夢の各要素について、頭に浮かぶことをすべてためらわずに話さなければならない——である。精神分析を受ける被験者は、解釈のことなどまったく知らない。被験者は素材を提供するだけである。これを分析して意味を引きだすのは、精神分析家の役目である。ところが内観法を用いる心理学者は、はじめから被験者に心理学的研究を期待している。内観法は、被験者のなかにいる心理学者を前提としている。

従来の夢理論は夢を抽象的に考察するので、夢はすべて夢の物語を構成する言語表現のなかに含まれるという前提にたっている。物語にこの言語表現からはみだす部分があれば、想起が不完全なものとして、あるいはたんに意味不明なものとして切り捨てられる。とりあげられるのは、形式的な見方にかなった部分だけである。こうした立場からすれば、顕在内容と潜在内容の仮説をたてる必要はない。フロイトは、物語のなかでの言語表現が、被験者から切り離されたものではなく、まさに被験者の何かを表現しているに違いないという前提にたっている。夢に出てくる表現の慣用的な意味を乗り越えて、具体的個人のドラマを見つけなければならない。すなわ

ち、慣用的な物語である顕在内容の奥に隠されている潜在内容を、個人の経験にもとづく物語を翻訳した潜在内容を発見しなければならない。

第3章「精神分析の理論的骨組みと抽象化のなごり」

　フロイトは具象的な方向を模索しながら、具体的な手法を採用したおかげで、古典的心理学にはできなかったいくつもの発見をした。ところで、こうした発見には説明が必要である。ポリツェルは、圧縮、置き換え、転換、検閲、抑圧、抵抗、退行、心的装置、審級、前意識、無意識といったキーワードをとりあげながら、精神分析の骨格を紹介する。そして、こうした概念のなかに抽象化のなごりがみられると指摘する。「フロイトは具体的な発見を古典的心理学流に説明しようとしている。」古典的心理学と精神分析の対立は、抽象的なものと具象的なものの対立と言いかえることができる。ところがフロイトがさまざまな発見を説明する段階に至って、精神分析そのもののなかに、抽象的なものと具象的なものの対立が生まれる。ポリツェルはフロイトのこうした態度を批判するのだが、彼の業績を全面否定するつもりはない。フロイトが具象心理学の創始者であることを認めないわけにはいかないからである。古典的心理学の領域に「何か新しく確実なもの」を導入しようとしたのはフロイトである。フロイトが古典的な方向へ傾き、古典的心理学の範疇や用語法を放棄しきれなかったのは、彼の個人的な過ちというスケールを超えた必然性に由来している。

訳者あとがき

第4章「無意識の仮説と具象心理学」

本章は、フロイト理論の根幹をなすともいえる「無意識の仮説」批判にあてられている。ポリツェルは、無意識が具象心理学のなかに残存している抽象化の最たるものだという。無意識の仮説の出発点は、被験者による思考内容の報告とそのときの彼の完全な思考内容が等価物ではないケースがあるという事実にある。言いかえれば、被験者は彼が考えていると思っている以上のことを考えていて、告白された彼の知識は、ほんとうの知識の断片でしかないということである。言い方をかえれば、顕在内容と潜在内容の隔たりである。顕在内容は被験者の意識的な思考を示し、潜在内容は被験者の思考全体を示す。顕在内容と潜在内容の隔たりは、「意識されていない思考の部分」があることを示している。しかし、「意識されていない思考の部分」を無意識の証拠とみなすには、これが実在するという前提に、実行された物語と並行して、実行されないもう一つの物語が実在するという前提にたたなければならない。すなわち、「実在論的要請」にもとづいているにすぎない。ポリツェルは、フロイトが無意識の証拠としてあげるいくつかの事実を検討しながら、無意識の導入には実在論と形式主義を組み合わせることによる歪曲があると指摘する。無意識が生みだすのは、人間に関することとして確認できるような事実そのものではなくて、抽象化の観点からの事実の解釈である。

精神分析の具体的な着想は、諸事実発見のときだけ生かされ、理

論的解釈の段階で姿を消してしまう。無意識の仮説は、事実を解釈する段階で、具象的なものへ向かう行動が停止し、古典的な手法に席を譲ることによって生まれる。実際の物語以外には心理学的情報といえるものはないというポリツェルの立場からすれば、語られなかった物語の実在化から生まれる無意識には、いかなる実在性もないことになる。無意識の虚偽性は、無意識的現象に何の根拠もないことから明らかである。

第5章「精神分析における抽象的なものと具象的なものの二元論および具象心理学の問題」

精神分析は本質的な二元論を抱えている。精神分析は、提起する問題とその研究を方向づける方法において、具象心理学を予告している。しかし一方で、用いたり生みだしたりする概念の抽象性と利用するシェマによって、具象心理学を否定している。フロイトはさまざまな事実の発見において具体的だったにもかかわらず、理論構築において抽象的である。こうした二元論は、フロイトに思考の明晰さや一貫性が欠けていたというよりは、歴史的な必然性と結びついているのであって、個人の論理力を超えている。古典的心理学には、フロイトが発見した新しい事実を受けいれる準備が何もできていなかった。「われわれは、夢を心理現象として説明することはできない。なぜなら、説明するというのは、既知のものへの帰着を意味するからである。ところが、今までのところ、われわれの夢分析が到達する諸要素を結びつけることのできる心理学的概念はまったく

存在しない。」ただ言えるのは、フロイトの態度が、明確な具象的態度へ到達する変遷のなかで必要な一つの段階を示しているということである。フロイトの思弁がいかに抽象的だったとはいえ、そこには具象心理学へ至るために抽出されるばかりになっているものも含まれている。

なるほど無意識の起源は抽象化という手法にある。しかし、理論全体の基礎に、理論を構築する手法よりも深いところに、一般的態度というものがある。無意識の仮説は、その技法的側面がいかに具象心理学とは相いれなくとも、無意識を承認することのなかに、古典的心理学の理想とは正反対の態度が含まれている。このような観点からみれば、無意識もある意味ですでに具象心理学を予告している。

ポリツェルは、人間のドラマだけに専念し、これを説明するときも、人間の行為を表象している諸概念しか用いない心理学、要するに、事実の探求においても、その理論的な練りあげにおいても、こうした次元を決して放棄しない心理学を提唱する。

結論「具象心理学の効果と具象心理学が提起する諸問題」

具象心理学は、ドラマの次元を離れず、物語を、内面生活を洞察するためのではなく、目のまえで起こっているドラマを理解するためのたんなるコンテクストとみなす。このような具象心理学の態度というのは、客観的心理学と主観的心理学の総合を表わしているといえる。なぜならこの心理学が、客観的ではない心理学を否定する

ことによって客観的心理学を正当化し、心理学固有の性格を保持しようとしたことで主観的心理学を正当化するからである。

　具象心理学が内面生活をぬきにした心理学、人間のドラマを「内面生活」へ変貌させることのできる手法をすべて放棄した心理学であるという点では、現代の心理学へある指針を示している。しかし、今日の研究から具象心理学の必要性は理解できるにせよ、まだまだ掘りさげなければならない部分を残している。この究明は、具象心理学に関する現在の考え方やすでに具象的な方向性を示している現代心理学の諸方向に関する考え方を検討しながら進めなければならない。

　翻訳にあたって、貴重な助言をいだだいた寺内礼先生にこの場を借りて厚くお礼を申しあげたい。また、遅々として進まぬ翻訳作業を気長に見守っていただいた三和書籍の高橋考氏に心からの謝意を表したい。専門用語については、刊行されている心理学辞典や精神分析用語辞典を参考にしたとはいえ、不備な箇所も多々あろうかと思われる。お気づきの点について、みなさまからご指摘いただければ幸いである。

事項・人名索引

ア

圧縮
　　144, 147, 154, 160, 182, 209
アリストテレス
　　35, 40, 41, 119, 285

ウ

ウォーレン
　　55
ウォルフ
　　42
迂回
　　168, 170
ヴュルツブルク学派
　　102, 103
ヴント
　　31, 32, 274

エ

エディプス・コンプレックス
　　4, 15, 60, 104, 259, 260, 261, 262, 263, 264, 265

オ

置き換え
　　58, 88, 143, 144, 147, 157, 160, 161, 162, 163, 177, 180, 182, 201, 213, 272

カ

科学的心理学
　　31, 36, 37, 38, 132, 270
感覚論
　　155, 162,
カント
　　42, 79, 80, 151

キ

機能的形式主義
　　78, 116, 117, 125, 126, 128, 159, 164, 199, 203, 238

ク

具象心理学
　　96, 97, 98, 108, 110, 122, 132, 140, 141, 142, 144, 148, 149, 153, 158, 171, 181, 182, 183, 185, 186, 221, 226, 229, 231, 233, 235, 236, 237, 239, 240, 241, 242, 249, 250, 251, 253, 254, 255, 258, 259, 262, 264, 265, 266, 268, 269, 270, 271, 277, 279, 281, 282, 283, 284, 285, 286, 287, 289, 290, 292

ケ

経験的実在論
　　42, 281
ゲシュタルト理論
　　25, 26, 46, 55, 139, 290, 291,

検閲
: 292
: 108, 110, 150, 151, 153, 154, 157, 158, 168, 187, 199, 201, 208, 211

顕在内容
: 88, 90, 93, 94, 96, 123, 124, 125, 126, 142, 143, 144, 146, 147, 155, 189, 190, 198, 199, 206, 207, 208, 209, 213, 218, 226, 228, 256

コ

行動主義
: 26, 34, 37, 38, 41, 46, 47, 52, 55, 118, 274, 275, 287, 288, 289, 292, 293

合理的心理学
: 31, 42

ゴクラン
: 42

心不在の心理学
: 257

後催眠記憶
: 195, 205

固着
: 53, 247

古典的心理学
: 24, 32, 34, 36, 37, 38, 40, 41, 43, 44, 46, 47, 49, 51, 52, 53, 54, 55, 60, 61, 64, 65, 66, 69, 74, 75, 77, 79, 81, 82, 83, 84, 99, 101, 102, 105, 109, 113, 114, 115, 116, 118, 121, 122, 124, 125, 126, 127, 128, 129, 131, 135, 136, 137, 138, 140, 141, 145, 153, 155, 162, 164, 178, 181, 182, 194, 204, 221, 227, 235, 236, 237, 241, 242, 243, 244, 245, 246, 247, 248, 249, 250, 252, 253, 254, 255, 256, 259, 260, 262, 264, 268, 270, 271, 273, 274, 276, 277, 283, 288, 291, 292

コロンブス
: 51, 52

サ

錯視
: 258

シ

シェルナー
: 87, 88, 89, 90, 91, 92, 165, 168, 184

実験心理学
: 32, 39

実在論
: 42, 73, 74, 77, 113, 115, 117, 120, 121, 122, 125, 128, 129, 137, 147, 155, 163, 190, 191, 192, 193, 198, 199, 200, 201, 202, 203, 204, 205, 206, 207, 210, 216, 217, 219, 221, 231, 253, 254, 257, 262, 268, 272, 273, 275, 277, 281, 282, 289, 293

失錯行為
: 70, 103

実証心理学
: 270, 271, 282

シナリオ
: 82, 120, 143, 148, 211, 212

自由連想

索引

133, 134, 146, 246
主知主義
　　51, 53, 182, 219
シュプランガー
　　46, 75, 76, 124, 139, 290
純粋理性批判
　　36, 43, 47
条件反射
　　32
心的装置
　　149, 155, 156, 157, 160, 169, 170, 171, 173, 175, 176, 179, 180, 244, 247
心的なもの
　　151, 178, 179, 194, 251, 252, 253, 254, 255, 257, 273
神秘神学
　　43

ス

スタンダール
　　60

セ

精神生理学
　　73, 262
精神分析
　　1, 2, 3, 4, 5, 6, 9, 10, 11, 12, 13, 14, 15, 16, 17, 18, 19, 20, 21, 23, 26, 46, 47, 50, 51, 52, 53, 54, 55, 56, 59, 60, 61, 70, 82, 83, 84, 87, 97, 99, 101, 104, 105, 106, 107, 108, 111, 112, 113, 121, 122, 124, 126, 132, 137, 138, 140, 141, 145, 146, 153, 154, 164, 165, 168, 173, 182, 183, 184, 185, 187, 194, 195, 196, 197, 199, 200, 210, 211, 214, 217, 220, 221, 222, 224, 226, 227, 228, 232, 237, 239, 240, 241, 242, 243, 244, 246, 247, 248, 249, 255, 256, 258, 261, 267, 268, 269, 288, 289, 291, 292, 293
生理学的心理学
　　64, 69, 73, 272, 274, 293
前意識
　　157, 158, 159, 172, 174, 175, 176, 177, 179, 180, 181, 255, 256
潜在的
　　11, 15, 189, 191, 192, 194, 195, 197, 198, 204, 205, 207, 208
潜在内容
　　88, 89, 90, 94, 96, 123, 142, 143, 144, 145, 146, 147, 150, 155, 172, 189, 190, 193, 198, 199, 206, 207, 208, 209, 213, 214, 217, 218, 223, 232, 233, 234, 256

ソ

素朴実在論
　　129

タ

退行
　　155, 162, 164, 165, 166, 167, 168, 169, 172, 175, 176, 182, 209, 244

357

チ

抽象心理学
 103, 108, 109, 140, 141, 150, 153, 161, 185, 220, 221, 224, 229, 255, 268, 269, 283, 286

テ

抵抗
 1, 104, 109, 153, 168, 195, 196, 197, 200, 201, 202, 211, 214, 285

哲学的心理学
 60

デバッカー
 85

転移
 104, 160, 267

転換
 90, 96, 144, 147, 148, 149, 150, 157, 177, 213, 214, 244, 256, 260

ト

同一化
 259, 260, 261, 262, 263, 264, 265

ドガ
 69, 124,

ドラマ
 24, 25, 40, 41, 55, 80, 81, 82, 83, 86, 88, 120, 140, 154, 155, 159, 162, 164, 198, 201, 231, 235, 242, 258, 259, 261, 262, 263, 264, 265, 266, 277, 278, 279, 280, 281, 282, 283, 284, 286, 289, 290

ナ

内観
 24, 32, 34, 37, 39, 47, 77, 83, 102, 105, 106, 107, 108, 109, 110, 111, 112, 113, 116, 117, 118, 119, 120, 121, 137, 247, 250, 251, 256, 272, 274, 278, 287

内観心理学
 8, 37, 38, 39, 64, 69, 102, 117, 121, 122, 230, 262, 272, 273, 284, 285, 293

ニ

ニュートン
 57, 79

認識論的逆説
 227

ヒ

ヒューム
 76, 79

表象の心理学
 53, 261

ビンツ
 62, 63, 65, 124

フ

フェヒナー
 156

フォルケルト

索引

88
フロイト
　　1, 2, 3, 4, 5, 6, 7, 8, 9, 10,
　　11, 12, 13, 14, 15, 16, 17, 19,
　　20, 24, 51, 52, 53, 54, 55, 60,
　　61, 62, 63, 64, 65, 66, 69, 82,
　　84, 85, 86, 87, 88, 89, 90, 91,
　　92, 93, 94, 95, 96, 97, 98, 99,
　　100, 103, 104, 105, 107, 108, 109,
　　110, 111, 123, 124, 125, 126, 130,
　　131, 133, 135, 136, 138, 140, 141,
　　142, 143, 144, 145, 146, 147, 148,
　　149, 150, 151, 153, 154, 155, 156,
　　157, 158, 159, 160, 161, 162, 163,
　　164, 165, 166, 167, 168, 169, 170,
　　171, 172, 173, 175, 176, 177, 178,
　　180, 181, 182, 183, 184, 185, 186,
　　188, 189, 191, 192, 194, 196, 197,
　　201, 202, 208, 209, 210, 212, 213,
　　214, 216, 220, 221, 222, 223, 224,
　　225, 226, 227, 228, 229, 232, 235,
　　236, 237, 239, 240, 241, 243, 244,
　　245, 246, 247, 248, 249, 250, 251,
　　254, 255, 257, 258, 259, 260, 261,
　　263, 264, 265, 266, 267, 268, 269

ヘ

ベヒテレフ
　　32, 274
ペリパトス学派
　　35, 275
ベルグソン
　　24, 119, 120, 176
ベルネーム
　　192
ヘルバルト
　　62

マ

マイケルソン
　　66
マルブランシュ
　　130

ム

無意識
　　10, 16, 17, 19, 51, 52, 55, 97, 135,
　　146, 147, 150, 151, 153, 157, 159,
　　172, 174, 176, 180, 181, 183, 184,
　　185, 186, 187, 188, 189, 190, 191,
　　192, 193, 194, 195, 196, 197, 198,
　　199, 202, 204, 205, 206, 207, 208,
　　209, 210, 211, 212, 214, 215, 216,
　　217, 218, 219, 220, 221, 222, 223,
　　224, 226, 227, 228, 229, 230, 231,
　　232, 233, 234, 235, 236, 237, 238,
　　250, 251,252, 253, 254, 255, 256,
　　265, 269

メ

メタ心理学
　　106, 180, 284, 285, 290, 293

モ

物語
　　48, 93, 94, 97, 111, 112, 113, 114,
　　115, 116, 117, 119, 120, 121, 122,
　　123, 127, 133, 136, 137, 138, 142,
　　146, 147, 154, 189, 190, 193, 199,

200, 201, 202, 203, 204, 205, 206, 207, 208, 209, 210, 212, 213, 214, 217, 218, 219, 220, 221, 223, 226, 227, 228, 229, 230, 233, 235, 236, 238, 277, 278, 279, 281, 283, 284, 285, 286

模倣
10, 130, 222, 259, 260, 263, 270
モンタージュ
76, 212, 213, 214, 215, 218, 222

ユ

唯心論
8, 73
有機体説
64, 66, 69
夢過程の心理学
84, 144, 149, 153, 177, 178, 181, 243
夢の加工
160, 172, 208
夢判断
55, 61, 64, 66, 68, 84, 93, 94, 99, 105, 106, 107, 131, 140, 144, 145, 146, 147, 149, 177, 208, 243, 267, 268, 269

ヨ

抑圧
86, 110, 152, 153, 168, 175, 176, 177, 184, 187, 195, 196, 211

リ

リエボー
192
力動的
17, 35, 195, 197, 198, 201, 206, 208, 209, 210, 211, 213, 214, 221, 222, 223, 259, 277
リビドー
2, 7, 9, 10, 15, 17, 51, 52, 86, 245, 260
リボー
31

ル

類推推論
118

レ

連合主義
51, 53, 102, 136, 162, 182

ワ

歪曲
188, 197, 202, 209, 213, 216, 217, 225, 233, 238, 240
ワトソン
34, 37, 38, 46, 47, 274, 275, 278, 287, 288, 289

〈著者〉
　ジョルジュ・ポリツェル　Georges Politzer

〈監修者〉
　寺　内　　礼　中央大学名誉教授（専攻心理学原論）
　　訳書　　J＝F・ルニ　認知科学と言語理解　勁草書房
　　　　　　M・ドゥニ　イメージの心理学　勁草書房
　　　　　　F・ドルト　欲望への誘い　　勁草書房
　　　　　　F・パロ／M・リシェル
　　　　　　　　　フランス心理学の巨匠たち〈16人の自伝にみる心理学史〉
　　　　　　　　　　　　　　　　　　　　三和書籍　ほか
　　著書　　心の時代を考える　　　　　　三和書籍
　　　　　　人間理解と看護の心理学　　　三和書籍　ほか

〈訳者〉
　富　田　正　二　中央大学文学部講師（専攻仏文学）
　　共訳書　ジャン＝F・ルニ　認知科学と言語理解　勁草書房
　　　　　　M・ドゥニ　イメージの心理学　勁草書房
　　　　　　F・パロ／M・リシェル
　　　　　　　　　フランス心理学の巨匠たち〈16人の自伝にみる心理学史〉
　　　　　　　　　　　　　　　　　　　　三和書籍
　　　　　　ジャン＝リュック・ステンメッツ
　　　　　　　　　アルチュール・ランボー伝　水声社　ほか

精神分析の終焉 ──フロイトの夢理論批判──

2002年6月17日　初版発行

　　著　者　　ジョルジュ・ポリツェル
　　監修者　　寺内　礼
　　訳　者　　富田　正二

　　発行者　　高橋　考

　　発行所　　**三和書籍**
　　　　　　〒112-0013　東京都文京区音羽2-2-2
　　　　　　電話　03-5395-4630　FAX 03-5395-4632

＜印刷：新灯印刷　製本：高地製本所＞
©2002Printed in Japan　　ISBN4-916037-44-8 C3011
乱丁、落丁本はお取り替えいたします。　価格はカバーに表示してあります。

三和書籍の好評図書
Sanwa co.,Ltd.

180年間戦争を
してこなかった国
日本図書館協会選定図書

＜スウェーデン人の暮らしと考え＞
早川潤一著　四六判上製　178ページ　1,400円

●スウェーデンが福祉大国になりえた理由を、戦争を180年間してこなかったところに見い出した著者が、スウェーデンの日常を詳細にスケッチする。平和とは何か。平等とは何か。この本で新しい世界が開けるだろう。

世界テロ事典
＜ World Terrorism Data Book ＞
浦野起央編著　B6判並製　294ページ　3,000円

●2001年9月11日、アメリカワールドトレードセンターに始まった同時多発テロ事件までのデータを収録した、国内初のテロ事典！全世界145カ国、1210項目におよぶデータを検証している。さらに現在活動中と目されるテロ組織145組織についても、その活動地域と特徴を詳細に紹介している。

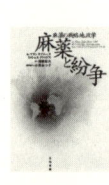

麻薬と紛争
日本図書館協会選定図書

＜麻薬の戦略地政学＞
アランラブルース／ミッシェルクトゥジス著
浦野起央訳　四六判上製　190ページ　2,400円

●世界を取り巻く麻薬密売ルートを詳細に解明した本書は、他に類を見ない稀有の本といえる。ラブルースはフランスの麻薬監視機構を設立した本人であり、クトゥジスは「麻薬世界地図」で有名。

フランス心理学の巨匠たち
＜16人の自伝にみる心理学史＞
フランソワーズ・パロ／マルク・リシェル監修
寺内礼監訳　四六判　640ページ　3,980円

●今世紀のフランス心理学の発展に貢献した、世界的にも著名な心理学者たちの珠玉の自伝集。フランス心理学のモザイク模様が明らかにされ、歴史が描き出されている。

人生に生きる価値を
与えているものはなにか
＜日本人とアメリカ人の生きがいについて＞
ゴードン・マシューズ著
宮川陽子訳　四六判　324ページ　3,300円

●18人の典型的なアメリカ人と18人の普通の日本人の「生きがい」観を探る。人は自分の人生に価値があると思われるものを選び出し、その人生に折り合いをつけていかねばならない。

意味の論理
＜意味の論理学の構築について＞
ジャン・ピアジェ／ローランド・ガルシア著
芳賀　純・熊田伸彦監訳　A5　234ページ　3,000円

●本書は新しい角度から、20世紀の心理学の創立者ジャン・ピアジェの業績を解き明かす鋭い豊かな試論を示すとともに、現代思想のいくつかの重大な関心事に邂逅している。